KB267069

인간의
본성 탐구

인간의 본성 탐구

염기식 지음

KSI 한국학술정보㈜

세상 가운데는 天·地·人 三才가 있다 하나
궁극적인 진리의 담지자는 人이다.
인간은 세계에 대하여 인식의 주체자일 뿐 아니라
온 생애를 통한 가치 창출자이며
세계 역사의 판단자이다.
天은 세계의 기준이고
人은 天理의 대행자, 대성자로서
만물의 중심을 이룬다.

— 2장 7절

머리말

인간 본성의 천·지·인 합일 관점

인류가 진리를 탐구한 내력을 대별하면 안으로 인간의 내면을 파고든 본성 탐구와 밖으로 인간의 외면을 파고든 자연 탐구로 요약할 수 있다. 모두 마찬가지겠지만, 인간이 무엇인가란 문제는 인류가 어제 오늘에 추구한 지적 과제가 아니다. 이를 위해 인류가 여태껏 정열을 소진해 왔기 때문이다. 그런데도 인간은 그동안 무엇을 알았는가? 세계를 알았는가? 진리를 알았는가? 본성을 알았는가? 확실하게 안 것이 없다 보니까 영혼의 방황이 극에 달했다. 결과를 통해서도 알겠지만 인간의 본성 탐구는 만만찮은 문제이다. 인간이 독자적으로 해결할 수 없었다면 그 이유를 아는 것이 급선무이다.

흔히 인간을 소우주라고 일컫듯, 소우주도 우주인 것이라면 인간의 문제는 결국 우주적인 문제이다. 따라서 인간의 본성 문제를 해결하기 위해서는 바로 우주적인 본질을 밝혀야 하는 것이 선결 과제이다. 대宇宙論과 인간론은 떨어질 수 없다. 인간 본성은 결코 단독으로 형성되고 규정될 수 없는, 본성 이론을 전개하기 위해서는 宇宙論과의 상호 관계에 있어 우주에 대한 이해가 필수이다. 세계관적 규명 관점이 뒷받침되어야 하는 것이 당연한 절차이다.

그런데 지난날의 역사는 미처 우주의 생성 본질을 다 담아내지 못한 세계관이 본성 규명에 영향을 끼쳤고, 본성을 어떻게 보았는가 하는 판단은 다시 부메랑이 되어 세계관 형성에 영향을 미쳤다. 우리는 인간을 어떻게 보고 이해하는가에 따라 세계를 보는 눈과 이웃을 대하는 태도가 달라진다. "중국 역사상 한비와 이사는 性惡說을 채택했기 때문에 비인간적인 정치 이론의 확대가 유사 이래 보기 드문 폭정을 낳았다."[1] 현대 문명은 인간 본성을 그릇되게 조작한 오만한 사상가들의 업적(?) 덕분에 인간성의 황폐화 시대를 맞이했다. 그들은 단호하게 神과의 관계 고리를 끊어버렸는데, 그 빈자리를 차지한 것은 결국 인간 자신이다. 인간이 관여하지 않은 세계는 없다. 본성 탐구는 만상을 연결하는 것이 문제 해결의 관건인데 도리어 단절시켜버리다니!

누구나 인간된 자 인간된 자격으로 부여된 본성 문제를 풀기 위해 달려들고 노력해 보지만 인간이란 무엇인가, 세계란 무엇인가를

---

1) 「순자의 인성관과 교육사상」, 문현상 저, 전남대학교대학원 교육행정전공 석사학위논문, p.23.

바라보는 관점이 천착-穿鑿(이치에 닿지 않음)된 것인 한, 파고들면 들수록 보다 항구적이고 形而上學的인 의문만 남길 뿐이다. 정말 인간이 고유한 자존적 실체라면 왜 자신이 인간이면서 인간에 대해 말하지 못하는가? 인간이 지닌 최대 모순은 바로 자신이 지니고 있으면서도 자신의 본성을 모르는 데 있다. 인간은 세계의 제 본질적인 문제를 탐구하고 생각할 수는 있겠으나 결론내릴 수는 없다. 이것은 인간이 실존적으로 당면한 것이기 이전에 학문, 철학, 종교, 신학, 과학……, 아니 인간이 구축한 문명 체계 전체가 지닌 운명이다. 세계가 인간만의 관여물이 아닌 증거이다. 결국 인간과 세계는 그를 둘러싸고 있는 모든 것들에 의해 형성된 것이다.

이 같은 문제점을 파악했기 때문에 이 연구는 그동안 인류가 신뢰했던 天(神)·地·人 삼재-三才의 실존 관계를 긍정한 바탕 위에서 인간의 본성을 탐구하고자 한 관점을 수립했다. 이것이 곧 세계적 특성 내지 우주 본질 안에서의 인간의 본성 규명 작업이고, 보다 구체적으로는 하나님(天)이 대창조와 인간 본성의 결정자라고 본 측면에서의 天·地·人이 合一할 수 있는 자리매김이다. 하나님의 뜻과 "우주 안에서 인간의 위치를 설정하고 그 가운데서 본성을 해명"[2]해야 기대한 바 세계관과 人性論이 화합할 수 있다. 인간의 본성 가치가 비로소 무량한 우주 본질 안에서 정착되는 순간이다. 이것이 인간의 본성 탐구가 宇宙論의 한가운데서 거론되어야 하는 이유이다.

뭇 인생 과정의 종막이 그러하듯 한 많은 선천 문명도 때가 당도해 결실을 이루려는 이즈음, 아울러 그동안 부과된 제 진리적 과제와 정신사적 숙업들도 하나하나 해결을 이루고 성과를 거두어들여야 할 때인데, 거기에 인간의 본성 탐구가 가장 중심에 서 있다. 어떤 경우도 인류가 지나온 문명적 과제들을 마무리 짓지 않고서는 새로운 세계로 나갈 수 없나니, 완성과 결실이 있어야 그다음 세계를 맞이할 수 있다. 거기에 인간의 본성 과제를 해결해야 할 역할이 있다. 꿈에 그리던 성인의 도래 세계, 이 땅 위에 건설할 유토피아 세계, 온 인류가 부여된 천성을 고무하고 인간성을 완성하며 생명 주신 하나님과 영교 – 靈交할 天·地·人 合一의 차원 세계를 위하여…….

2009년 3월 경남 진주에서

저자 염기식 씀

---

2) 「주돈이에서의 우주와 인간 연구」, 송정림 저, 이화여자대학교 철학과 석사학위논문, 2004, p.77.

차례

[제1장]

인간의 본성론 개관 ≫ 13

1. 인간학의 완성도 설계 / 14
2. 인간 본성의 문제 해결 관건 / 17
3. 인간의 본성 오판 결과 / 24
4. 인간의 본성 탐구 내력 / 30
5. 인간성의 세계 완성 기반 / 35
6. 천과 인과의 함수 관계 / 39

[제2장]

인간의 본성 근원 ≫ 49

1. 본성 창조 / 50
2. 본성 바탕 / 58
3. 본성을 이룬 근거 / 68
4. 본성 요소 / 76
5. 본성 형성 / 85
6. 본성 규정 / 92
7. 본성 가치 / 100

[제3장]

인간의 본질 규명 ≫ 105

　1. 인간의 수양 본질 / 106

　2. 인간의 추구 본질 / 111

　3. 인간의 구속 본질 / 119

　4. 인간의 결정 본질 / 125

　5. 인간의 도덕 본질 / 129

　6. 인간의 선악 본질 / 132

　7. 인간의 영성 본질 / 144

[제4장]

인간의 본성 본무 ≫ 155

　1. 인생 본질 / 156

　2. 인생 원리 / 162

　3. 인생 과정 / 166

　4. 인생 본무 / 171

　5. 인생 구현 / 178

[제5장]

인간의 영생 가치 ≫ 189

　1. 세계의 영원한 바탕성 논의 / 190
　2. 인생의 영원한 가치 추구 / 200
　3. 세계의 영원성 획득을 위한 방법 / 211
　4. 소멸될 땅의 가치 추구 / 217
　5. 영원한 하늘의 가치 추구 / 221

[제6장]

인간의 선악 본질 ≫ 229

　1. 선악의 문제 / 230
　2. 선악의 기원 / 235
　3. 선악의 바탕 / 245
　4. 선악의 본성 / 252
　5. 선악의 실체 / 259

[제7장]

인간의 내세 비밀 ≫ 265

   1. 내세 세계관 / 266

   2. 내세 실존 / 278

   3. 내세 원리 / 284

   4. 내세 가치 / 289

   5. 내세 믿음 / 296

[제8장]

인간의 심판 원리 ≫ 303

   1. 초월적 심판 원리 / 304

   2. 인과적 심판 원리 / 310

   3. 주체적 심판 원리 / 316

   4. 공의적 심판 원리 / 324

   5. 보장적 심판 원리 / 331

제1장

인간의 본성론 개관*

1. 인간학의 완성도 설계

서양에서는 중세의 신권 질서가 무너진 이후 새로운 세계 질서를 구축하려는 열기가 고조되었다. 자연히 인간의 본성 탐구 면에서도 새로운 방법과 견해들이 속출했는데, 그 특성들은 한결같이 神을 떠나 인간 자체의 고유 본성을 찾고자 한 것이다. 하지만 인간이 자기 자신을 창조한 자성체가 아닌 한 본성 문제는 인간 자체로서는 판단할 수 없는 차원적인 문제이다. 인간은 홀로 자신에게 주어진 존재의 비밀을 풀 수 없다. 神이 존재한다고 할진대 神과의 교감이 없고서는 영원히 풀 수 없는 문제이다. 그렇다면? 굳건히 관계 지어졌다고 할진대 반드시 神(天)을 알아야 하고, 人을 알아야 神(天)을 안다. 이것이 神과 人 사이에 맺어진 명확한 관계이다. 서양은 전적으로 하나님만 의뢰한 신앙을 가지고 神을 알면 모든 것을 해결할 수 있을 것으로 알았지만 그것은 큰 오산이다. 神만 알아서는 결코 神을 알 수 없다. 人을 알

---

* "흄은 일찍이 인간본성론(*Treatise on Human Nature*, 1740)이란 논제의 저술을 펼친 바 있음." -『윤리학의 이론과 역사』, W. S. 사하키안 저, 황경식 역, 박영사, 1992, p.211.

아야 하는데 서양은 이 루트를 근대에 이르러 폐쇄해 버렸다. 그래서 이 연구는 그 루트를 일찍이 동양이 일군 天이란 관념을 통해 일체 관계성을 복원하고자 했다.

이에 하나님과 인간과의 관계를 밝힌다는 것은 창조의 가장 궁극적인 원리성을 밝히는 것과 같다. 인간이 창조된 것인 한 神의 본성은 神 자체가 아닌 인간의 본성 가운데 선명하게 투영되어 있다. 곧 자기를 아는 그것이 본성을 아는 길이고 본성을 아는 것은 神을 아는 첩경이다. 이것이 이 연구가 제시하고자 하는 인간 본성을 규명할 방법론의 기본 틀이다. 그런데 나를 알기 위해서는 인간이 무엇인지 알아야 하고 인간을 알기 위해서는 세계가 무엇인지를 알아야 하는 것이라, 본성 탐구는 개개인의 노력만으로써는 어렵고 세대 간에 걸친 집단적 사고와 문명적 지혜가 총동원되어야 한다. 이렇듯 어려운 문제인데도 한편으로는 일체 실마리가 손바닥 안에 쥐어져 있기도 하다. 萬事萬理가 一理 안에 포함되어 있을진대, 인간과 천지 만상의 창생 비밀을 밝힐 열쇠는 바로 자기 손바닥 안에 있기도 하다. 이것을 본성의 근원 추적 과정을 통해 확인하고자 한다.

살펴보았듯, 인간의 본성에 대한 관점의 피력은 세계에 대해 가장 큰 영향력을 미칠 수 있는 사상이다. 세계를 어떻게 보는가도 중요하지만 역사상 인간을 어떻게 보았는가에 따라 달라진 내외의 역사적 파장은 엄청났다. 본성을 모르면 인류가 아무리 노력해도 성과가 없으며, 위대한 본성을 고무할 수 없고, 이상적인 세계 진입이 어렵다. 본성 문제가 정초되지 않은 상태에서 규정된 제반 가치는 모래 위에 세워진 집과도 같아 유동적이다. 하지만 밝힐 수 있다면 우주 가운데서 인간이 위치한 좌표가 설정될 수 있을 것이고 궤도를 이탈하지 않은 인생에 있어서 온갖 허무는 극복될 수 있다. 天命을 알면 본무도 안다. 인류의 제 가치가 통합적으로 규정되고 장차 몸담아야 할 세계관이 여기에 정초되며 나아가 확정된다.

인간의 본성 탐구 문제는 만인이 공유한 진리 탐구의 주제인바, 인간 본성은 어쩌면 形而上學的인 무형의 창조 본체가 이루고자 한 우주 본질의 구체화이고 우주 목적의 실질화이며 우주 진리의 현실화인지도 모르겠다. 하나님이 우주 창조의 주역이실진대 인간을 창조하지 않았다면 대창조란 성업이 완수될 수 있었을 것인가? 당연히 우주 섭리의 궁극적 완성은 인간을 통하지 않을 수 없는데, 그러기 위해서는 인간 본성에 대한 진리 창출이 긴요하다. 인간성을 완성하는 것이 세계를 완성하는 기반이다. 하나님의 천지 창조는 인간성의 완성이 섭리 완결의 조건이다. 인간성을 완성하기 위한 진리 해명은 결국 우주 목적과 세계를 완성할 핵심 키이다. 天·地·人을 온전히 규명하고 그 관계성을 밝힌 완성된 진리관, 이름하여 "세계와 인간의 본성을 탐구해 인류의 지혜를 결산한 인간학의 완성도 설계이다."

이 같은 인간의 본성 탐구와 규명을 위해서 필자는 관념적으로 사고된 제 성과물들만을 살핀 것이 아니라 직접 生을 바친 정신적 고뇌와 투신 과정이 있었다. 이에 근거해서 이 연구는 인간이란 무엇인가? 인간이 어떻게 창조되었고 그 본성이 형성되었는가? 우리는 무엇을 추구하고 어디로 가야 하며 어떻게 살아야 할 것인가? 그리고 그렇게 살면 나중에 어떤 결과가 주어질 것인가에 대한 인생의 종합적인 면모를 고민해서 드러내고자 했다. 인간이 어디서 왔고 어떻게 근원된 것인지 그 기원을 알았다면 인간이 행해야 할 인생 본무를 지침하지 못해서는 안 된다. 본성의 형성 과정을 알았다면 인간이 일구어야 할 영원한 가치성과 기질의 善惡 방향을 가닥잡고, 죽음 이후의 내세 비밀과 어떤 원리에 의해 만생이 심판받을 것인가까지 경고할 수 있어야 한다. 이것이 인간학을 완성할 전체 구현도 - 具現圖 모습이다.

2. 인간 본성의 문제 해결 관건

밝힌 바 인간이란 무엇인가 하는 문제는 세계란 무엇인가 진리란 무엇인가란 문제와 더불어 아마도 수천 년간 이어진 물음인 것으로 안다. 일체를 떠나서 '나는 누구인가?'란 관점 위에 서서 보아도 나는 어디에서 와서 어디로 가는 것이며, 과연 무엇을 위해 사는 것인지[3]를 선뜻 대답할 수 없다.

또한 "자연의 일부분으로서 인간의 역사는 지속적으로 인간의 본질에 대해서 문제시하여 왔는데도 철학에 따라 해석만 분분하였을 뿐, 인간의 본질이 무엇인가에 대한 문제가 하나로 귀결되지 못했다."[4] 하늘을 두고 땅을 두고 자신을 두고 물어 보아도 해결이 안 되는 난제! 그러면서도 언젠가는 풀어헤쳐야 할, 인간이 태어나 세상에 대해 물어야 할 물음 가운데 가장 중요한 물음 중의

---

3) 『동서양의 인간 이해』, 김신혁 저, 서광사, 2001, p.1.
4) 『비교사상론 개관』, 김태창 엮음, 충북대학교출판부, 1987, p.322.

하나이다. 아무리 세상이 바쁘고 시시각각으로 변해도 어느 시대, 어떤 사회에 처한 실존인이라도 인간이란 무엇인가, 나는 누구인가에 대한 수수께끼는 외면할 수 없다.5) "수천 년 동안 수많은 사람들이 묻고 또 물었지만, 더 이상 의문의 여지가 없을 만큼 확실하고 궁극적인 답을 찾을 수 없었던 물음, 어디에서 어떤 방식으로 답을 찾아야 하는지, 답의 진위 기준이 무엇인지, 답이 과연 있기나 한 것인지, 아니 물음 자체가 제대로 물어진 것인지 분명치 않은 물음. 그런데도 불구하고 철이 들기 시작하면 묻고, 인생의 고뇌에 휩싸일 때 혹은 죽음의 그림자가 드리울 때 애타게 찾아 헤매는 답."6) 드러난 것만으로 혹은 자신과 세상을 통틀어서라도 인간만으로써는 해결이 안 되기 때문에 세계와의 연계 고리를 추적해야 한다.

물론 인간에 대한 물음이 끊임없이 이어진 만큼 인간에 대한 탁월한 견해들이 도출되지 않은 것은 아니다. "인간은 만물의 영장 – 靈長이다. 인간은 원죄자이다. 인간은 생각하는 갈대이다. 인간은 무상자 – 無常者이다 등."7) 학자와 철인들에 따라 다양한 학설과 사상들이 전개되었는데도, 그 같은 본성 규명들이 선뜻 우리 자신이 존재하고 있는 실존적인 궁금증을 풀어주지 못하는 이유는 무엇인가? "성경에서는 인간을, 우리의 삶에 대해 뚜렷한 목적을 가진 하나님에 의해 창조된 존재"8)로 묘사하였지만, 그 같은 사실을 실감할 수 없는 이유는? 신학이 근거를 밝히거나 이해할 수 있도록 논증해야 했겠지만, 문제가 문제인 만큼 인간으로서 해결하지

---

5) 『인간 본성에 관한 10가지 철학적 성찰』, 로저 트리그 저, 최용철 역, 자작나무, 1996, p.272.
6) 『동서양의 인간 이해』, 앞의 책, p.1.
7) 『증산사상중심의 인류갱생철학개론』, 배용덕·황정용 공저, 태광문화사, 1995, p.35.
8) 『인간 본질에 관한 7가지 이론』, 레즐리 스티븐슨 저, 임철규 역, 종로서적, 1995, p.5.

못한 것을 탓할 수는 없다. 세계관과 연관한 인간의 문제는 결코 단순하지 않다.

칸트에 의하면 인간 이성의 모든 관심은 다음의 세 가지 문제로 집약된다. 첫째, 나는 무엇을 알 수 있는가?(인식능력 문제) 둘째, 나는 무엇을 행해야 하는가?(윤리 문제) 셋째, 나는 무엇을 바라도 좋은가?(종교이해 문제) 결국 칸트의 철학적 관심사는 인간 이해의 문제였고, 나머지 문제는 이를 위한 디딤돌로 생각되었는데,[9] 문제를 세 가지로 분류하였지만 핵심된 관건은 역시 하나이다. 정말 인간이 무엇인가란 문제가 밝혀질 수만 있다면 다른 문제는 부수적이다. "인간이 다른 존재와 구별되는 인간다움은 무엇이며, 그것은 어떻게 해야 실현되는가?"[10] 인간이 지닌 "인성이란 무엇인가? 사람은 궁극적으로 어떤 속성을 지니고 있는가?"[11] "사람의 속성은 자연적 속성인가? 사회적 속성인가? 善惡에 대한 윤리 관념은 선천적인가 후천적인가?"[12] 인간에 관한 물음은 다른 대상들과 달리, 인간에 대해 묻고 있는 자체를 묻고 있는 상태라,[13] 분명 차원이 다른 난제이다. 갖가지 과제들이 파생되어 있어, 문제를 해결하기 위해서는 핵심된 관건 가닥을 붙드는 것이 중요하다.

이 연구의 저술 입장은 인류가 그동안 이룩한 인간의 본성 본질에 관한 제 가닥들을 살피고 성과들을 소개하기 위한 것이 아니다.

---

9) 『도덕과 종교(칸트와 마리땡을 중심으로)』, 배석원 저, 이문출판사, 1993, pp.6－7.

10) 『공자의 철학』, H. 핑가레트 저, 송영배 역, 서광사, 1993, p.1.

11) 『중국 철학과 인성의 문제』, 방립천 저, 박경환 역, 예문서원, 1998, p.25.

12) 위의 책, p.182.

13) 물음의 본질이 다름. 인간은 그 자신의 본질에 관해서 묻고 있는 것임. －『철학적 인간학』, 에머리히 코레트 저, 진교훈 역, 종로서적, 1990, p.3.

선현들이 인간의 본질을 물은 지가 언제인가? 지금은 무언가 해결 대책을 찾을 때가 되었고 결론을 내려야 이후 새로운 비전이 제시될 수 있다. 일체를 감안하더라도 분명 모든 어려움을 넘어서 문제를 해결하고 결실을 거두기 위해 필을 들었다. 그러기 위해서는 당연히 여태까지와는 다른 새로운 관점과 방법론을 대동해야 하는데, 인간의 문제는 복잡하게 얽히고설킨 세계관적 문제이기는 하나 핵심된 본질을 파고들면 반드시 일체를 해결할 수 있으리란 가능성도 발견한 것이다.

인간의 본질을 규명하려는 것은 규명 여부를 떠나서 인류의 지혜를 총동원해야 하는 종합적인 시도이다. 복잡한 문제이기는 하지만 예수가 시몬 베드로에게 이르시되 "땅에서 무엇이든지 매면 하늘에서도 매일 것이고 땅에서 무엇이든지 풀면 하늘에서도 풀리라."14)라고 하였듯, 동일하게 인간의 문제 해결은 천고에 걸친 창생의 비밀을 밝히는 하늘의 바코드(천국 열쇠)이다.

그렇다면 인간이란 무엇인가를 해결할 문제의 핵심은 무엇인가? 어떻게 해서 수천 년이 경과하였는데도 불구하고 인간 본성에 대한 탐구 성과가 가시화된 것이 거의 없는가?15) 그래서 살펴보면 인간에 관한 문제들은 인간이 인간 자신에 대해서 풀고자 한 문제인데도 불구하고 인간으로서는 도무지 해결이 안 되는 불가항력적인 문제들이 포함되어 있었다는 데 있다. "칸트는 인간은 인식이 불가능한 物自體의 영역이 있다고 하였듯, 善惡·정의·生滅·본성에 관한 문제는 인간으로서는 판단할 수 없는 차원성의 문제이

---

14) 마태복음, 16장 19절.
15) 『인간 본성에 관한 10가지 철학적 성찰』, 앞의 책, p.268.

다."16) 내가 나를 창조한 자성체가 아닌 한, 나는 나에게 주어진 존재의 비밀을 알 수 없다. 神이 존재한다고 할진대 神과의 교감이 없고서는 영원히 풀 수 없는 문제이다. 인간의 문제가 항구성을 띤 것인 한, 그동안 문제가 해결되지 못한 것에 대해 방법상 문제가 없었던가를 점검해 볼 필요가 있다. 하나님을 믿는 자라도 인간의 근원 본성을 밝히기 위해서는 그만한 성령의 역사가 있어야 하는 것인데, 역사상 누가 이에 대해 실감 있는 역사를 가졌는가? 이 같은 가능성이 비록 가설일지라도 교감 루트가 개척되지 못한 상태에서는 규명을 위한 노력 이전에 인간이 지닌 한계성을 자인하는 것이 순서이다. 왜 인간은 인간 자체를 되묻는가? 여기에 인간의 본질을 규명할 비밀이 내포되어 있다는 아이러니!

인간은 인간 스스로를 답할 수 없다. 자신이 자신을 안다면(창조했다면) 자신에 대해서 되물을 이유가 없다. 그런데도 여태껏 모르고 있다면? 그것은 분명 그 대상체가 누구이든지 간에 제삼자가 밝혀주어야 하는 존재, 그것이 인간에게 부여된 부인할 수 없는 본질이다. 인간이 무엇인가에 대한(본질 탐구) 물음은 탐구의 한계를 아는 것이 해결을 위한 실마리이고, 인간으로서 피할 수 없는 실존 상황이다. 그것을 답할 수 있는 분은 따로 있다. 그것이 무엇인가? 나와는 존재된 차원을 달리 한 분, 천지 만상을 지은 분, 이분을 일컬어 기독교에서는 창조주 하나님이라고 했지만, 이것은 신앙이 아니라 인간의 본성 해결 관건에 관한 사실 추적 문제이다. 그들은 하나님이 인간을 창조했다고 천명해 놓고서도 사실 관계를

---

16) 인간의 본성이 善한가 惡한가 하는 문제는 인간이 결정내릴 수 있는 문제가 아니다. 인간의 본성 가치, 生滅 문제 등도 마찬가지임. 인간된 입장에서 판단한 맹자의 性善說과 순자의 性惡說은 결론지을 수 없는 영원한 미해결 과제임.

밝히지 못해 신앙 문제로 처리하여 버렸는데, 인간 문제가 이런 식으로 넘어가서 될 일이 아니다.

본성 문제는 모든 것이 직·간접적으로 하나님과 연관되어 있다. 인간이 인간의 본질을 밝힐 수 없는 것은 밝힐 수 없는 여건하에서였다. 하나님이 직접 계시하고 본의를 밝히지 않은 바에는 영원히 탄생의 비밀을 알 수 없다. 만사에 걸쳐 생사여탈과 시종을 주관하시는 분은 하나님이시다. 관례적으로 말하는 피조체의 창조자에 대한 존칭법이 아니다. 창조인 한 적법한 논리이고, 진실을 더한 해결 관건이다. 그런데도 이 같은 사실을 무시했다는 것이 인간 문제가 답보 상태를 면하지 못한 이유이다.

비록 뭇 가치는 인간으로부터 인식된 것이라 할지라도 거기에 대한 영원성은 절대적인 의지력에 의해 규명된다. 인간의 가치가 비록 빼어나다 하나 스스로 단정하면 참칭이 된다. 나를 창조하신 분이 부여해 주어야 한다. 즉 나는 나를 내세울 수 없다. 이 연구는 지금 인간의 본질 문제에 있어서 반드시 해결해야 할 조건과 관건을 제시하고 있는데, 그 같은 일체 조건을 겸비한 것이 이 연구라고 단정 지을 수 없다. 이 연구는 그동안 해결하지 못한 인간에 관한 문제가 인간 자체로서는 한계가 역력한, 하나님이 해결하실 차원의 영역이라는 것을 믿을 뿐이다. 先天에서는 철학에 의해 인간을 구하였지만 이제는 神에 의해 회유되어야 한다. 인간 역사로부터 철학은 종결되어야 하며, 그 완결로서 인간 본질은 神에 의해 계시되어야 한다. 때는 기다려서 도래하는 것이 아니고, 나아가서 적극적으로 맞이해야 한다.

그래서 본인은 그 핵심된 관건을 확보하기 위해 세계의 본질과 하나님의 창조 본의를 간파하고자 한 인생 역정을 겪었다. 이것이 사실인가 아닌가 하는 것은 이 연구의 전체 완성도로써 판가름할 일이며, 중요한 것은 그 같은 인생 내력을 통하여 정말 본성을 밝힐 핵심 관점을 확보하였다는 사실이다. 아울러 역사상 인간의 본성을 규명한 자가 없더라도, 이 연구가 이 같은 작업을 시도해야 한다면 그 또한 피할 수 없는 일이다. 본성을 규명할 자격의 논란 이전에 하나님이 직접 뜻을 밝혔다고 하는 바에는 부차적인 문젯거리이다. 어차피 모든 때는 당도되었고, 결론은 내려져야 하며, 그리하여 새로운 인간 구원상이 인류 앞에 제시되어야 한다. 그것이 곧 이 연구가 인간의 본성을 탐구한 이유이다. 세계의 본질을 규명했다면 인간의 본질을 규명하지 못해서는 안 된다. 규명해야 할 차례가 되었다(때가 당도됨). 이 연구는 인간의 본성을 탐구해서 밝힐 정당한 절차를 따랐고, 해결해야 할 선행 작업들을 완수했다. 인간의 본성 규명은 그것을 단행할 사명적 권위의 부여가 있어야 하는데, 그렇게 부여받은 자가 때가 되어 정해진 단계 절차를 거쳐 본성을 판단할 수행 작업에 돌입했다.

인간은 神의 창조 바로미터이다. 이 연구는 인간의 본성을 규명할 우주의 본체성을 밝혔거니와,[17] 이것은 창조를 바탕 지은 대宇宙論이다. 무형의 창조 본체가 이룬 작용성을 원론적, 形而上學的으로 기술한 선행 작업이다. 과제가 과제인 만큼, 진리 역시 무형적, 본질적인데 단지 현실적, 실질적으로 표현되지 못해 실감하기가 어려웠다.

그러므로 앞으로는 천지 창조의 현실화인 인간의 본성 규명 작

---

17) 저자의 앞선 일련의 『세계론』 저술 역정.

업을 통해서 정말 창조 사실을 구체화하리라. 創造論은 원리로서
증험하고 진리로서 실감되어야 한다. 그것을 인간의 본성 근원과
본성 규명과 본성 본무 밝힘 과정을 통해 드러내리라.

3. 인간의 본성 오판 결과

인간에게 있어서 인간의 본성 탐구에 대한 해결 접근은 이 같은
문제를 판단하는 자가 지닌 세계관의 영향이 크다. 인간 삶의 처
절한 실존성, 곧 황폐함과 외로움과 목마름을 몸소 느껴 조망해야
하고,[18] 다각도에 걸쳐 인간에 대한 정확한 이해가 선결 조건이라
는 것을 모르는 바 아니지만, 이미 결정된 세계관은 인간이 지닌
어떤 진실과 본성에 대한 탐구 노력까지도 철저하게 윤색할 수 있
다. 본성은 오판할 수 있고 그로 인한 결과는 인간의 가치가 격하
되고 인간성이 황폐화되며 온 인류가 헤어날 길 없는 미로 속에
빠져버리게 된다. 믿어지지 않는 일이지만 인간 자신이 인간의 격
을 허물어뜨린다? 이것이 인간이 자행한 현실이다.

성현들이 최고조로 올려놓은 인간 가치를 근대사회를 구축한 주
역들이 여지없이 무너뜨려 버렸다. 인간을 원숭이의 부류에 소속시
킨다든지, "사람을 하나님과 비슷한 이상적인 존재로 보게 되면 실
현될 수 없는 사회에 대한 환상에 집착될 수도 있다."[19]는 우려

---

18) 『광야에 선 인간』, 송봉모 저, 바오로딸, 2002, p.10.
19) 『2000 신한국』, 김영삼 저, 동광출판사, 1993, p.50.

등, 가치를 올려놓아도 믿지 못해 격하해 버리는 이상 현상이 도대체 어떻게 해서 일어날 수 있는 것인가? 그것은 인간의 본성을 제대로 판단하지 못해서이다. 인간의 본성 규명 문제가 사상적으로 답보 상태를 벗어나지 못하였고, 오히려 핵심에서 거리가 멀어져 버렸다. 온갖 문제들을 파생시켜서 인간성 상실이란 파국을 맞이했다. 인간성의 퇴조가 역력하다. 인간의 본래성은 심오하게 탐구되었어야 했고, 쉽게 결론을 내릴 수 없는 문제인데도 사고력과 근원을 알 길 없는 탐구들이 섣부른 판단을 자초했다. 얼마나 자행했기에 오늘날의 지경에까지 이르렀던가?[20] 주된 원인이 곧 神은 인간을 이해하는데 인간은 神을 너무나 이해하지 못한 데 있다.

서양의 근대인들은 내가 너를 창조했다고 한 神을 버렸고, 동양은 자의든 타의든 하늘의 뜻을 받들고자 한 經을 버렸다. 생활 의식과 행위 지침과 본성 본향으로서의 기준과 진리력을 상실한 지 오래전이다.[21] 그래서 현대인들은 마치 고삐 풀린 망아지처럼 자유를 구가하게 되었지만, 神과 經의 세계를 벗어난 인류가 바탕된 본성을 벗어 던지고 마음껏 펼쳐놓은 세계가 다름 아닌 황망한 파괴만을 일삼은 비인성적, 비인간적 세계였다. "프롬은 물질적인 번영과 안락한 삶, 지적인 개발이 가장 완전한 상태에 도달했다고 믿어지는 서구 여러 나라와 미국이 높은 자살·살인·알코올 중독률을 나타내고 있다는 사실을 통해서, 삶의 방법과 추구하는 목적

---

20) "현대사회가 안고 있는 가장 큰 문제는 인간성 상실이다. 과학의 발달과 아울러 근대 산업사회가 등장하면서 인간의 모든 가치 기준이 금전으로 측정되고 있다." —『원불교사상논고』, 김홍철 저, 원광대학교출판국, 1980, p.65.
21) "서양의 경우 중세적 코스모스와 더불어 그 정신 공동체가 파괴되었을 때, 神 역시 인간과 맺어질 방도를 잃어버리고 세계로부터 물러나 버림." —『데카르트의 철학과 사상』, 이등언 저, 김문두 역, 문조사, 1994, p.137.

들에 잘못된 것이 없었는가 하는 물음을 제기했다."22) 정말 인류는 지금 어디로 가고 있으며, 어디서 구원을 찾으려 하는가?

"인간 생활의 최후 보장은 외부의 강제성보다도 오히려 내부의 자발적 양심 그것이고, 나아가서는 확고부동한 신념"23)뿐이라고 자위해 보지만, 神을 버린 인간은 결국 버려진 삶으로서 소외만 극대화시켰다. 홀로 광야에 선 인간을 누구도 이끌어 주지 못한다. 사방에 길이 막혀 있어 죽음(자살)만이 고뇌하는 인간이 선택할 수 있는 길이다. 인간성의 퇴조가 사회 전반에 걸쳐 고유 본성을 파괴해 버려, 神을 버린 오판을 더 이상 좌시할 수 없게 만들었다. 그 같은 오판이 이 같은 결과를 낳은 것인 만큼, 神에 의해 인간 본성이 바르게 규명되기 위해서라도 본성의 오판은 반드시 지적하고 넘어가야 한다.

서양은 천여 년 동안 누려왔던 중세의 神중심 사회로부터 인간성 해방을 위한 문화 혁신 시대로(르네상스) 나가게 되자 그 밑바탕은 철저하게 신권 질서에 대한 반동으로 구축된 세계관들이 영향을 끼쳤다. 唯物論, 進化論, 無神論, 과학 등. "기독교에 있어서 인간의 본질은 바로 神에 대한 신앙과 같은 것이지만"24) 이후로는 전혀 그런 개념을 찾아볼 수 없다. 인간 바탕은 하나님에 의해 결정되는 것이 아니라 끊임없이 변하는 환경에 대한 적응 시스템이고 (進化論) 필요성과 요구에 따라 개조될 수 있는 것으로 보았다. 최대한 관찰 가능한 행동, 경험 등을 수단으로 하여 인간의 본성을

---

22) 『건전한 사회』, 에리히 프롬 저, 이규호 역, 삼성출판사, 1983, p.26.
23) 『법철학 개론』, 이항녕 저, 박영사, 1992, p.275.
24) 『동서양의 인간 이해』, 앞의 책, p.172.

그들이 구축한 세계관적 틀 안에 끼워 맞추려 했다.

흄은 경험론자인만큼 "인간성에 관한 연구에서도 경험과 관찰이 중요하다는 것을 강조하였고",25)26) "스키너는 인간 행동에 대한 경험적 연구만이 인간 본질에 관한 진정한 이론에 도달할 수 있는 유일한 방법이라고 단정했다."27) 인간의 심오한 창조 본성을 겉으로 드러난 행동과 경험을 통해서 속단하려 들다니! 그 같은 오판의 결과는 참으로 神을 버린 인간들이 그 전능자의 자리를 되차지하고 있는 것을 통해 알 수 있다. 왓슨은 장담하길 "건강하고 잘난 갓난아이 12명을 맡겨보라. 그러면 그들 중 아무나 선택해서 그 아이가 지닌 재능, 취미, 능력, 적성, 또 그 조상들의 종족 등에 관계없이 택하고 싶은 여하한 유의 전문가로 양성할 수 있다."28) 곧 "적당한 환경만 주어진다면 어떤 아이라도 임의로 선택해서 그가 만들고자 하는 어떤 인간이라도 되게 할 수 있다고 한 주장은"29) 인간이 바야흐로 조물주로 선언된 것과 진배없다. 그러면서도 이론 하나하나는 동물의 행동을 실험하여 인간 행동에 적용한 것이라, 인간을 동물의 행동학적 이론 속에 포함시켜 버린 결과를 낳았다. 인간의 본성을 하등 동물로부터의 진화에 근거를 둔 안목 때문이다. 그러니까 교육의 힘이 마치 만능을 창조하는 묘약인 것처럼 보게 하여 과연 인간성을 어느 정도까지 개조할 수 있는 것

---

25) 『인간 본성에 관한 10가지 철학적 성찰』, 앞의 책, p.47.

26) "흄은 자신의 철학과 철학함의 목적을 인간의 본성에 대한 탐구와 탐구의 방법으로 철저하게 경험을 사용함." ―『D. Hume의 도덕 인식론 연구』, 윤종현 저, 연세대학교 교육대학원 윤리교육전공 석사학위논문, 2002, p.8.

27) 『인간의 본질에 관한 7가지 이론』, 앞의 책, p.145.

28) 위의 책, p.142.

29) 위의 책, p.149.

인가 하는 문제를 거론하기까지 했다. 인간성의 개조 실현이 전혀 불가능한 목표가 아닌 것처럼 착각하게 되었다.[30] 이것이 현대인들이 쌓아 올린 오만의 바벨탑이다. 하늘 높은 줄 모르고 쌓기만 하다 보니 바벨탑이 무너지고 말았듯, 본성을 그릇되게 조작한 결과로서 맞이한 것이 인간성의 황폐화이다.

한편 프로이트는 "구강, 항문, 생식기의 특성에 관한 개념을 통해서 인간 행동을 명백한 열정적 충동의 결과로써 설명하는 인간 성격의 새로운 모형을 제시했다."[31]라고 평가받는 장본인이다. 그는 인간이 지닌 성욕까지 동원해서 본성 문제를 가늠하려고 했는데, 인간에게 잠재한 일체 육체적, 심리적 현상과 인간 정열의 생리적인 기초를 성적 에너지인 리비도에서 발견하고자 했다.[32] 성은 도착증이 있다고 했듯, 프로이트가 사상 면에서 그 적합한 예이다. "프로이트는 정말 인간을 비자연적이고 지나치게 엄격한 성적 금기를 풀어헤친 해방자였던가?"[33] 우리는 프로이트의 정신분석학을 통해 인간 본성의 어떤 성스러운 일면을 볼 수 있는가? 그가 파고든 초자아(Superego)는 인류의 심원한 창조 본성을 간직하고 있는 내적 본질 세계인가? 그는 오히려 이드(Id)를 통해 자아(Ego)의 진면목을 드러내고자 한 경향이 짙다.[34] 결과는 인간의 일체 행위 본성을 "성적인 욕망으로 환원시켜 버린 것이다."[35] 天理,

---

30) 『정의의 철학』, 김태길 외 저, 대화출판사, 1977, p.30.

31) 『불복종에 관하여』, 에리히 프롬 저, 문국주 역, 범우사, 1987, p.69.

32) 『건전한 사회』, 앞의 책, p.297.

33) 위의 책, p.434.

34) 『서양정신의 위기와 동양의 희망』, 최우진 저, 한빛문화사, 1983, p.145.

35) 「비트겐슈타인과 종교」, 박현덕 저, 전남대학교 철학과 석사학위논문, 2003, p.55.

天性에 근거하지 못한 본성에 대한 관점의 비애이고 종말이다. 잠재의식으로부터 발원한 인간의 고통과 온갖 고뇌를 의식 세계로 이끌어 냄을 통해 치유하고 풀 수 있다는 발상은[36] 자칫 진리성을 내포한 듯도 보이지만, 사실상은 그릇된 세계관에 의해 진실을 거꾸로 판단한 것이다. 인간의 내면에 잠재한 심오한 본성은 치열한 수행과 삶의 완수 과정을 통해 본질적으로 승화를 이루어야 한다. 본성을 극복함으로 인한 차원적 승화 경지를 그들이 문명적으로 이해할 길은 없었다. 그러니까 인간의 잠재 본성을 직접 볼 수 있도록 끄집어 낸 치유 개념으로서 접근한 것이다. 천고 이래로 이미 존재하였고 결정된 본성을 말이다.

인간이 인간으로서 스스로에게 주어진 세계를 놓고 판단하였으면서도 그것이 참된 판단인지 그릇된 판단인지 분간하지 못할진대, 원인이 어디에 있다고 보는가? 잘잘못을 판단할 기준이 서 있지 못해서이다. 하지만 이유를 알았건 몰랐건 인류가 그로 인해서 맞이한 결과는 참담했다. 과연 그들의 인간 본성에 대한 판단이 옳았던 것인가? 인류는 스스로의 본성에 대해 어떤 자긍심과 확고한 정체성을 확보하였는가? 누가 그 같은 빌미를 제공하였는가? 무엇을 통해서도 기대할 것이 없다는 것을 알 때, 이 시점으로부터 이 연구를 통한 위대한 본성에로의 탐구 여행은 시작되었다. 이 연구가 길을 잘 인도하는 안내역을 담당해야 하리니, 天性을 되찾는 본향에로 말이다.

---

36) "이것이 프로이트의 정신 분석이 출발한 토대임." -『인간의 본질에 관한 7가지 이론』, 앞의 책, p.95.

4. 인간의 본성 탐구 내력

　"인간의 본질에 관해서는 이미 과거 몇 천 년에 걸쳐서 수많은 先人들이 여러 가지로 생각하고 여러 가지 형태로 논해 왔다. 그리고 오늘날 우리들은 그 내용을 각종 문헌과 기록을 통해 알 수 있다."[37] 인간의 "본성이라 할 때는 일단 인간의 능력, 특히 마음의 본질을 말하며, 행위의 원동력이라는 뜻을 담고 있다. 그래서 그 원동력이 善한가 惡한가로 탐구 가닥을 잡게 되면 그것이 곧 性善說이고 性惡說이 된다."[38] 본성에서의 "性은 성품 性자로서, 性이란 글자의 원래 의미는 타고난 마음이란 뜻이다. 그래서 인간성, 곧 人性을 일반적으로 말하면 사람이 태어나면서부터 지니고 있는 본성이다."[39] "儒家에서는 인간과 인간 아닌 것을 구별하여 인간만이 가지고 있는 어떤 것을 인간의 본성으로 보았다."[40] 본성은 타고난 무엇이라고 하면서도 "인간의 본성이 타고난 것인가 태어난 뒤 그려지는 것인가 하는 문제는 또 다른 각도에서 본, 본성 탐구에 대한 중요 해결 과제이다. 곧 인간의 본성을 어떻게 보는가 하는 것은 고정된 것이 아니었고 시대정신과도 관계된 중차대한 지적 탐구 테마였다."[41]

　儒家에서 인간의 본성에 관하여 최초로 언급한 사람은 역시 孔子

---

37) 『새로운 인간도의 제창』, 松下幸之助 저, KBS 방송연구소 역, 한국방송공사, 1981, p.32.
38) 「성악설의 흐름」, 손영식 저, 소논문, p.352.
39) 『유교의 이해』, 정진일 저, 형설출판사, 1997, p.92.
40) 「장자의 이상적 인간론」, 이강수 저, 소논문, p.1.
41) 『본성 타고나나 길러지나』, 조선일보, 책마을, 2004. 2. 28.

이다. 그는 타고난 본성은 원래 비슷하지만 후천적인 습성에 의하여 서로 달라진다고 보았다. 더 이상 상세한 말은 없었다 하나 仁을 인간의 본성으로 본 흔적은 역력하다.[42] 그리고 인성에 관한 최초의 논쟁은 『맹자』란 책에 나타나 있다. 맹자의 제자인 공도자는 스승의 性善說에 대해 "고자는 性은 善하다고 할 것도 없고, 善하지 아니하다고도 할 것도 없으며……"[43]라고 하여 의문을 제기했다.

　동양은 이렇듯 선현들이 이미 밝힌 견해들에 대하여 탐구 범주를 벗어난 경우는 거의 없었다. 주어진 범주 안에서 단초적인 사상들을 심화시켜 간 경향이 있다. 이에 비해 서양은 이미 확보한 세계관에 근거해서 인간 본성을 전혀 새롭게 해석하고자 노력한 특성이 있다. 서양도 중세까지는 기독교의 창조설과 원죄설 등에 의해 인간에 대한 본성관이 어느 정도는 고정되어 있었는데, 르네상스 이후 만개했다. 인간을 정신적 존재로서 形而上學的 입장에서 보려 한 견해와 물질적인 존재로서 唯物史觀的 입장에서 해석을 시도하려 한 노력 등등. 그래서 존 듀이의 경우 『경험과 자연』에서 "인간은 자연의 일부"[44]라고 설명하기도 했다. 물론 듀이가 이만한 판단 관점을 확보하기까지는 이전에 그만한 세계관의 구축역사가 있었다. 먼저 경험론자인 로크(1632~1704)나 흄(1711~1776)은 자연 과학의 영향을 받아 유일하고 객관적이며 과학적으로 파악할 수 있는 실재만을 타당하다고 보았는데, 이것은 인간의

---

42) "孔子가 인간을 바라본 관점은 禮를 통해 드러나기도 한다. 인간의 인간다움은 자기 주위의 존재들과 함께 진지한 마음의 자세로 몸소 자기 혼을 다해 신명나게 올리는 예식 행위를 통해 드러난다." -『공자의 철학』, 앞의 책, p.4.
43) 『유교의 이해』, 앞의 책, p.93.
44) 『비교사상론 개관』, 앞의 책, p.322.

인식을 감각적인 지각으로 환원케 한(감각적인 경험만을 인정함) 결과를 낳아 서구 사상이 唯物論에 이르는 길을 준비했다.

唯物論은 프랑스 계몽주의에서 처음 등장하여 라메트리(1709~1751)가 인간을 단순한 기계로 설명하는 지경이 되었다. 나아가서 唯物論的, 기계론적 원칙은 모든 유기체와 전 인간에게로까지 확대되어 19세기와 20세기에도 영향을 미쳤다.[45] 인간을 기계로 본 것은 그 이전에 인간의 본성조차 물질에 근거를 둔 유물관의 영향이다. 그리고 보면 서구의 지성들은 인간의 본성을 변호하고 구축한 것이 아니라 허물어뜨리는 데 일조했다. 찰스 다윈(1809~1882)은 그 과정을 더욱 확고하게 선도했다. 다윈이 인간을 "환경에 의한 진화적 존재"[46]로 보았다는 것은, 본성 구축에 있어서 예사로운 문제가 아니다. 그의 업적 아닌 업적 때문에 "오늘날 인간이 보다 원시적인 생물로부터 진화해 왔다는 견해를 대부분 받아들이게 되었다."[47][48] 인간이 무수한 세월을 담보한 진화에 의해 구축되었다는 것은, 인간의 본성 바탕이 아예 없었다는 것과 같다. "인간은 다른 동물로부터 진화된 존재"[49] 외 아무것도 아니다. 인간의 숭고한 창조적, 도덕적 고유성이 파괴되는 비애를 느껴야 하는 순간이다. 인간을 이해하기 위해 개척된 유물, 기계, 경험, 진화와

---

45) 『철학적 인간학』, 앞의 책, p.32.

46) 「순자의 인성관과 교육 사상」, 문현상 저, 전남대학교교육대학원 교육행정전공 석사학위논문, 1982, p.30.

47) 『인간 본성에 관한 10가지 철학적 성찰』, 앞의 책, p.354.

48) "다윈은 오늘의 전 생물계가, 즉 식물도 동물도, 따라서 또한 인간도 수백만 년에 걸쳐 계속된 발전 과정의 산물이라는 것을 확인시킴으로써 形而上學的 자연관에 가장 강력한 타격을 줌."-『공상에서 과학으로』, 엥겔스 저, 새날, 1990, p.38.

49) 『인성론』, 인성교육교재편찬위원회 저, 박이정, 2002, p.57.

같은 견해들이 오히려 인간성을 파괴한 주역이 되어 버리다니!

급기야 사르트르는 "인간의 실존은 자신의 본질에 선행한다고 선언했다. 인간에게 있어서 근본적인 본성이란 없으며(무엇에 의해서도 창조되지 않음), 자신의 본성 혹은 본질을 어떻게 만들지는 각자가 결단해야 한다."[50] 그 외에도 "마르크스는 인간에게 있어서의 노동과 경제적 본성을 강조하기도 하였으며, 프로이트는 인간 본성이 억압된 무의식의 본능 속에 있다."[51]고도 보았다.

알고 보면 서구인들은 본성 자체에 대한 진실 규명보다는 스스로 구축한 세계관에 얽매인 족쇄걸이적 판단을 여기저기서 발견할 수 있다. 구축한 세계관이 인간 본성에 영향을 끼치고, 인간 본성을 어떻게 보는가 하는 것은 다시 세계관 형성에 영향을 끼쳤다. 세계관이 화려한 옷을 걸쳤지만 그 안에 고이 쌓아 둔 알맹이를 살펴보면 결국 인간이다. 사실은 인간이 세계와 제 학문의 중심을 이루고 있다. 학문은 세계를 탐구하는 것이나 종국에는 인간과의 관계에 있어서 존재 근거를 밝혀야 하는 것이다.[52] 인간 본성의 탐구 문제가 宇宙論의 한가운데 존재해야 하는 이유이다. 흄도 그의 『人性論』 머리말에서 "모든 학문은 많든 적든 간에 인간의 본성과 관련을 맺고 있다."[53]라고 말했다. 중대성을 띤 만큼이나 "많은 문제들이 인간의 본질을 어떻게 보는가에 따라 해결될 수 있는 가닥이 잡힌다."[54] "인간 본성에 관한 사상들이야말로 세계에 대

---

50) 인간의 본성에 관한 10가지 이론, 레슬리 스티븐슨 · 데이비드 L. 헤이버먼 저, 박중서 역, 갈라파고스, 2006, p.328.

51) 『비교사상론 개관』, 앞의 책, p.432.

52) 『역경과 사서』, 이현중 저, 역락, 2004, p.81.

53) 『흄의 철학』, A. J. 에이어 저, 서정선 역, 서광사, 1987, p.45.

해 가장 많은 영향력을 미칠 수 있는 사상이다."[55] 세계를 어떻게 보는가도 중요하지만 역사상 인간 본성을 어떻게 보는가에 따라 달라진 역사적 파장은 엄청났다.[56] 인간의 본성 비밀을 밝힐 수 있다면 우주의 비밀까지도 벗겨낼 수 있으리라.

그래서 동양에서는 본성(人性)에 대한 탐구 내력이 전통적으로 宇宙論과 긴밀하게 관련되어 있었다. "性論이 宇宙論(天論)과 결부되어 사상 전반에 중대한 영향을 끼쳤다."[57] 주렴계는 "『太極圖說』에서 儒家사상 최초로 天道論과 人性論을 종적으로 연결한 이론을 제시했었고",[58] "本體論에서 우주의 본질은 물론이고 心性까지도 해명하여 本體論(宇宙論)과 人性論이 표리일체를 이루었다."[59] 인간은 세계와 함께한 존재자이다. 그러므로 인간의 본성 규명은 세계관의 규명과 함께한다. 인간만으로써는 인간을 규명할 수 없다. 세계관적 규명 관점이 뒷받침되어야 하는 것은 당연한 탐구 절차이다. 天·地·人이 合一할 수 있도록 정확하게 자리매김해야 한다. 그렇지 못하다면(?) 인류의 종말을 가속화할 동력이 발생한다. 인류는 한시바삐 인간의 본성을 정확한 宇宙論 안에서 자리잡아야 만생을 구원할 진리를 창출할 수 있다. 자연을 대상으로 한 탐구보다 인간성의 본질과 내면을 성찰할 수 있는 탐구를 더

---

54) 『인간의 본질에 관한 7가지 이론』, 앞의 책, p.5.

55) 『인간 본성에 관한 10가지 철학적 성찰』, 앞의 책, p.272.

56) 중국 역사상 "한비는 인성의 일면만 보았던 까닭에 이사에 영향을 끼쳐 진시황의 폭정을 불러들였다." - 『중국철학사』, 장기균. 오이 저, 송하경·오종일 역, 일지사, 1989, p.171.

57) 「맹자 성선설에 관한 연구」, 김종수 저, 충남대학교대학원 철학과 동양철학전공 석사학위논문, 1995, p.1.

58) 『동양철학의 본체론과 인성론』, 한국동양철학회 편, 연세대학교출판부, 1990, p.78.

59) 위의 책, p.11.

중요시해야 한다. 그렇게 하지 못한 폐해를 인류는 고스란히 감수하고 있다.[60] 의식 본질과 가치를 전환하는 데 본성을 규명해야 하는 중차대한 사명이 있다.

5. 인간성의 세계 완성 기반

인본주의나 휴머니즘은 인류가 현실 위에서 달성하고자 했던 이상적인 역사 목표이다. 다른 문화권에서는 더뎠지만 우리나라는 단군 이래의 국시가 홍익인간 - 弘益人間이란 것을 자랑스러워하고 있다. 동양의 선현들이 평생을 바쳐 天理를 깨우치고자 했던 것도 알고 보면 이 땅에 그것을 바탕으로 한 참된 인간성을 만개시키기 위해서였고, 서구인들이 創造論을 버린 것은 神의 권속을 벗어나 순수한 인간만의 세계를 열기 위해서이다. 만민의 자유와 평등성을 확보하고 민주주의란 제도를 정착시킨 것은 인본에 근거하고자 한 일련의 노력들이다.

그런데 세계는 지금 인간이 神의 간섭으로부터 벗어나 이룬 극치 문화인데도 그 가운데서 가장 큰 행복을 만끽해야 할 순간에 오히려 가장 큰 고통을 당하고 있는 이유는 무엇인가? 이 같은 현상에 대해 우리는 원인을 바르게 진단하고 정확하게 추출해야 한

---

60) 현대인이 믿는 보편타당한 진리의 개념과 기준과 세계관이 물질적 현상을 명료하게 하고 이 것을 이용하려 한 과학적 진리만을 신봉할진대, 장차 인류 사회는 그 같은 진리의 가치 척도와 기준에 따라 인간성이 메말라버린 기계적인 세계가 되어 버릴 것은 도래하지 않더라도 예측되는 바이다. 그렇다면 인류는 향후 무엇을 버리고 무엇을 굳게 지켜야 할 것인가?

다. 결과는 거짓되지 않다. 눈을 가린다고 해서 사실이 덮이는 것은 아니다. 그동안 이룩한 인간에 대한 탐구 결과들이 적나라한 근거이다. 神을 떠난 서구인들은 인간의 고유 본성을 어떻게 난도질하여 놓았던가? 인간성이 제 본위를 차지하지 못한 상태에서는 그 위에 어떤 문화를 건설한다고 해도 소용이 없다는 것은 당연한 판단이다. 인간이 제 학문, 사상, 제도, 가치의 중심에 있다고 하면서 도리어 그 중심된 축을 흩뜨려 버리고 희석시키는 데 앞선 자들이 서구인이다. 근본을 망가뜨려 놓고 겉모습만 번듯하게 치장해 놓은 격이다. 본질을 보지 못하고 현상에만 매달렸다. 그 결과 인간과 세계가 겉돌게 되고 쌓으면 쌓을수록 인간의 본위는 추락 일변도로 치달았다.

이 커다란 원칙적, 논리적 모순을 인류의 지성들은 간파해야 한다. 인본주의가 실현되기 위해서는 인간이 본위가 되어야 하며, 그렇게 되기 위해서는 무엇보다도 인간 본성이 제대로 된 가치를 정립하고 인간성을 완성하는 것이 세계를 완성하는 기반이라는 사실을 명심해야 한다. 본성의 확립과 완성은 지상천국 건설의 기본 조건이다. 극심한 인간성 상실이 개탄되고 있는 실정에서는 더욱 그렇다. 무엇보다도 인간성을 통해 본성을 회복하기 위한 메커니즘을 설정해야 하며(天理로 돌아감), 허물어진 터전 위에서 인간성을 재정립해야 한다. 인류가 지닌 인간성마저 상실당해 버린다면 그 결과가 어떻게 되겠는가? 인간성은 누구도 무시해서는 안 될 창대한 비밀이 함재되어 있다. 이 위대한 인간성의 창조적 개화를 위해 선현들은 몸 바쳐 고투했고 수행, 정진, 투쟁하였다. 불교가 마음을 일구어 견성하고자 했던 것, 孔子가 "자기를 극복해서 禮로 돌아가고자(克己復禮)"[61] 했던 것은 인간성을 수호하기 위한 제 종교의 노력 일환이다.

특히 "동양의 선현들은 참다운 인간이 되는 것을 최상의 목표이고 구원이라고 보았으며, 동양 사상의 핵심도 참다운 인간성의 실현에 있었다."[62] 인간 안에 佛性도 있고 神性도 있고 太極, 理도 있다. 그래서 동양인들은 사욕을 벗어 던지고 인간성의 자각과 극복을 통해 성인이 되고자 했다.[63] 人性에 최고의 가치를 부여하고 인성을 통해 세계를 완성하고자 했다. 인간→본성(인성)→인간성 극복→세계 완성을 지향했다. 세계의 궁극적인 완성은 인간을 통하지 않을 수 없고 인간성을 완성하기 위한 진리 창출이 세계를 완성할 핵심 키를 지닌다. 인간이 인간성을 극복해 내지 못하면 세계는 영원히 완성될 수 없다. 지상천국이란 이상 세계 건설은 어떤 외부적인 제도의 개혁과 환경 조건의 충족만으로 이루어질 수 없다. 인간 자체의 영혼과 마음과 믿음의 혁신에 의해서이라, 인간의 이상화와 거룩함이 없이는 곤란하다. 인류가 지상천국이란 차원 세계에 진입하기 위해서는 내면인 인간성의 완성 조건이 충족되어야 했다.

왜 인간은 인격을 도야하고 동양의 학문은 성인을 지향했는가? 그것은 천국 세계를 건설하는 데 있어서 人이 기초 본위가 됨으로써이다. 천국 건설은 인간이 기본적인 본위이다. 人이 바로 서야 이 땅이 곧 천국이다. 人性이 그릇된 자는 천국 세계 진입이 不可하다.

---

61) "子曰 克己復禮爲仁(『논어』, 안연 편)." -『공자의 철학』, 앞의 책, p.122.
62) 『보살 예수』, 길희성 저, 현암사, 2004, p.230.
63) 『동양을 위하여 동양을 넘어서』, 홍원식 외 저, 예문서원, 2000, pp.83-84.

人性을 도야해야 하는 것이 인류가 천국 문에 들어설 수 있는 전제 조건이다. 반드시 진입해야 할 지상천국을 맞이하기 위해서 인간 본성은 도덕적으로 무장되고 한 차원 업그레이드되어야 한다.[64]

이상적인 사회 실현은 이상적인 자아의 실현으로부터 있다.[65] 원만한 내면의 본질을 기초 닦은(갖춘) 인격의 완성과 인간성의 극복 없이는 새로운 세계 진입 역사가 실패한다.[66] 세계는 그것을 행하고 말할 수 있는 인격으로부터 창조된다. 그것이 원칙이다. 인간성을 표출한 인격은 형성된 세계성이 집약된 빛이다. 진리, 학문, 인간이 관여한 어떤 것도 인간의 뜻과 義가 하늘에 도달한 인격이 더했을 때만 완성된다. 하나님이 천지를 창조하셨을진대, 인간을 창조하지 않았다면 대창조란 성업이 완수될 수 있었을 것인가? 그만큼 하나님은 인간에게 숭고함을 고스란히 선물하셨는데 그 숭고를 다하신 하나님 앞에서 인간은 무엇 하는 존재인가? 인간은 누구라도 성인이 될 수 있고 부처가 될 수 있는 본성을 갖추었다. 인류는 누구라도 하나님이 부여하신 창조의 완전한 인간상을 지향할 자격을 가졌으며, 손수 이루신 성스러운 창조성을 도출할 수 있다. 이 같은 고귀한 가치 때문에 인간의 본성과 인성의 근원을 밝히고 인간성을 정립하는 것은 동서의 철인들이 궁구해마지 않은 인류의 영원한 추구 테마요 극복을 위한 과제였다.

---

64) "기독교를 터 닦은 세례자 요한과 예수는 모두 다 대망의 하나님 나라에 들어가기를 원하는 사람들에게 엄격한 도덕을 요구하였다." -『예수운동과 혁명』, 쉐일러 매튜스 저, 박현덕 역, 대장간, 1991, p.37.

65) "중국에서 人性의 문제가 이천여 년이란 장구한 시간 속에서 수많은 사상가들의 논의의 중심에 서 있었던 것은, 바로 그것이 이상적인 자아와 이상적인 사회의 실현을 논의하는 토대가 된 때문임." -『중국철학과 인성의 문제』, 앞의 책, p.15.

66) 지상천국의 진입 조건은 인성이 중요하며, 인성이 갖추어지면 다른 조건은 부수적임.

그런 만큼 인류는 인간의 본성을 어떻게 규명하는가 하는 것이 지옥의 나락으로 떨어질 것인가 천국 세계로 진입할 것인가 하는 문화 개창의 열쇠가 된다는 사실을 알고, 지난날 이룬 인간의 본성 정립과 규명 노력을 재점검할 필요가 있다. 인류가 인간을 어떻게 보았기에 오늘과 같은 종말적 문명 결과를 초래했는가? 그리고 다시 인류 사회를 개선하고 일으켜 세우기 위해서는 어떤 세계관에 근거해야 할 것인가? 이것을 만인은 이 연구의 전개 과정을 통해 숙고하고 판단해야 한다.

6. 천과 인과의 함수 관계

삶을 영위하는 데 있어서 형제지간은 각별한 관계에 있다. 알고 있는 그대로 형제는 남이 아니다. 형제가 어려움을 당했다면 그냥 있지 않는다. 더더구나 평생 의지하고 살아 계실 것 같았던 부모님이 돌아가셨다면 떠나보내야 하는 자식의 슬픔은 막을 수 없다. 부모 형제 사이는 끊으려야 끊을 수 없다. 존재적으로는 독립된 자존체들인데 어찌하여 애달픔과 깊은 감정이 교류되는 것인가? 생애에 영향을 끼치는가? 그것은 말 그대로 남이 아닌 때문이다. 인간은 홀로 독존하는 것이 아니다. 만약 나의 삶이 주변의 누구에게 영향을 끼친 것이라면 그것은 깊은 상관 관계, 곧 함수 관계에 놓여 있어서이다.[67] X가 변해도 Y가 그대로라면 그것은 아무

---

67) "함수: 두 가지 변수 x와 y가 있을 때, 변수 x가 정해진 범위 내에서의 값을 차례로 취할 때 거

연결 고리가 없다는 뜻이다. 하지만 X가 변하는 데 따라 Y도 같이 변한다면 그것은 X와 Y 사이가 굳게 연결되어 있다는 뜻이다. 人과 天과의 관계도 마찬가지다. 지성들은 인간의 본성을 탐구하는 과정에서 다양한 형태로 神人 혹은 天人 관계를 설정하고 피력했는데, 문제는 관계가 있으리란 가설을 가지고 서로의 존재 위치를 추측한 것일 뿐, 누구 하나 확증하지 못하였다는 데 있다. 예나 지금이나 관계성이 확고하리라는 것은 변함없는 믿음이지만 정확한 자리매김은 때를 기다려야 하는 문제이다. 그래서 믿음 가운데 있었지만 마냥 기다리고만 있을 일이 아니다. 역사상 끊임없이 문제를 제기했던 인간 본성의 탐구 내력이 그것이다.

인간의 본성 규정 내지 규명은 그동안 인류가 탐구한 天人과의 함수 관계를 밝혀냄으로써 확증할 수 있다. 왜 노력하였는데도 불구하고 정확하게 볼 수 없었는지, 그러면서도 문제 해결을 위해 동서양이 착실한 행보를 멈추지 않았는지 이유를 알 수 있다. 질책하여 말하자면 天人 관계를 제대로 초점잡지 못해 인류를 방황하게 만든 것이고, 그러면서도 긍정적으로는 洋의 東西가 天人 관계의 올바른 설정을 위해 각자 역할을 분담해 왔다는 데 있다. 이같은 섭리 뜻을 파악할진대 그동안 얽히고설켰던 일체 문제가 해결될 수 있다. 인간으로 인해 연루된 세계사적인 문제들이 동시에 풀려난다. 天, 즉 하나님인들 오묘한 본체성을 드러내지 않으시겠는가? 天과 人과의 명확한 함수 관계란 다름이 아니다. 天을 알아야 人을 알고 人을 알아야 天을 알 수 있다는 데 있다. 天과 人,

---

기에 대응하고 있는 일정한 규칙으로 변수 y가 변화하는 경우 y를 x의 함수라고 하며 일반적으로 y=f(x)로 나타냄."-『새우리말 큰사전』, 신기철·신용철 편저, 삼성출판사, 1985, p.3648.

어느 한쪽이라도 본성이 규명되지 못한다면 함수 관계가 밝혀질 수 없고, 밝혀지지 않는 한 미묘한 상태에 있었던 것이 先天에서의 天人 관계였다.[68]

그래서 오늘날 중요해지는 작업 요청이 다름 아닌 天과 人과의 연결작업이다. 연결하기 위해서는 天과 人의 본질 규명 작업이 선행되어야 하는데, 이것을 누가 해결했는가? 동서양이 분담했던 섭리 역할이 그것이다. 서양은 기독교를 통하여 神의 창조적인 본성을, 그리고 동양은 유교를 통하여 人의 인성적 특성을 충분하게 밝혔다. 숙의, 논의, 탐구, 규명한 과정과 세월이 있었다. 그런데도 한결같이 天이면 天, 人이면 人을 확고하게 하지 못한 것은 天과 人과의 관계 설정이 미진해서이다. 유교는 人의 본성을 밝히기 위해 人의 근원인 天을 수단으로서 요청한 감이 있고, 기독교는 神에게만 전적으로 매달려 人을 도외시한 경향이 짙다. 결과는 天도 人도 동시에 존재 자리가 불투명해졌다. 관계가 명확해야 확고해질 텐데 그렇게 하지 못했다는 것이 先天이 넘어서지 못한 한계성이었다.

그래서 인간의 본성 탐구에 있어서 유교가 담당한 섭리 역할을 살펴보면, 무엇에 의해서건 人의 본질은 밝혀졌어야만 했는데, 그 중대한 사명 역할을 유교가 맡았다. 이것은 분명 기독교가 담당하지 못한, 담당할 수 없는 문명사적 특성으로서 대비된다. 알다시피 "중국에서의 天은 기독교의 神처럼 인격화된 유일신의 개념도 아니고 추상적인 사유 체계도 아니다. 다만 오천 년 역사를 통해 알 수 있는 것은 天은 인간과 불가분의 관계로서 지고하며 성스러운

---

68) "인간이 어떤 고유한 실체라면 왜 자신이 인간이면서 인간에 대해서 말하지 못하는가? 거기에는 인간됨만으로써는 설명이 안 되는 神과 세계와의 관계성에 있어서 숨겨진 연결고리가 있어서였다."-『세계유신론』, 졸저, 완본, 2000, p.168.

어떤 존재란 것이다."[69] 天에 대한 규정이 이렇다 보니까 서양인들은 天 개념의 창조신 여부에 대해 선뜻 동의하기를 꺼리는데, 그것은 그럴 수밖에 없다. 섭리상 天은 동양에서 오히려 人을 위한 보조 역할을 수행한 것이라, 天을 창조신의 개념에서 제외시켜 될 일이 아니다. 다만 역할 면에서 人이 주체가 되어 있다 보니까 天이 神이 될 존재 체제가 미비되었다. 그리고 어차피 人의 본성이 밝혀지지 못하는 한 天도 운명은 동일한 것일진대, 天과의 관계를 통해 人의 본성이 밝혀지면 언젠가는 완전한 창조신으로서 등극할 수 있다. 이 같은 경로의 도래에 대해 확신했기에 유교는 "天道는 곧 性이다. 사람을 알려고 생각한다면 하늘을 알지 못해서는 안 되며, 하늘을 알 수 있다면 이것은 사람을 아는 것이다."[70] 라고 했다. "인간의 본성은 우리 모두가 공유하는 그 무엇인데"[71] 그것을 유교에서는 天으로 했다. "하늘의 본성이 개체로서 인간에 내재화된 것이 도덕적 본성이다. 이 같은 관계 설정에 따라 인간은 하늘과 본질적으로 동일한 존재"[72]라는 등식이 성립한다.

유교가 人을 통해 天을 알고자 한 이면에는 선행된 天人 간의 치열한 논리 확보 과정이 있었다. 방법만 달랐을 뿐, 동양이 天을 알고자 한 노력은 기독교인의 신앙 이상이다. 오히려 방법 면에서는 더 현실적이다. 믿음은 믿음만으로 영원할 뿐이지만 天과 人과의 관계가 확고한 것인 한, 人을 통해 天을 알고자 한 노력은 언

---

69) 「동양 천 관념의 종교학적 연구」, 정한균 저, 원광대학교 대학원 불교학과 석사학위논문, 1994, p.78.

70) 「장재 기철학의 천인합일적 인성론 연구」, 함현찬 저, 성균관대학교대학원 유학과 유교철학 전공 박사학위논문, 1999, p.71.

71) 『인간 본성에 관한 10가지 철학적 성찰』, 앞의 책, p.4.

72) 『맹자』, 맹자 저, 박경환 역, 홍익출판사, 2005, p.358.

젠가는 天에 관한 정보를 해득할 수 있는 희망을 안긴다. 정말 하나님이 인간을 손수 창조하셨을진대, 어떤 방법을 통해 그 연결 고리를 찾을 수 있겠는가? 나를 통해서, 나에게 갖추어진 모든 것을 통해서이다. 그래서 "맹자는 知性知天, 곧 性을 알면 天을 안다."[73]라고 했다. 장재 역시 "사람이나 만물의 공통적인 본성인 天地之性을 궁구하면 그것이 우주 만물의 근원인 太虛임을 파악할 수 있고, 궁극적으로는 天人合一의 근거를 마련할 수 있다."[74][75] 라고 보았다. 물론 이론상으로 가능하려면 性과 天이 본질적으로 관련을 맺고 있다는 것이 전제되어야 하는데, 이것을 이 연구의 天人 간 연결 작업을 통해 확증할 것이다. 先天에서 밝히기는 했지만 洋의 東西는 어쩔 수 없이 한쪽으로 치중한 일면이 있다고 했다. 서양 문명이 하나님의 창조 본성을 밝히고 존재 사실을 증명하고 싶어도 神만 전적으로 신앙하는 것으로서는 不可했던 것을 통해 알 수 있다.

그런 만큼 유교가 인간이 가진 고유한 性을 밝히고자 노력했던 것은 天이 人을 낳은 것에 대한 창조의 심원한 본성을 밝히고 근거 짓고자 한 섭리 역할 수행이다. 人性의 바탕이 天性에 있다는 주장은 天性이 人性 가운데서 발현된 근거를 논거한 일련의 지적 탐구 성과이다. 하나님이 태초에 천지를 창조하셨다고 선언하신 이래로 이것을 구체화하기 위한 수많은 노력이 있었는데, 先天 세월을 마감한 오늘날 하나님은 어디에 창조 역사를 증명한 공로를 인

---

73) 『유학과 현대 세계』, 사중명 저, 김기현 역, 서광사, 1998, p.60.
74) 『장재』, 함현찬 저, 성균관대학교출판부, 2003, p.99.
75) 天과 人의 근거를 밝히면 창조인들 증거하지 못할 것인가?

정하시겠는가? 마냥 말씀만을 지킨 기독교이겠는가? 주인이 하인에게 돈을 맡기고 출타하였는데 돌아와 보니 어떤 하인은 노력하여 수십 배로 불려놓았지만 어떤 하인은 창고에 깊숙이 보관하여 놓고 칭찬받기를 바랐다. 실로 유교만큼 인간의 본성을 발양하고 행해야 할 도리를 지침하며 천지와의 교감을 통해 본성을 밝히고자 한 문화가 다른 데는 없다. 이 같은 탐구 성과가 세계의 창조성을 규명하는 데 있어서 지대한 역할을 하리란 것은 당연한 판단이다. 하나님과 인간과의 관계를 밝힌다는 것은 창조의 가장 궁극적인 원리성을 밝힌 것과 같다.

원리는 상식적이다. 서구인들은 참으로 오랜 세월 동안 神이란 존재를 규명하는 데 정열을 쏟았고 나아가서는 자연의 질서와 법칙 가운데서 창조 흔적을 찾으려고 노력했지만 실패하고 말았다. 그런데 동양인들이 인성을 통해 본 天性은, 오히려 서구인들이 이루지 못했던 神의 존재를 규명하는 데 있어서 충족된 섭리 역할을 다했다. 神은 과연 창조된 세계에서 무엇을 통해 확실하게 밝혀질 수 있겠는가? 아무리 노력해도 神 자체로서는 본성이 드러날 수 없다. 그 해답이 바로 하나님이 최상의 정열을 바쳐 창조한 인간에게 있었다. 神 자체가 아닌 인간의 본성 가운데서 선명하게 투영되어 있은 것이다. 하나님의 창조 뜻은 인간이 존재하는 자체 생명력 안에 있다.

그런데도 서양과 기독교는 神과 人을 서로 독립해서 보았다. "교리에 의하면 하나님과 사람은 전혀 차원이 다른 별개의 존재이다. 하나님은 우주 만물과 인간을 창조하고 만유를 주재하시는 전지전능한 절대자인 데 비해, 인간은 피조물이자 종에 불과한 하찮은 존재이다.”76) 이 같은 관계 설정으로서는 神도 人도 제대로 된 본질의 규명이 어렵다. 참으로 인간이란 존재는 미약하다. “인간의 가치와 이성은 배재되고 하나님의 은총만 인간의 본질을 파악할 수 있을 뿐이라고 보았다.”77) 지렁이도 밟으면 꿈틀거린다고 했는데, 기독교가 설정한 관계는 언젠가는 인간 측에서 반발을 불러일으킬 소지를 안고 있었다. 그러니까 그들은 정작 神도 모르고 인간도 몰라 문명의 쇠멸을 초래했다. 오늘날 직면하게 된 참담한 결과는 당연하다. 서양이 정말 神을 알았더라면 인간과의 관계 설정이 이렇게까지는 되지 않았으리라. 神을 알았더라면 인간을 아는 것은 부차적이다. 그런데 神을 알기 위해서는 인간을 통해서 알아야 하는 것이라,78) 그렇지 못한 서양 문명은 신권 문명도 인권 문명도 어느 것 하나 제대로 완성하지 못했다.

기독교가 神에게만 편중하고 人을 무시하였으므로, 역사 가운데는 다시 독자적인 본성 탐구 역사가 필요했다. 소크라테스가 “너 자신을 알라”고 한 것이나 선불교가 自性을 견성할 것을 수행의 목표로 삼은 것은 오히려 神을 아는 길을 터 닦은 섭리이다. 自性의 견성, 그곳에 하나님의 창조 비밀이 함재해 있다. 설사 神을 알았다 하더라도 견성하지 못하면 神을 완전하게 안 것이 아니다. 그런 만큼 自性을 깨달으면 神을 객관적으로 증거할 수 있다. 神의 國과 人의 國은 따로 있지 않다. 人의 國을 통해야 神의 國이 건설된다.79) 결국은 人의 國이 개선되고 극복되고 완성되는 것이

---

76) 『깨어 있는 사람들의 세상』, 정탁 저, 한언, 2004, p.70.

77) 『동서철학의 교섭과 동서양 사유방식의 차이』, 송영배 저, 논형, 2004, p.178.

78) “天을 알고자 할진댄 사람을 알지 않으면 안 된다고 할 만큼, 인간을 천지와의 감응 관계로 보려 한 것이 중국 인간관의 특징임.” – 『중국철학산고(2)』, 김충열 저, 온누리, 1994, p.54.

神의 國이다. 천국이 따로 존재하고 하나님이 따로 거하여 계신 것이 아니다. 人性은 天性을 통해 완성되고 天性은 人性을 통해 완성된다. 神과 人은 동일 운명이고 사실상 一體이다. 그래서 함수 관계이다. 만약 자아를 잃은 사람과 神을 잃은 사람이 있다면 그들이 직면할 결과는 동일하다. 그래서 사람이 곧 하늘이라고 외친 사람은 수운 선생 이전에 예수 자신이었다.[80] 참으로 선현들이 선점했던 天人 간의 함수 논리는 치열하다. 天은 理인데, 그 理가 모두 내게 갖추어졌다. 고로 人이 天을 모신다. 질량이 에너지가 된다는 사실을 발견한 현대인들이 하나님을 理로 보지 못해서는 될 일이 아니다. 왜 天이 理化되었는가? 그 정답이 누누이 강조된 창조이다.

> "하늘이 곧 사람이요 사람이 곧 하늘이며, …… 사람의 몸은 천지의 몸이요 사람의 마음은 천지의 마음이며, 사람의 기운은 곧 천지의 기운이다. …… 천지 만물은 본래 나와 한 몸이다."[81]

先人들은 이미 道를 통하여 당도하였는데, 개명된 현대인들이 미처 인류의 원천 실마리에 해당하는 天과 人과의 비밀 함수 관계를 이해하지 못해서는 말이 안 된다.[82] 천지를 창조하신 하나님은 수없이 모습을 달리해서 임하신다. 그 가운데서도 하나님과 인간관계는 사랑과 지혜를 바쳐 이룬 부모와 자식 사이이다. 떼려야 뗄 수 없다.

---

79) 『법철학 개론』, 앞의 책, p.137.

80) 『깨어 있는 사람들의 세상』, 앞의 책, p.71.

81) 「서산휴정 삼교 사상의 연구」, 강대남 저, 원광대학교 교육대학원 동양종교학과 종교학 전공, 1995, p.35.

82) "인간은 홀로 자기 자신에 의하여 내재적으로 이해될 수 있는 것이 아니라, 하나님과의 관계에 의해서 초월적으로 이해되지 않으면 안 된다." - 『철학적 인간학』, 앞의 책, p.42.

　그러므로 우리는 누구도 아닌 나를 주신 아버지 하나님을 위하여 부여된 본성 가치를 최대로 활성화해야 한다. 인간된 가치를 일구어 하나님의 대창조 영광을 확인해야 한다. 神과 인간과 세계 가운데서 神人 간의 함수 관계를 확고히 해야 한다. 人道가 天道에 근거한 것인데도 人道가 불명확했던 것은 먼저 天道가 명확하지 못해서였지만, 바야흐로 天道가 밝혀지는 마당에서는 人道에 대한 일체 근거가 해결될 수 있게 된다. 이것을 이 연구가 밝히고자 한다.

인간의 본성 근원

1. 본성 창조

인간이 하나님에 의해 창조되었다는 선언은 성경의 창세기에 기록되어 있는 상식이다. 그런데도 인류가 이 같은 사실을 끝까지 진리로서 확증하지 못해 거부한 역사가 있었다는 것 또한 인증된 사실이다. 왜 그렇게 되었는가? 이 같은 결과를 초래케 된 이유를 한마디로 말한다면? 인류가 하나님의 창조 사실을 알려고 노력했지만 확인이 안 되고 증거하지 못한 때문이다. 심증으로는 확신이 있다. 원인이 결과를 낳는 이치상으로도 요청되는 것이지만 확증할 수 있는 연결 고리를 찾지 못했고, 근거도 부족했다.

"인간은 본원으로서의 우주 본체가 구체적으로 실현된 하나의 존재자이다. 그래서 천지의 大德이 生生하는 것이고, 인간도 生生하는 大德에 의해서 生生氣가 형상화된 것이다."[83] 그런데도 우주 본체가 인간을 어떻게 낳은 것인지에 대해서는 가닥을 잡을 수 없다. 生生하는 大德으로 창조를 설명하려 하지만 단언적이다. "사

---

83) 『중국철학개론』, 이강수 외 3인 공저, 한국방송통신대학, 1987, p.272.

람들은 모두 天으로부터 태어났다고 하는 신앙, 곧 인간의 조상이 天이라고 믿은 것은 중국 고대의 민족 신앙이다."[84] 『詩經』에서는 "하늘이 모든 백성을 낳으시니",[85] 『맹자』에서는 "하늘이 백성들을 세상에 낳으셔서는 선지자로 하여금 후지자를 깨우치게 하시고",[86] 장횡거는 『西命』에서 하늘이 인간 존재의 근원이며 생명의 원천인 부모로 비유해 "하늘을 아버지라 하고 땅을 어머니라 이른다."[87]라고 했다. 그런데도 天이 인간을 창조한 것에 대한 핵심된 가닥을 붙들지 못한 것은 여전하다. 이런 여건은 기독교도 마찬가지다. 『창세기』의 천지 창조를 일부에서는 고대인들이 믿었던 한 편의 신화 자료 정도로 여기기도 한다. 창조에 대해 아무 논거 가닥도 잡지 못한 상태에서 인류가 취할 수 있는 선택 경로는 탈원인, 탈근거화로 가는 길뿐이다. 그래도 기독교의 創造論이나 동양의 天觀에 근거한 宇宙論은 천지 만상과 인간이 그냥은 존재하지 않았다는 철칙만큼은 동조하였는데, 進化論者들은 이 철칙마저 여지없이 무너뜨렸다.

> "약 140억 년 전 어느 날 갑자기, 아무것도 존재하지 않는 無의 어떤 한 점(특이점)에서 대폭발(빅뱅)이 일어나 무수한 별들이 쏟아져 나옴으로써 우주가 탄생되었다. 우주는 점점 팽창·분화하여 태양과 지구와 달이 생성되었다 (대략 40억 년). 유독 이 지구에서 공기와 물이 생기게 되었는데, 어쩌다가 참으로 우연하게, 아메바라는 단세포 생물이 합성되었다……."[88]

어느 날 갑자기, 아무것도 존재하지 않는 無, 어쩌다가, 참으로

---

84) 『정의의 철학』, 김태길 외 저, 대화출판사, 1977, p.153.

85) 『시경』, 대웅증민 편.

86) 『맹자』, 만장장 장구상 7.

87) 『공자사상의 발견』, 윤사정 외 저, 민음사, 1992, p.219.

88) 『깨어 있는 사람들의 세상』, 정탁 저, 한언, 2004, p.96.

우연하게, 오랜 세월 등등. 이것이 소위 현생 인류(호모 사피엔스)가 지상에 나타나도록 했다는 進化論의 창생 시나리오 구성이다. 이치를 추적할 단서를 철저하게 제거해 버렸다. 최초에 어떤 원인자가 있었다거나 우주에 본래 어떤 완벽한 프로그램이 있었다는 것은 종교인들이 지어낸 허무맹랑한 얘기에 불과하다고 주장되었다.[89] 장님뿐인 나라에서는 눈 달린 자가 비정상인으로 취급받는다는 말이 있듯, 확실한 근거는 없다 하더라도 우주에 무언가 원인이 있다고 여기는 자를(이치론자), 원인이 없다고 생각하는 비이치론자들이 거꾸로 몰아세우고 있다. 이 같은 역도-逆道 현상을 불식하고 비상식적인, 논리 아닌 논리를 일체 종식시키기 위해서는 확실한 논거를 밝혀야 한다.

人이 天의 창조물인 것에 대한 논리 전개 양식은? 부인 못 할 근거는 있는 것인가? 그래서 이 같은 문제를 해결하기 위해서 인류가 개척한 문명 역사를 살펴보니 부족하지만 가려움을 긁어줄 근거 양식이 성현들이 일군 지혜 가운데서 일부 발견된다. 인간이 우주 본체로부터 혹은 天으로부터 혹은 하나님으로부터 창조된 근거는 인간 자체로부터 확인할 수 있어야 제 이설들을 잠재울 수 있다. 다름 아닌 하나님이 인간을 창조하실 때 적용한 본뜸의 원리와, 儒家에서도 일부 언급한 性命에 의한 관계성이 그것이다. 본뜸은 창조 원리이고 性命은 하나님과 인간의 뗄 수 없는 관계 고리이다.

주지된 바 성경에서는 인간의 창조를 만상과 구분한 특별한 단서를 붙였다.

---

89) 위의 책, p.97.

"하나님이 자기 형상 곧 하나님의 형상대로 사람을 창조하시되 남자와 여자를 창조하시고……."90)

창조란 아예 처음부터 아무것도 없었던 것을 있게 한 것이므로 기이하고 특별하며 전지전능한 능력이 있어야 하는 것으로 아는데, 하나님의 능력 안에서는 어렵지 않게 가능한 일이다. 다름 아닌 모든 本이 하나님에게 갖추어져 있었고, 이것을 최대한 닮은꼴로 창조하고자 했기 때문이다. 곧 하나님이란 本이 있어 그 本을 바탕으로 해서 本을 뜨고자 한 것이 창조 원리이다. 나아가서는 천지 만상도 그 존재성에 근거한 것이라, 본뜸에 의한 원리는 만상의 어디에도 적용된 존재를 이룬 근본 원리이다. 무엇이 창조되기 위해서는 반드시 완전한, 전체인, 일체가 구유된 바탕성이 先在되어 있어야 한다는 인식, 이 같은 이치성을 진화론자들은 근원부터 무시해 버렸지만, 둘러보면 어떤 有에 의한 有의 창조 사실은 기본 원칙이다. 콩이 있어 콩을 낳고 인간이 있어 인간을 낳는다. 씨가 열매를 남기고 생명체가 생식을 이루는 것은 다 본뜸에 의한 원리가 원칙적으로 적용된 기초사례들이다. 본뜸이 창조를 이루었으므로 본뜸은 만상을 구성한 보편 원리가 되었다. 이보다 확실한 창조 근거는 다시없다. 세상 어디서도 본뜸에 의한 원리는 확인이 가능하다. 개체는 분열을 완료한 전체로부터 다시 개체를 낳는 생성 시스템을 갖춘다. 본뜸에 의한 창조 원리의 엄격한 적용이다.91)

이 같은 원리의 작용하에 있었기 때문에 선각들이 생애를 바쳐 일구고자 했던 것도 다름 아닌 선행된 본체 바탕, 곧 天性인 本을

---

90) 창세기, 1장 27절.
91) 『세계창조론』, 제3편 조물론, 졸저, 완본, 1998, p.130.

발견하고자 한 일대 노력이었다. 신앙인들은 "인간이 神의 형상에 따라 만들어졌는지의 여부"92)를 확인하기 위해 분투하였고, 覺者들은 "인간은 누구나 다 神的 본성을 갖고 있고 佛性을 가지고 있어 본성만 자각하면 成佛에 이르고"93) 구원을 얻을 수 있다고 했다. 그 神性과 佛性이란 다름 아닌 인간이 창조될 때 바탕된 하나님의 본체本이다. 이 창조本을 儒家에서는 天性이라고 했다. 인간을 本然之性과 氣質之性으로 구분한 것이 그것이다. 이로써 天과 인간의 性에 대한 논리 관계가 성립된다. 天은 人의 本이고 性은 그렇게 해서 창조된 원리의 적용을 받은 결과적 성향이다. 수천 년 동안 숙고되었던 天人 관계는 창조 원리의 본뜸 관점에 의해 일체 초점이 명확해졌다. 本에 의해 하나님과 인간이 갈래지어졌다. 朱子는 신체에 관하여 "인간의 머리가 둥근 것은 天을 본뜬 것이며, 발의 모남은 地를 본뜬 것이다. 바르게 서 있는 것은 천지의 정기를 받은 때문이다."94)라고 했다. 人은 하나님의 형상을 닮아 창조되었다는 뜻이다.

"『中庸』에서 中은 인간의 天下之大本이요 化는 인간이 도달해야 할 天下之達道"라고 했다. 하늘이 중심을 바로잡음으로써 天下의 大本은 형성되는 것이고, 이를 바탕으로 인간의 존립道가 세워지는 것이다. 곧 天下의 大本이 天이고 하나님이다. 天을 本으로 하여 인간의 근본을 구축한 것이 性이다. 인간만으로써는 존재 성립이 불가능한 것이라 선현들은 神을 내세웠고, 天道에 대한 人

---

92) 『인간본성에 관한 10가지 철학적 성찰』, 로저 트리그 저, 최용철 역, 자작나무, 1996, p.273.
93) 『동서양의 인간 이해』, 한자경 저, 서광사, 2001, p.221.
94) 「율곡철학의 신체관에 관한 연구」, 진윤수·이정훈 저, 소논문, p.13.

道, 形而上에 대한 形而下, 본체에 대한 만물, 불변한 원형인 이데아의 세계에 대한 현상의 세계, 지상 나라에 대한 하늘나라(本)를 대비시켰다. 하지만 이것은 대비, 대립이 아니라 본뜸에 의한 대 창조 바탕성을 인정한 인식 구조이다. 창조本에 의하여 天과 人이 비로소 확고한 논리 근거 위에 선다. 왜 "인간은 자신의 이미 타고난 덕성을 확충하여 復姓, 成聖하면 天人合一의 경지에 이를 수 있는가? 어떻게 해서 인간의 性에 天으로부터 부여받은 天性이 내재될 수 있는가?"[95] 본뜸의 원리를 적용하면 성립되지 않는 논리가 없다. 그래서 본뜸은 진실로 천지 만상을 창조한 원리이다. 창조 근거가 확고하다. "우리는 하나님을 향하여 나아가도록 창조되었기에, 하나님 안에서 안식하기까지 우리의 영혼은 쉴 수가 없습니다."[96]라고 한 성 어거스틴의 고백을 누가 부인할 수 있는가? 본뜸은 인간의 정신적 고향이 하나님이라는 뜻이다. 창조本이 하나님에게 있는 한 우리는 알게 모르게 하나님을 향하게 되어 있다. 본받았으므로 인간의 본성, 곧 性 가운데는 하나님의 창조성과 원리와 의지가 내포되어 있다.

　맹자는 "하늘이 준 벼슬(天爵)이 있고 인간 모두에게는 선험적으로 내재되어 있는 선한 마음이 있다고 했다. 하늘이 나에게 준 것이다."[97]라고 한 것은 그 근거 추적들이 바로 하나님의 창조本을 추출한 것이다. 天地之性은 창조를 이룬 바탕本 자체이다. 天地之

---

95) 「장재 기철학의 천인합일적 인성론 연구」, 함현찬 저, 성균관대학교대학원 유학과 유교철학 전공 박사학위논문, 1999, p.9.

96) 「어거스틴의 윤리학 연구」, 최낙현 저, 샌프란시스코 기독교대학 기독교교육학 박사학위논문, 2002, p.6.

97) 『유교윤리와 인도주의』, 최형식 저, 한울, 2000, p.37.

性은 창조된 고유本으로서 존재하고 있는데 그것은 인간이 창조되기 전에 이미 바탕된 창조 본체성이다. 儒家에서는 "일체 존재는 우주 원리인 太極의 이치로부터 발생하는 陰과 陽 두 氣의 화합으로 생성하고, 인간 역시 太極으로부터 발생하는 陰陽 理氣의 화합 결과이다."[98]라고 했듯, 그렇게 만물을 창생한 太極의 이치는 다름 아닌 본뜸에 의한 원리이다. 太極이 陰陽 理氣로서 화합한 것은 하나의 창조 과정일 뿐이고, 결과는 各具太極이 統體太極을 본떠서 이양받은 것이다.

그런데 본뜸이 사실 창조 원리라고는 했지만, 그것은 형태상의 복사 개념인 것이 농후하다. 창조는 본뜸을 실현한 밑바탕인 철저한 이법성에 의해 실현된 것인데, 그렇다고 한다면 본뜸은 인간이 창조된 것에 대한 근거로서 명확성을 드러내는 것이며, 하나님과 인간을 연결시키는 직접적인 고리는 곧 본뜸 원리를 이법화한 하나님의 命化 작용이다. 이것을 기독교에서는 말씀의 命에 의한 천지 창조로서 기술하였으며, 儒家에서는 性命 논리로써 접근했다.

"儒家의 天은 그 개념이 너무 광범위하고 모호한 점이 있다 하나 인간학적인 면에서 天과 人의 관계는 命과 性의 관계로서 집약된다."[99] 인간이 창조된 것은 性이 命의 절대적인 영향하에 있다는 것을 통해 확인된다. 인간이 어떻게 해서 창조되었는가를 확인할 수 있는 제대로 된 가닥 고리이다. 태양과 태양계의 혹성들은 떨어져 있지만 만유인력으로 서로의 관계성이 확인된다. 인간의 창조도 마찬가지다. 하나님과 인간은 독립되어 있는 것처럼 보이지

---

98) 『동서양의 인간 이해』, 앞의 책, p.159.
99) 『인성론』, 인성교육교재편찬위원회 저, 박이정, 2002, p.58.

만, 인간은 命 하나에 의해 창조되었고, 창조된 이상은 命의 절대 지배하에 있다. 命은 내외간에 걸쳐 주관성과 절대 객관성을 모두 포함한다. 命에 의해 만상의 결정 법칙이 구축되고, 세계 역사와 인생 본질이 구속되었다.[100] 그래서 『中庸』에서는 天命之謂性, 곧 "인간의 본성은 하늘의 命이 인간성에 내재해 있다."[101]라고 했으며, 이것은 命으로 천지가 창조된 사실을 명시한 것이다. "마치 인격신이 의지를 가지고 사람들에게 명령을 내리는 것과 같은 형식이다."[102] 창조는 하나님의 뜻대로 된 의지의 실현이다. 이 같은 의지성이 천지 만상의 운행성과 생성성과 이법성을 결정했다. 天命은 모든 존재의 근원, 즉 보편성이라 할 수 있는 초월적인 性이 (본질) 명령을 통해 각각의 독자성으로 내재화한 것을 의미하며, 여기서 天命의 내용적인 핵심은 다름 아닌 本대로의 창조 명령이다. 이렇게 하여 인간은 하나님의 형상을 닮아 창조되었다. 命대로 창조된 만큼, 命대로 되지 않은 것은 하나도 없다.

어떻게 인간이 命에 의해 창조된 것을 알 수 있는가? 그것은 인간이 절대 법칙과 인과율-因果律하에 있는 것을 통해서이다. 그것이 곧 命의 이법화이다. 인간은 하나님의 本을 바탕으로 命化가 실현됨으로써 창조되었다.[103] 命은 창조의 원동력이고 작용력이다. 천지를 움직이고 구성한 바탕력이다. 인간의 본성이 하나님과 연결된 것에 대한 확실한 고리이다. 천지간의 이치를 통해 확인할 수

---

100) "천지는 하나님께서 창조를 위해 이루신 통체 본질을 바탕으로 命化 작용에 의해 창조됨." -『세계창조론』, 제3편 조물론, 앞의 책, p.453.

101) 『유학원론』, 성균관대학교 유학과 교재편찬위원회 및 출판부, 1995, p.101.

102) 『성리학 유불도의 만남』, 김용남 저, 운주사, 2002, p.78.

103) 『세계창조론』, 제3편 조물론, 앞의 책, p.130.

있는 法道, 그것이 創造命의 이법화이다. 다만 이전에는 일반 법칙이라고 생각했는데, 사실은 命에 의해 결정된 법칙으로서 만상 가운데 편만된 것이었다. 나아가서는 인간의 인생 본질이 하나님의 구속 의지하에 있다는 사실을 밝힘으로써도 확증된다. 본뜸과 命이란 원리에 근거해서 인간 본성의 創造論이 전개된다.

그러므로 天命은 인간이 거부할 수 없는 운명이기 이전에 나를 존재하게 한 결정성이다. 결정성이 인간을 인간답게 했다. 그래서 性 가운데는 인간을 인간되게 한 모든 의지가 집약되어 있다.[104] 아울러 구축된 性은 본래 하나님이 스스로의 존재성을 구축했던 본질 자체이다. 天卽性은 본뜸의 원리와 命化란 작용에 의해 끊을 수 없는 관계로 구성되었다. 이것을 인류는 결코 외면할 수 없다. 반드시 확인하고 시인하는 절차를 거쳐야 하며, 그를 통해 인간과 세계를 다시 볼 수 있어야 한다.

2. 본성 바탕

인간의 본성 바탕은 무엇인가? 바탕을 무엇으로 보는가에 따라 인간을 보는 눈도 달라진다는 것은 기정사실이다. 그리고 바탕 근원에 얼마만큼 근접했는가에 따라 본성 규명 정도에도 차이가 난다. 인류는 그동안 여러 가지 루트를 통해 창조된 바탕 근거를 추적하고자 했다. "1910년대에 기치를 든 왓슨과 같은 행동주의자는

---

104)『세계창조론』, 제4편 창조증거론, 앞의 책, p.712.

행동만을 강조해 의식이나 마음과 같은 것은 송두리째 버려야 한
다고 주장했다. 나중에 그는 소련의 파블로프의 조건반사 개념을
받아들여 모든 현상을 자극과 반응 관계로 보려고 하였다."[105] 행
동이 본성바탕이라기보다는 의식이나 마음보다 더 바탕성에 가깝
다고 본 때문이리라. 그것이 행동이든 의식이든, 본성을 이룬 바탕
성이 확실한 것이라면 바탕은 인간의 제 현상에 대해 절대적인 영
향을 끼친다. 왓슨은 그것을 알았기 때문에 미처 착안하지 못한
행동에 대해 중요성을 인정하고 연구하려 한 것인데, 결과는 원천
바탕성과 거리가 있은 것이 분명하다.

　서양이 발달시킨 심리학은 심리, 즉 마음의 이치와 진정한 작용
원리를 파고든 것이 아니라 피상적인 행동 특성을 파악하는 쪽으
로 편향해 버렸다. 심리 상태는 행동을 통해 표출되는 것이기는
하나 마음 자체의 순수 작용은 반드시 있다. 학문은 객관 세계의
이치를 탐구하는 것만으로써는 안 된다. 내 존재, 마음의 전체 대
용을 함께 밝힐 수 있어야 한다. 마음의 작용성을 파고들기 위해
서는 마음 자체를 일구어낼 방법론이 동원되어야 하는 것인데,
서양은 이것마저 객관 세계의 이치를 파고든 방법론으로 대처하려
고 했다. 그렇다면? 여기에는 전통적으로 동양이 일군 수행이 주효
하다.

　선불교에서 "자신의 본심을 깨달으면 곧 부처가 된다(見性成佛)
고 한 것은"[106] 心의 본성 바탕과 방법성을 함께 아우른 것이다.
다만 본성 자체에만 머물다 보니 지극한 경지 세계로까지 나아가

---

105) 『심리학 개론』, 김정우 외 9인 공저, 한국방송통신대학, 1991, p.10.
106) 『중국철학과 인성의 문제』, 방립천 저, 박경환 역, 예문서원, 1998, p.98.

는 데 문제가 있었는데,[107] 儒家에서 내세운 心은 이를 한 걸음 더 전진시켰다. 바탕성을 무엇으로 설정했던 간에 天과의 관계 고리를 끊은 행동이나 心은 창조 세계를 완성할 수 없다. 그래서 儒家에서는 그 관련 고리를 연결시키려 했다. "마음을 몸의 주재로 봄과 동시에 마음을 넘어서서 하늘에 근본해야 한다고 주장했다."[108] 나아가서 心과 理는 둘이 아니고 心理不二, 즉 心卽理이다. "육상산은 우주의 본체인 理와 마음을 하나로 보고 천지 우주와 주관적인 정신을 귀일시켰다."[109] 우주의 본체 바탕이 天이라고도 할진대, 그것이 心과의 관계에 있어서 不二인 하나라고 한 데는, 心이 天에 바탕된 것이라는 논리적 연결이 있어서이다. 상산은 인간의 본성 바탕은 心인데, 그 心을 天과 다를 바 없다고 본 것이다. 어떻게 해서 心이 天에 근거했는가? 여기에 대해 상산의 후배인 왕양명은 더욱 확고한 논리가닥을 보태었다. 즉 "자기 마음과 보편의 理의 合一은 理가 마음에 선천적으로 부여됨으로써 가능하게 되었다(실현됨)."[110]고 본 것이다. 어떻게 내 마음에 보편의 理가 선천적으로 이미 부여되어 있는가? 그것은 心이 天에 근거됨으로써이다. 이 말은 人이 天에 바탕되고 창조되었다는 말과 같다. 그리고 그 같은 心的 본성은 나 한 개인만 가진 것이 아니다. "맹자는 본성의 공통성을 통해 본성에 바탕이 있다는 것을 분명하게 내세웠다. 이것이 性善說로까지 이어졌는데, 선한 본성의 先天性은 다

---

107) 本心을 깨달아 도달한 가치의 궁극이 成佛임.
108) 『불교와 유교(성리학 유교의 옷을 입은 불교)』, 아라키겐고 저, 심경호 역, 예문서원, 2000, pp.304 – 305.
109) 『법철학 개론』, 이항녕 저, 박영사, 1992, p.146.
110) 『양명학』, 양국수 저, 김형찬 · 박경환 · 김영민 역, 예문서원, 1995, p.70.

름 아닌 인간 본성의 창조를 시사한 것이다.

> "입이 맛에 있어서 모든 사람이 동일하게 맛있게 느끼는 것이 있으며 ……
> 마음에 있어서만 그러한 것이 없겠는가? 마음에 있어서 모든 사람이 동일하게
> 즐기는 것이 무엇인가? 理와 義이다. 성인은 우리의 마음이 동일하게 즐겁게
> 여기는 것을 먼저 아셨을 뿐이다."111)

동양의 철인들은 心과 人이 天에 근거했고 바탕되었다는 것을 다양한 경로를 통해 확인한 절차를 거쳤다. 우주의 본체란 다름 아닌 창조의 바탕이고, 창조의 바탕은 곧 天이다. 天은 창조를 통해 인간 본성의 바탕이 되었다. 동양은 이 같은 관계 고리를 밝히기 위해 진리를 탐구한 것인데, 정말 인간이 神에 의해 창조된 것이 사실이라면 보다 확실하게 초점을 잡아서 본성 바탕이 神(天)에 근거한 것을 논증할 수 있어야 했다.

神의 인간 창조가 가설적인 관점 위에 있었을 때는 무엇을 바탕 근거로 삼고 주장되어도 진위성 여부까지를 판가름할 수는 없는 형편이었지만, 이 연구는 인간의 본성을 규명함에 있어서 대전제로서 神에 의한 인간 창조를 내세웠다. 그렇다면 그 다음 과제는 당연히 인간의 본성 바탕이 天이고, 天에 근거했다는 것을 밝히는 데 주력해야 한다. 天이 人을 창조한 근거는 天이 인류 질서에 지대한 영향을 끼쳤고, 天性이 人性을 통해 투영되었다는 유의 주장으로서는 부족하다. 그런데도 儒家는 이 같은 논리를 세우는 데 先天 세월을 바쳤다고 해도 과언이 아니다.

하나님이 정말 인간을 손수 창조하셨다면 인간은 어떤 생각을

---

111) 『맹자』, 고자상.

가지고 어떤 행동 과제를 실행해야 할 것인가? 그것은 정말 인간의 바탕 근원이 天이라는 것을 확인해 들어가는 절차 작업이다. 그래서 본성(人性)의 근원이 天이라는 것을 확실하게 믿고 따른 것은 기독교가 아닌 유교였다. 기독교는 일방통행인 데 반해 유교는 자체 본성에 근거해서 합리적인 추적 절차를 따랐고 天을 신뢰했다. "天은 단순한 숭배나 외경의 대상이 아니라, 인간이 본받아야 할 이상적인 표준이자 지향점으로 인간의 궁극적인 목적이 되었고, 天道가 현실에 드러난 모습은 인간이 행해야 할 덕성으로 인식되었다."112) 기독교가 인간이 神의 명령에 절대 순종해야 한다고 생각한 것은, 인간의 본성 바탕이 하나님에 근거해서 창조되었다는 것에 대한 사실 확인이 부족해서이다. 결과는 神 따로 인간 따로이다. 연결할 수 있는 교감 루트는 오직 소원을 상달할 기도를 통해서였다. 人의 本이 天이란 바탕성이 결여되었다. 성 어거스틴의 생각처럼 인간은 하나님의 전능한 창조 능력에 의해 다만 無로부터 창조된 개물일 뿐이다.

그런데 동양의 儒家는 신학 관점이 달랐다. 人의 근거를 天에 둔 것이다.113) 바꾸어 말하면 인간의 본성은 하나님의 天性을 바탕 재료로 해서 창조되었다. 이것을 논리 면에서 따진다면 기독교 신학은 유교 신학에 미칠 수 없다. 人의 本이 天이 됨으로써 儒家에서는 현실적으로 天과 人이 合一할 수 있는 길을 가진다. 바탕된 本으로서의 天에 대해 孔子는 무한한 신뢰를 아끼지 않았다.

---

112) 「장재 기철학의 천인합일적 인성론 연구」, 앞의 논문, p.26.

113) "유학에서는 우리 앞의 모든 존재에 대한 우주론적인 설명이 지고무상의 존유인 天에 근거하여 제시된다. 즉 天은 우리 눈앞의 모든 존재의 근거이자 목적이다." -『유학과 현대 세계』, 사중명 저, 김기현 역, 서광사, 1998, p.183.

"끊임없는 生의 추구 도정 속에서 전격적으로 의뢰한 하늘(天)에 대한 믿음을 보였는데, 그 天은 스스로가 쌓은 본질적인 義가 장래에 맺어질 결과에 대한 운명적 바람이랄까? 天에 대한 일방통행적 신뢰 형태였다."114) 그런데도 孔子가 신뢰한 天을 天觀이 다른 기독교적 神觀에 근거해서 "인격신으로, 그리고 天命은 인격신의 계시와 같은 성격으로 규정하려는 시도가 무리가 있다."115)고 본 것은 무지의 소치이다. 天을 자연적 개념으로서, 天命을 자연 법칙에 대한 인식인 것으로 변조해서는 안 된다. 孔子 역시 天을 창조신으로 바라본 것인데, 기독교와의 대비에 있어서 神觀에 차이가 있는 것일 뿐이다. 神을 절대적인 창조주요 인격신으로 보는 것은 나름대로 타당한 神觀이다. 하지만 문제는 人과의 관계 고리이다. 이것을 해결하고자 한 것이 孔子의 天이고 동양이 설정한 천인관계론 - 天人關係論이었던 것이다.

神을 절대 창조주로 보게 되면 神은 그 격이 돋보일지 몰라도 인간은 神과의 관계 고리가 단절된다. 하지만 天을 인간의 바탕(本)으로 보게 되면 天人 관계는 관계성이 회복될 길이 트인다. 기독교가 오늘날 인류 문명으로부터 외면당하고 진정한 神國을 건설하지 못한 데는 이유가 있었다. 神이 세계의 기준이라면 인간은 세계의 중심이다.116) 그러므로 神과 人은 반드시 조화를 이루어야 하는데, 기독교로 인해 허물어져 버린 신권 질서를 다시 회복하기

---

114) 『세계섭리론』, 졸저, 인쇄본, 2004, p.446.

115) 『유교윤리와 인도주의』, 앞의 책, p.31.

116) "중국인의 역사상 天의 개념은 그들의 삶을 오랫동안 지배하였으며 우주, 자연, 인간을 이해하는 데 절대적인 가치 기준이 되었다." - 「동양 천관념의 종교학적 연구」, 정한균 저, 원광대학교대학원 불교학과 석사학위논문, 1994, p.1.

위해서는 天에 근본을 둔 儒家의 신학(天學)을 다시 받아들여야
한다. 그런데도 걸림돌이 있다면? 그것은 儒家의 天과 기독교의
神 개념이 일치하지 않는다는 데 있다. 일치하지 않는 이유는 하
나님은 온갖 만상을 지으신 창조주이시므로 다양한 형태로 그의
존재 속성이 추출될 수 있다는 것과 天과 神은 창조주 하나님을
다른 각도에서 바라본 신학상의 차이일 뿐, 儒家의 天 역시 전개
된 논리 근거를 추적해 보면 창조를 낳은 하나님에게로 귀결된다.

사실 창조주 하나님은 인간이 바라본 인격신의 개념만으로 규정
될 수 없다. 하나님은 인간만을 창조하지 않았다. 풍우란은 天의
의미를 다섯 가지로 분류하였는데 "물질의 天, 주재의 天, 운명의
天, 자연의 天, 義理의 天이 그것이다."[117] 분리했어도 제 속성을
포괄해야 하는 것이 하나님으로서의 본 모습이다. 창조주가 절대
인격성을 갖추어야 한다는 조건은 더 이상 고집되어서는 안 될 신
학관이다. 그러므로 서양의 神觀이나 동양의 天觀이 하나님의 본
질적인 면모를 다 드러내지 못한 한계는 마찬가지다. 오히려 神觀
이 전모를 드러내지 못한 부족분을 天觀이 대신하고 있었고, 天觀
의 부족분을 神觀이 가지고 있는 것은 마찬가지다. 그래서 부족분
을 모두 합치면 天, 즉 神이 된다.

神觀은 하나님의 절대 인격성을 드러내었고 天觀은 본질적인
하나님의 절대 이법성을 드러낸 것이다. 孔子는 "君子는 天命을
두려워한다."[118]고 했다. "孔子가 天을 극존무대－極尊無對한 궁
극자로 표현한 것은"[119] 天을 본질 면에서 인간의 바탕된 本으로

---

117) 「공자의 천관에 관한 연구」, 유승종 저, 동국대학교대학원 철학과 석사학위논문, 1986, p.5.
118) 『논어』, 계씨 편.

서 본 결과 인식이다. 관점의 차이일 뿐, 누구도 극존무대한 궁극 자를 창조주 하나님이 아니라고 할 근거는 없다.[120] "자연은 완전 히 비인격적이며 비도덕적이다."[121] 하지만 자연의 이치가 비도덕 적이라고 해서 인간과 관련이 없는 것이 아니듯, 자연이 완전히 비인격적이라고 해서 하나님과 관련이 없는 것도 아니다. 창조로 인해 일체 만물이 연관되지 않은 것은 하나도 없다. 天은 만상을 이룬 우주의 본체이고 바탕이다. 그것을 理로 보았건, 氣로 보았 건, 太極·太虛·道·心 혹은 자연계의 물리 법칙으로 보았건, 창조주 하나님에게 귀속된 것은 마찬가지다.[122]

"明代 이후로 중국에 기독교가 전파되었을 때는 하늘이 기독교 의 하나님을 대신한 번역어가 되기도 했지만",[123] 天이 곧 神인가 하는 문제는 쉽게 결론이 나지 않는, 문명사적으로 동질성을 확인 해야 하는 고뇌가 따랐다. 서양의 사상 이면에는 긍정이든 부정이 든 항상 神의 존재 관념이 떠나지 않았는데, 동양은 하나님을 전 혀 모르는 상태에서 창조의 바탕인 우주 본체성을 天으로 상정해 서 지향한 것인 만큼, 서로가 정체성을 확인하기 위해서는 마땅한 확인 절차가 필요했다.

기독교 신학이 서술하는 神 개념과 동양의 道 내지 天觀이 서

---

119) 『유학원론』, 앞의 책, p.182.

120) 후외려는 孔子가 하늘을 의지를 가진 神으로 보고 天命을 인정하였다고 했으며, 임계유 는 孔子의 철학사상 속에서 하늘은 인격과 의지가 있으며, 동시에 자연과 사회의 최고 주 재자로 보았다.

121) 『서양윤리사』, Alasdair MacIntyre 저, 양견 역, 학문사, 1996, p.250.

122) 하나님은 인간을 창조한 바탕된 존재자이시라, 하나님의 인격성은 그렇게 근원된 인간에 의해 요청된 것일 뿐, 하나님의 창조적 본성 자체는 일체를 포함한 통합적 존재자이시다.

123) 『천인관계론』, 풍우 저, 김갑수 역, 신지서원, 1993, p.42.

로 비슷하다는 것은 확인이 어렵지 않다. 天과 神의 절대 관념화 지향은 동서가 마찬가지였다. 동양의 天命에 대한 인식과 서양의 하나님에 대한 신앙이 같을 것이라는 결론은 사실상 초읽기에 들어간 문제이다. 그런데도 걸림돌이 있었다면?

"마테오리치는 空과 無가 인격성이 없다는 것을 들어 만물의 근본이라는 것이 참으로 그리되어서야 되겠는가라고 비판했다. 아무런 인격성도 없는 道가 어떻게 그보다 더한 인간과 같은 인격체를 창조할 수 있었겠는가?"124) 혹은 "理와 太極은 자립적인 능동적 실체가 될 수 없기 때문에"125) 창조주가 될 자격 미달이라고 했다. 하지만 이것은 마테오리치가 바라본 동양의 바탕天에 대한 무지가 문제였다. 자신이 사물을 보지 못했다면 그것은 사물 자체가 존재하지 않아서일 수도 있지만 자신이 보지 못해서일 수도 있다. 마테오리치가 空, 無, 理, 太極 개념을 본질로서 이해하지 못한 것은 동양의 제 종교들이 기독교의 神을 그렇게 이해하지 못한 것과 같다. 정말 이해하는 순간, 만법은 귀일되고 하나로서 일치된다. 서양은 동양에로 나와야 하고 동양은 하나님에게로 더 가까이 다가서야 한다. 그리하면 神과 天이 일치되는 것은 시간문제이다.

무지에도 불구하고 마테오리치는 "기독교의 천주가 곧 중국 고대인들이 공경하고 제사를 지냈던 바로 하나님(上帝)이고, 道는 天 이외에 다름이 아님을 말했다."126)127) 개념적으로는 동일성 여부가

---

124) 『세계섭리론』, 완본, 앞의 책, p.114.

125) 『동서철학의 교섭과 동서양 사유방식의 차이』, 송영배 저, 논형, 2004, p.25.

126) 위의 책, p.25.

127) "유교의 上帝 개념과 天 개념이 가톨릭의 천주 개념과 사실상 동일하다고 본 마테오리치(1552 - 1610) 신부를 필두로 한 경향이 있음." -『진영첩의 주자강의』, 진영첩 저, 표정훈 역, 푸른역사, p.124.

어느 정도 확인되었다고 하나 본질적으로는 분명한 차이성을 극복해야 하는 과제가 남아 있다. 이것을 天에 바탕을 둔 인간 본성의 근거를 통해서, 그리고 인간 스스로 天을 향한 노력을 통해서 天觀과 神觀을 일치시킬 길을 터야 했다. 관점의 차이에도 불구하고 인간의 본성 바탕이 天 곧 神에 있다는 생각은 일체의 차이점을 불식시킬 수 있는 통합 관점이다. 기독교가 神이 인간을 창조했다는 것이나 유교가 人性의 바탕이 天에 근거되었다는 것은 둘러치고 메어치기 식이다. 차이는 미미하며 오히려 상호 보완적이다. 이렇게 되면 동서양이 함께 하나님의 인간 창조를 섭리적으로 확인한 결과가 된다. 동양이 덕성을 근거로 해서 天을 염두에 두고 天理를 자각해서 실천하고자 했던 것은 서양이 하나님의 뜻을 따르고자 했던 신앙과 진배없다.

그래서 우리는 가장 확증적으로 神의 天으로서의 동일성과 인간의 본성 바탕이 天이라는 것을 확인할 길을 터야 했는데, 그것이 다름 아닌 仁의 바탕인 天이 人과 교감됨이 가능하고 교감 결과로써 종국에 合一됨이 가능하다는 것을 통해서이다. 이 같은 확인 절차는 인간이 天에 바탕되고 창조된 것에 대해 만 말과 논리를 불식시킬 깨달음을 통한 증험 결과이다. 동양인은 예로부터 "만상 속에 우주령인 梵의 잠재를 의식하고 실현을 위해 노력하며 대조화"128) 및 일치되도록 추구하였거니와, 참으로 "인간은 하늘로부터 부여받은 天性的 성질을 내면에서 구체적으로 실현할 때, 하늘과 하나 될"129) 광영을 누릴 수 있었다. 이름하여 天人合一의 경지

---

128) 『법철학 개론』, 앞의 책, p.194.
129) 『진영첩의 주자강의』, 앞의 책, p.184.

도달이고 天人合一은 인성 바탕이 天에 근거된 것에 대한 확실한 논증 작업이었다.130)

　이렇듯 선현들이 논리적으로 길을 텄다면 후인들은 당연히 주어진 生의 과정을 통해서 확인해 나가야 하는 것이 生의 과제이자 구원 절차이리라. 人性의 바탕이 天性에 근거했고 하나님으로부터 창조되었다는 것은 이론적인 논리 성립이기 이전에 온 인류가 生의 정열을 바쳐 달성해야 할 진리 확인 절차이다.

3. 본성을 이룬 근거

　인간의 본성이 무엇인가 하는 것은 본성을 이룬 근거를 무엇으로 보는가에 따라 판이하다. 관점과 기준을 보면 과연 얼마만큼 인간에 대해 깊이 있는 통찰을 이루었는가를 알 수 있다. 불교에서는 인간의 본성을 오온―五蘊의 화합으로 보았다.131) "오온으로서의 자아는 인연 화합하여 형성된 것이므로 무상한 것이고 주관대로 되지 않아 비주재적인 존재"132)라고 결론지었다. 본성은 창조되고 형성되고 결정된 것인데, 自性이 無自性이라니! 인간의 창조 내력을 비교해 보면 일리 없는 주장은 아니라 할지라도, 인간을

---

130) "朱子는 존재론적으로 心性과 天이 하나임을 인정함." ―「주자철학에 있어서 공맹 천인관의 승수와 전개」, 최영찬 저, 충남대학교대학원 철학과 동양철학전공 박사학위논문, 1990, p.141.

131) 오온: 다섯 가지 무더기, 즉 색(色, 물질), 수(受, 느낌), 상(想, 표상), 행(行, 의지), 식(識, 인식). ―『불교의 무아론』, 한자경 저, 이화여자대학교출판부, 2006, p.18.

132) 『동서양의 인간 이해』, 앞의 책, p.148.

이룬 창조와 생성 과정을 너무 단박에 드러내려고 한 측면이 있다. 부분만으로 너무 단박에 결론을 내려버렸다. 추적하면 무상하기만 한 본성에 대해 그 내력을 연관 지을 근거를 붙들 수 없다. 본성은 본래 없던 것이 인연이 생성함에 따라 화합하여 실체를 구성한 것이므로 나라는 존재는 가변, 가합, 머무는 바 없이 머무는 존재자로 추론될 뿐이다. 불교는 깨달았으되 문제는 그렇게 해서 걸은 발자국을 지워버렸다. 앉아서 명상으로 결론을 내릴 수는 있으나 직접 논리를 세워 본성을 이룬 근거를 확인할 수 없다.

이런 관점에서 본다면 기독교는 더욱 비논리성을 면하지 못한다. 믿음을 통한 주관적 교감만이 본성을 이룬 근거를 하나님에게 전달시킨다. 서양철학에서는 헤겔이라는 철인이 "의식(정신)이 존재를 결정한다."[133]는 명제를 내놓았다. 존재를 결정한다는 것은 의식이라는 근본적인 요소가 인간을 이룬 본성을 결정한다 혹은 근거라는 뜻인데, 이와 달리 쇼펜하우어와 마르크스는 존재가 의식을 결정하는 것이라고 했다.[134] 어떻게 인간을 결정한 근원된 요소들을 손바닥 뒤집듯 바꿀 수 있단 말인가? 이것은 추적 논리가 아니라 끝없는 대립만을 낳는 논쟁만 불러일으킬 뿐이다. 그야말로 가변적이고 피상적인 접근에 의한 본성 요소 파악이다.

그런데 儒家는 다른 사유방식 체제에서는 전혀 착안하지 못한, 본성의 근거를 추적할 수 있는 가능 논리를 세워놓은 것이다. 『중용』은 "인간을 우주의 최고 가치의 실체인 天으로써 근거 지은 동시에 道가 유래해 온 근원을 天에다 귀속시켰다."[135] 인간의 본성

---

133) 『칸트의 순수이성비판 연구』, 최재희 저, 박영사, 1981, p.566.
134) 위의 책, p.566.

근거가 天에 있고 天에 귀속된다는 것은 인간의 벗어날 수 없는 존재 본질을 결정할뿐더러, 天→道→人→性의 루트로서 본성을 이룬 근거를 추적할 수 있게 한다. 유교는 인간 본성의 본말을 근거 지은 지혜 논리를 대거 함축하고 있다. 朱子는 "우주 본체인 生生氣와 生生理가 인간의 본질로써 구체화된 것이 心과 仁이라고 보아 人性論의 새로운 경지를 열었다."[136] 天에 근거한 인성 본말이 확고한 것인 한, 그 안에서의 본질 규명 작업은 어려운 것이 아니다. "인간은 천지의 氣를 받아 생겨났으므로 마음은 반드시 어질고 仁은 곧 生이다."[137] 人이 天의 氣, 즉 본질을 이어받았으므로(天性) 그로 말미암은 인간의 본성이 仁하리라는 것은 무리한 판단이 아니다. 다만 "그중에서도 맑은 氣로 형성된 인간은 성인에 가깝고 흐리고 탁한 氣로 형성된 인간은 범인과 같이 된다."[138] 유교는 인간 본성을 마치 손바닥으로 떡 주무르듯 할 수 있는 논리 근거를 가졌다. 유교가 지상에서 인간의 참된 문화를 대표할 수 있은 데는 그만한 근거가 구축되어 있었다. 氣는 차별성을 인정했으되 그들의 전체를 총괄하는 理는 하나로서 天에 귀속시켜 일관성과 통일성을 유지했다. 太極을 理의 총합체이자 天의 본체로 보았을 때의 논리 전개 틀도 결과는 마찬가지다. "만물만사가 모두 太極에서 출원하는 것으로, 사람이나 제 만물이 품수 ―稟受받을 때 그것이 바로 본성"[139]이라고 귀결 지었다.

---

135) 「노자의 도에 관한 연구」, 정용두 저, 소논문, p.137.
136) 『중국철학개론』, 앞의 책, p.271.
137) 위의 책, p.271.
138) 『동서양의 인간 이해』, 앞의 책, p.167.
139) 『동양철학의 본체론과 인성론』, 한국동양철학회 편, 연세대학교출판부, p.34.

　　이미 앞 절에서 인간의 본성 바탕은 天이고 天에 근거했다는 것을 밝힌 바이므로, 본 절은 그렇게 해서 이룬 근거가 구체적으로 天의 무엇에 근거했다는 것을 추적할 차례이다. 인간의 본성 바탕은 天이로되 天이 작용을 이룬 근거를 보다 세분화하면 天性, 天道, 天理, 天命이다. 여기에 근거해서 인간이 가장 빼어나게 창조되었고, 그 외 천지 만상이 부수되었다. 天이 천지를 창조한 창조주로서의 존재 속성은 지극히 통합적이나 특별히 인간을 하나님과 닮은꼴로 창조하신 관계로 하나님은 인간이 性을 가진 것과 동일한 존재자로서 天性을 가지셨다. 이 같은 존재성을 창조를 통해 부여받게 됨으로써 인간의 본성 내에는 고유한 天性이 있게 된다. 이것을 儒家에서는 本然之性 내지 天地之性으로 구분했다. "사람마다 지닌 天性은 태어나면서 함께 지닌 것으로 덜거나 덧붙여 변화시킬 수 없다."[140] 孔子는 "하늘이 나에게 德을 주셨으니, 환퇴 ─ 桓魋가 나를 어떻게 하겠는가?"라고 했는데, 이것은 천부의 德性(天德, 天性)이 인간의 생래적인 본질이라, 인간으로서는 좌지우지할 수 없다는 뜻이다.[141] 이렇게 되면 天性의 人性化 작업이 인간의 창조 본말이라고 해도 과언이 아니다. "神的 본질은 인간 본질과 다른 것이 아니다."[142] "모든 존재의 근거가 天이되, 그 근거가 내재화되어 특별히 인간의 본질인 人性으로 전환되었다(化됨)."[143] "동학이 한울님은 일체를 초월해 있고 유일한 존재이지만 인간과

---

140) "人性은 天理에서 온 것이므로 天性이라고도 한다." ─『중국철학과 인성의 문제』, 앞의 책, p.90.

141) 『주자철학에 있어서 공맹 천인관의 승수와 전개』, 앞의 논문, p.180.

142) 『비교사상론 개관』, 김태창 엮음, 충북대학교출판부, 1987, p.359.

143) 『주자의 이기 심성론에 관한 연구』, 박영길 저, 충남대학교대학원 철학과 동양철학전공 석사학위논문, 1992, p.65.

따로 떨어져 있는 것이 아니라 인간의 몸에 모셔져 있다."고 말한 것은 天性의 人性化(내재화) 상태를 인식한 것이다.

天性의 人性化 근거 고리는 天性으로부터 말미암은 天道라고 해서 달라지는 것이 아니다.[144] 天性이 존재의 내면화된 성품이란 뜻이 있다면 天道는 존재 본질 자체의 규칙적인 작용력이랄까? 이 같은 天道 작용이 있어 天性을 人性化하는 데 구체적으로 관여한 창조 기반을 이루었다. 그래서 인간의 존재 근거를 天에 두고 인간의 본성이 天道에 의한 내재화 작업으로 구축되었다고 보아도 달라진 것은 없다(先秦 儒家). 人性은 인간의 性이고 본성은 天性인데, 人性을 이루도록 天性을 구축한 것이 天道이다. 유교는 天性의 人性化 과정에 대한 대구축 드라마를 제시했다. 본성을 이룬 근거를 유교가 쌓은 지혜를 통해 추적할 수 있다는 것은 빈말이 아니다. 天道 역시 天性에 근거한 것인 한 본성을 이룬 작용 바탕으로서 "본래부터 인간에게 내재화된 본연의 성(道)"[145]인 것을 벗어날 수 없다. 그래서 "天道를 人道의 근원으로 삼은 것(孔子)"[146]이라든지, "天道 속에 人道가 존재하고 人道 속에 天道가 있다고 본 것은"[147] 天性과 크게 다르지 않은 관점이다.

天道와는 또 다른 개념으로서 "송·명시대의 新儒學은 天理를 본체, 至善으로 삼아 理學이라고도 칭하였다."[148] 天道가 창조 본

---

144) "天道의 관념은 역경과 중용을 통해 제시되었고, 특히 성리학에서는 인간의 도덕성에 모범이 되는 자연 법칙으로 인식하였다." - 「동양 천관념의 종교학적 연구」, 앞의 논문, p.65.

145) 「주자철학에 있어서 공맹 천인관의 승수와 전개」, 앞의 논문, p.58.

146) 『동양철학의 본체론과 인성론』, 앞의 책, p.4.

147) 「동양 천관념의 종교학적 연구」, 앞의 논문, p.65.

148) 『중국의 유가와 도가』, 임계유 편저, 권덕주 역, 동아출판사, 1993, p.219.

질의 작용적인 법칙성 개념을 띤 것이라면, 天理는 본체 작용이 천지 만상에 적용되어 보다 구체화한 이법성이다. 본질과 만물 간에 두루 적용되는 창조의 결정 법칙이다. 진리, 이치의 개념이 모두 포함되는데, 이 같은 추적을 통해 宋儒의 정이는 인간 본성의 근거를 理에 두었다. 性卽理가 그것이다.[149]

> "천하의 理를 그 유래된 바에 근원하면 不善은 존재한 적도 없다. 性에 不善은 없다. 不善이 있는 것은 才이다. 性은 곧 理이다. 理는 요임금·순임금부터 길 가는 사람에 이르기까지 하나이다."[150]

理의 본래성과 보편성을 일컬은 것인데, 理는 다름 아닌 天으로부터 말미암은 것이다. 天卽性으로부터 性卽理로 근거 지어도 틀림이 없다. 그중에서도 物卽理가 아닌 性卽理라고 한 것은 인성이 세계의 중심이라는 관점이며 인간의 본성 가치가 세계 가운데서 지극하다는 판단이다.

하지만 天性, 天道, 天理에 이어 인간의 본성을 결정적으로 근거 지은 것은 아무래도 天命일 것이다. 天命은 하나님의 존재 의지와 뜻과 본체 본질을 함유한 조물의 원동력이자 근간이며 대작용력이다. 인간의 본질은 그 같은 결정 법칙에 따라 주어진 天命 자체이다.[151] 命은 추상적인 것 같지만 인간을 창조한 결정 근거이다. 그래서 命은 누구도 거부할 수 없다. 孔子가 "五十而知天

---

149) "朱子는 주렴계의 『太極圖說』을 골간으로 하여 形而上學을 수립하고, 이천의 性卽理說을 직접 계승하여 人性論을 발전시켰다." - 『양명철학의 연구』, 송재윤 저, 사사연, 1991, p.70.

150) 『이정전서』, 권 22, 권 19 - 『범주로 보는 주자학』, 오하마 아키라 저, 이형성 역, 예문서원, 1997, p.196.

151) 『새로운 인간도의 제창』, 松下幸之助 저, KBS 방송 연구소 역, 한국방송공사, 1981, p.18.

命"이라고 하였는데, 이것은 인간을 인간답게 한 도덕적 본성이 天으로부터 부여되었다는 것을 나이 오십에 이르러 깨달았다는 뜻이다.[152] 『中庸』에서 "인간의 본성은 하늘의 命이 인간성에 내재해 있다(天命之謂性)"[153] 혹은 "하늘이 명부-命賦한 것을 性이라고 했을 때",[154] 이것은 인간 본연의 바탕성을 가장 초점 잡아 결정지은 핵심 근거가 天命이란 뜻이다.

인간은 참으로 天에 바탕을 둔 天性, 天道, 天理, 天命에 근거하여 본성을 구축하였다. 하지만 이 같은 근본적인 작용 요소들에도 불구하고 본성을 이룬 근거를 하나로써 일관시켜 볼 수도 있겠는데, 곧 인간의 본성이 창조에 근거했다는 사실 인식이 그것이다. 창조는 天性, 天道, 天理, 天命을 모두 아우를 수 있는 개념이다. 본성은 창조에 근거했다고 보는 것이 가장 정확한 초점이다. 일체는 창조된 특성을 드러낸다. 天性은 본래 그러하고 불변한 것이라든지, 天道는 내면에서 이미 존재했다, 天理는 매초부터 不善을 허용하지 않는다, 天命은 우리가 존재하기 전부터 결정적이라는 사실 등이 그것이다. 당연히 인간의 본성인들 그 같은 근거를 드러내지 않겠는가? 性이 스스로 그러한 것은(곽상)[155] 性이 스스로 그러할 수 있도록 사전에 창조란 작용 시스템이 작동하였다는 뜻이다. 스스로 그러하다는 것은 보편적인 자연 법칙에 어긋난다. 그런데도 그러한 것이 본성일진데, 이유는 창조에 있다.

그래서 인간이 天性에 근거해서 창조된 것을 가장 확실하게 확

---

152) 『유학원론』, 앞의 책, p.238.
153) 위의 책, p.101.
154) 『주자의 이기 심성론에 관한 연구』, 앞의 논문, p.10.
155) 『중국철학과 인성의 문제』, 앞의 책, p.90.

인할 수 있는 것은 "만물이 모두 나에게 갖추어져 있다는 것을 통해서이다."[156] 창조란 무엇인가? 그 답이 그렇게 근거해서 창조된 인간의 본성 가운데 있다. 天性이 人性인 근거가 만물이 모두 인간에게 갖추어짐을 통해 확인할 수 있다. 萬物一體를 본성을 통해 실현하는 것은 인간이 生의 과정을 통해 달성해야 할 분명한 목표이다. 인간이 하나님으로부터 창조된 것을 증거하는 작업 일환이다. 어떻게 해서 만물의 이치가 모두 나에게 갖추어질 수 있게 되었는가? 맹자는 여기에 대해 합리적인 설명은 결여하였지만[157] 인간의 본성이 天에 이어 창조에 근거했다는 것을 초점 잡은 우리는 알 수 있다. 朱子는 『中庸』 첫 문장에 대한 주석에서 다음과 같이 말했다.

> "사람들은 자기에게 본성이 있다는 것을 알지만 그것이 하늘로부터 나오는 것은 알지 못하며, 일에 道가 있는 것을 알지만 그것이 본성에서부터 유래하는 것은 알지 못하며, 성인이 가르침을 주신 것을 알지만 그것이 내가 본래 가지고 있는 것에 근거하여 재제－裁制하는 줄 알지 못한다."[158]

창조는 만인, 만 현상, 만 존재에 있어서 본유한 것이다. 이것을 朱子는 人으로부터 天에로 직결시켜 버림으로써 天과 人 사이에 차원적인 갭이 생겼는데, 여기에 인간의 절대 작용 근거인 창조를 대입하면 막혔던 인식적 장애와 논리 고리가 순리적으로 풀어진다.[159] 朱子가 "유교의 도덕률과 규범을 선천적인 본래성에 기초하여 정립하고, 본성이 天이라는 절대적 존재에 근거한다고 한 주

---

156) 『맹자』, 진심 상 － 맹자 저, 박경환 역, 홍익출판사, 2005, p.361.
157) 『유교윤리와 인도주의』, 앞의 책, p.40.
158) 『유교사상의 본질과 현재성』, 앞의 책, p.68.
159) 존재 － 人 － 이성 － 신앙 － 믿음 － X － 神.

장은”160) 이 연구의 개안 관점인 인간 본성이 창조에 근거했다고 보는 것과 같다. 유교가 인간의 창조 사실을 인증하다니! 하나님의 뜻은 헤아릴 길 없으되 때가 되면 밝혀지는 법이며, 밝혔을 때 깨달아야 모두가 본향에 이를 수 있다. 하나님의 품 안에 안길 수 있다.

4. 본성 요소

인간이 만약 기계와 같은 존재라면 그 핵심된 기능 부품이 무엇이고, 주변 부속품들이 어떤 것인가를 알면 인간을 구성한 요소가 파악되리라. 이 같은 관점이 결코 기우만은 아닌 것이 라메트리(Julien Offroy de La Mettrie, 1709~1751)란 사람은 『인간기계론』을 주장하기도 했다. 인간을 확인 가능한 요소들만을 근거로 해서 판단한다? 어폐가 있는 것이 분명한데, 그러나 인간이 무엇인가에 대한 본질을 밝혀내지 못한 상태에서는 궁여지책이다. 종국의 해명을 위한 하나의 단계 과정이다.

홉스(1588~1679)는 『리바이어던』에서 “인간이란 운동하고 있는 물질적 분자들의 모임”161)이라 하였고, 불교에서는 인간을 “地·水·火·風·受·想·行·識이란 여덟 가지 요소들이 어떤 인연에 따라 가합－假合된 것”162)이라고 하였다. 얼마만큼 인간을 구성한 핵심 요소를 근접해서 추출한 것인가? 이 같은 요소 분해로

---

160) 위의 책, p.69.
161) 『세계사상대계(명상의 회랑)』, 박종오 외 2인 감수자, 신태양사, 1968, p.314.
162) 『동양윤리사상』, 김길환 저, 일지사, 1985, p.229.

써 무엇을 알 수 있는가? 아무런 뜻도 가치도 목적도 없다. 분자들의 모임은 『인간기계론』을 낳았고 가합된 요소들은 가없는 허무만 낳았다. 본성을 구성한 요소들에 이르러서는 더욱 그렇다. 보다 본질적, 形而上學的, 창조적(초월적)이어야 하는 것이 본성을 이룬 요소인데, 물질적인 분자나 地·水·火·風 등이 동원되어서야 되겠는가? 그런데도 서양은 대체로 인간 자체를 구성한 바탕 본성을 밝혀내고자 한 전통이 있었고, 동양은 내적인 본성 쪽에 관심을 기울였다. 자연히 인간을 구성한 몸적 요소와 본성을 구성한 심적 요소 추출이 달라 이로 인해 인간을 바라본 관점에서도 차이가 났다. 무엇이 더 근원적이고 본질적인 것인가 하는 것은 결론이 나겠지만, 한 가지 분명한 것은 서양은 神의 창조가 선언되었는데도 인간 자체만으로 구성 요소를 추출했기 때문에 인간 본질이 일체되지 못하고 분화되어 버렸다. 그리하여 세세하게 분해는 되었지만 다시 원래대로 조립할 방도가 없어 곤혹을 당하고 있다.

"프랑스의 르네 데카르트(1596~1650)는 17세기 과학혁명에서 중심적인 인물인데, 특히 주목해야 할 것은 그가 인간을 物心으로 二元化시킨 데 있다. 인간 본성을 육체와 영혼 혹은 정신의 조합으로 본 것이다. 육체와 영혼은 개별적이면서도 상호작용하는 실체이며 각각은 독립적으로도 존재할 수 있다."163) 견해에 있어서 약간씩 차이는 있지만 인간의 구성 요소를 영혼(정신)과 육체로 보고 그 결합체가 인간이라고 한 것은 플라톤을 비롯한 서구 철학의 오랜 전통이었다. 즉 "플라톤은 육체는 영원한 존재이며 비물질적인

---

163) 『인간의 본성에 관한 10가지 이론』, 레슬리 스티븐슨·데이비드 L. 헤이버먼 저, 박중서 역, 갈라파고스, 2006, p.211.

존재인 영혼이 잠시 머물다가 떠나가는 일시적인 것으로서 최고의 추구 대상이 아니며, 중요시해야 할 대상은 영혼이라고 하였다. 영혼은 영생불멸이고, 육체와 완전히 독립된 존재라고 했는데, 이후 중세의 기독교에 큰 영향을 끼쳤다."[164]

영혼은 무엇이고 왜 영혼만을 중요시해야 하며 영육이 독립된 존재인가에 대해 질문하기 이전에, 우리는 인간의 외부적인 구성 요소를 통해서는 추출된 본성 요소들에 대한 파악이 어렵다는 사실을 아는 것이 중요하다. 영혼과 육체를 통해서는 인간이 어떻게 창조된 것인지, 어떻게 본성이 구성된 것인지에 대한 정보를 읽어 낼 수 없다. 아무리 세세하게 분류해 내었더라도 근원된 정보를 읽어낼 수 없는 것이라면 영육은 인간의 본성을 이룬 요소로서 자격 미달이다. 한계를 지닌 관점이다.

하지만 인간은 분명 육체를 지니고 있고, 눈으로 볼 수 있는 것은 아니지만 육체와는 또 다른 정신적인 요소가 있는 것은 분명하다. 다만 본질적인 요소가 아닌 관계로 해석 견해가 분분하였다. 그래서 아리스토텔레스 같은 이는 플라톤과 견해를 달리 하여, "육체와 영혼은 다 같이 인간을 형성하는 통일체로서 육체가 없는 영혼은 있을 수 없으므로 하나만 유독 중시될 이유가 없다고 했다. 이원론적 사고를 가졌으되 변동된 이론이다. 고대 그리스 말기의 플로티노스는 플라톤의 사상을 이어 일체 만물이 신령, 정신, 물체의 3단계로 이루어져 있다고 하였다."[165] 외현적인 관점이기는 하나 인간을 구성한 요소들을 추출한 것은 거의 다 추출하였다. 물

---

164) 『인성론』, 앞의 책, pp.54-55.
165) 위의 책, p.55.

질적인 요소는 인간과 뭇 생명체와 만상이 지니고 있는 공통된 요소이다. 하지만 정신적인 요소는 인간에게 있어서 가장 두드러진 또 다른 요소인 것이 분명하다. 이것을 사람들은 크게 세 가지인 우주적 요소로서 구분하였는데, "영적, 정신적, 육체적 요소이다."166) 진화론적 관점에 의하면 "우주에 존재하는 실재는 일정한 순서인 물질→생명→마음→혼→영으로 전개된다."167) "N. Hartmann에 의하면 실재 세계는 물질(무기물), 유기체, 영혼(의식), 정신의 네 개 존재층으로 되어 있어 인간은 진화의 가장 최상위층인 네 가지 존재층의 복합물이다."168) 進化論은 어디서도 세계적 현상을 거꾸로 읽어 내리고 있다. 우주를 구성한 핵심된 실재들이 순서, 곧 진화에 의해 발생되고 전개된 것이라면, 원초에는 물질 외 생명, 마음, 혼, 영은 존재하지 않았다. 그렇다면 무수한 세월 동안 이들 실재들이 어떻게 해서 발생한 것이던가? 그 연유를 판단할 근거가 어디에도 없다. 지금 존재하는 실재 요소를 근거로 해서 연역해 들어간, 進化論은 그렇게 바라본 일종의 과정 추적 논리이다. 직접 실재를 구축한 메커니즘이 아니다. 세계를 구성한 핵심 요소들은 핵심 요소인 만큼이나 처음부터 통합적으로 실재하고 있어야 한다. 그런데 진화는 이 같은 상식적인 이치를 따르지 않는다. 그러니까 추출한 제반 요소들에 대해 본질을 규정하지 못하였고 인간에 대해 더 이상 진척된 견해를 내놓지 못했다.

아리스토텔레스는 영혼에 대해서 말하길, "영혼이란 생명의 잠재

---

166) 『인도철학사상』, 원의범 저, 집문당, 1988, p.86.
167) 『죽음 또 하나의 세계』, 최준식 저, 동아시아, 2006, p.34.
168) 『윤리와 종교』, 배석원 저, 경상대학교출판부, 2005, p.130.

력의 실제적 진화이며 운동의 육체에 있어서의 근원이고 생명체의 본질이며 아울러 육체가 존재하는 목적이다."[169] 인간의 영혼에 대해서 어떤 고상한 정신 작용의 비밀을 캘 수 있을 것을 기대해 보지만, 영혼은 기껏 육체와 밀접한 관련을 지닌, 육체와 함께한 그 무엇일 뿐이다. 곧 "영혼이란 생물을 조직한 물질을 움직이게 하고, 변하게 하는 形相 외 아무것도 아니다."[170] 그래서 영혼은 인간에게만 고유한 것이 아니라 가장 낮은 단계인 식물의 영혼으로부터 출발하여 편재해 있다. 그렇다면 차라리 영혼이라 하지 말고, 생명적인 의지라 칭하는 것이 더 나았으리라. 그렇게 되면 아리스토텔레스에게 있어서처럼 영혼은 육신의 죽음과 더불어 종식되어 버린다.

플라톤으로부터 영혼의 不滅說을 접한 터라 잔뜩 기대를 했는데, 서양의 어떤 철학자들로부터도 영혼의 불멸 메커니즘을 소개받은 바는 없다. 플라톤은 너무 영혼에 치중해 육체를 영혼의 감옥으로 본 반면 아리스토텔레스는 이를 풀어 놓은 상태라고나 할까?[171] 플라톤이든 아리스토텔레스든 어떤 설을 통해서도 인간의 사후 육신은 없어져도 영혼이 불멸한다는 데 대해 더 이상 명쾌한 답은 찾을 수 없다. 서양이 접근해서 추출한 요소를 통해서는 도저히 원인 해명이 안 된다. 기껏 내려질 수 있는 결론은 "인간은 영혼과 육체의 통일체"[172]란 개념 정리 정도이다.

그렇다면 문제를 해결하기 위해서는? 인간을 이룬 본성의 구성

---

169) 『세계사상대계(사상의 여명)』, 앞의 책, p.329.

170) 『서양윤리사상사』, 최재희 저, 서울대학교출판부, 1981, p.52.

171) "아리스토텔레스는 육체를 영혼의 자기 목적을 실현하도록 하는 수단으로 봄." - 위의 책, p.53.

172) 『도덕과 종교(칸트와 마리땡을 중심으로)』, 배석원 저, 이문출판사, 1993, p.15.

요소를 파고들어야 한다. 본성은 결코 二元化되지도 단계적으로 진화하지도 않는다.[173] 처음부터 함께 존재하였고 처음부터 결정적이다. 본성은 인간을 이룬 보다 근원된 창조 재질이다. 그래서 본성을 이룬 요소를 추출하면 당연히 대창조의 비밀까지 캘 수 있다.[174] 그만큼 본성은 창조된 근원과 직결되어 있다. 인간이 어떻게 창조되었는가 하는 것은 인간이 어떻게 본성을 이루었는가 하는 것과 같다. 그리고 이것을 알기 위해서는 본성을 이룬 요소를 추출해야 한다. 본성은 그만큼 다분히 내면적인 성향이 짙다. 육체로서 두드러지지 않는다. "플라톤은 영육을 구분함에 있어서 정신적 의식 구조를 세분화하여 인간의 본성을 욕망, 의지, 이성이란 세 가지 요소로서 추출하였다."[175] 요소 색깔이 달라진 것을 알 수 있다. 혹은 본성은 뜻, 義, 情으로 되어 있기도 한데, 문제는 구분하는 것이 아니라 구성된 근원을 파고드는 것이다. 창조가 그것이다. 이 같은 핵심을 파고든 지혜 문명이 바로 유교라는 것이다.

유교에서는 "인간과 만물이 생성될 때는 반드시 理를 받은 후에야 性을 갖게 되고, 氣를 받게 된 후에야 형체를 갖게 된다."[176]라고 했다. 이것은 유교가 내세운 인간 창조에 대한 대전제론이자 원리 메커니즘이다. 인간이 본성(性)을 갖기 이전에 理를 내세웠고 형체, 즉 육신을 갖기 이전에 氣를 언급했다. 원인론인 創造論까지 파고든 것이다. 본성 이전에 전재된 바탕이 있어 유교는 어떤

---

173) "물질과 생명의 단계(전인격적)→마음의 단계(인격적)→혼과 영의 단계(초인격적)." -『죽음 또 하나의 세계』, 앞의 책, p.38.
174) 『세계통합론』, 졸저, 다짐, 1995, p.30.
175) 『서양교육사상사』, 주영흠 저, 양서원, 2001, p.30.
176) 『유교의 이해』, 정진일 저, 형설출판사, 1997, p.76.

형태로든 본성을 그 같은 우주관에 근거해서 규정할 수 있었는데, 그것이 다름 아닌 性命論이다. "性命은 안과 밖에서 天에 의해 구성된 인간 존재를 가리키며, 인간의 내부는 天性에 의해 구성되고, 밖은 天命의 규제를 받는다."[177] 性과 命은 인간의 본성을 이룬 절대 창조 요소이다. 당연히 그렇게 되도록 한 원천 바탕은 天이고 하나님이다. 창조란 命을 통해서 性이란 본성 바탕을 마련했다. 집을 짓기 위해서는 터를 닦고 기초를 다져야 하듯, 인간 창조도 본성이란 性을 기반으로 해서 그 위에 육체, 정신, 마음, 영혼이란 기둥과 지붕을 이었다.

그러므로 본성을 이룬 근원을 따진다면 결국 일체는 하나님에게 근거된다. 본성을 이룬 命이란? 하나님이 창조를 위해 결집시킨 의지이다. 性이란 무엇인가? 하나님이 지니신 존재자로서의 본질을 창조를 통해 인간이 이양받은 것이다. 그 위에 뜻으로 발양된 사랑이 있어 창조가 실현된 것이므로 하나님의 뜻을 헤아릴 수 있도록 창조된 시스템이 마음 작용이다. 天과 연관해서 창조를 이룬 본질 면에서 접근하면 본성을 이룬 요소가 핵심적으로 추출되는 것이니, 그것이 곧 性이요 命이요 心이란 창조 요소이다. 이 요소는 핵심 요소인 만큼이나 인간으로서 거느린 부수된 여러 개념들을 복속시킨다. 본성은 인간을 구성한 본질적인 면, 즉 영·혼·의식 같은 개념을 포괄하며, 마음은 정신적인 구성과 작용 요소는 물론이고 인간에게서 일어나는 제 감정적인 요소, 의지적인 요소 등을 포함한다. 사리 분별력이라든지, 가치 판단 능력, 희로애락 등이 心의 계통 아래 있다. 본래는 하나이나 구분해서 일체 본성

---

177) 『중국사상사』, 森三樹三朗 저, 임병덕 역, 온누리, 1990, p.32.

이 性의 계통 아래 있다면 가치는 心의 계통이다. 그렇다면 일체를 존재하게 하고 일어날 수 있도록 결정하는 것은? 命이다. 性은 인간 자체의 본질이다. 命은 인간의 외부에 존재하면서 혹은 결정된 내부 바탕 요소로서 인간을 지배, 제약하는 하늘의 명령이다.[178] 그리고 心은 모든 것을 헤아릴 수 있도록 된 인간 존재의 총화 시스템이다. 命은 이미 결정적이고 性은 본래적이라 本然之性을 이루며, 心은 天에 관한 일체를 반영, 투영, 갖추었으면서도 근본을 어디에 두는가에 따라 가변이 가능한 기질적인 요소를 갖추었다.

만약 마음이 天性에 근거하여 유동적이지 못하고 고착화되어 있다면 어떻게 되겠는가? 창조된 자로서의 존재적 자유는 있을 수 없으리라. 그래서 마음만큼은 존재자가 쌓은 노력과 깨달음과 판단 여부에 따라 본질의 구성에 차이가 나도록 창조되었다. 마음의 자유를 통하여 주어진 사고력을 발휘하여 궁극적인 본향에 이를 수 있는 길을 텄다. 그러나 동시에 발을 잘못 디디면 끝없는 허무의 나락으로 떨어질 책임감도 부여했다. "朱子는 사람과 사물이 모두 太極의 理를 타고났지만, 오직 인간이 얻은 氣만 홀로 빼어나 마침내 마음(心)을 갖게 되었다고 했다. 또한 理學者들은 아예 우주의 궁극 원리가 인간의 마음 안에 갖추어져 있다."[179]고도 보았다. 이들에 앞선 맹자는 "천지의 理를 생각할 줄 아는 인간의 정신 능력, 그것을 心이라고 했다."[180] 일체를 갖추어 놓고 그 가운데서 일체를 헤아릴 수 있도록 된 것이 心인 만큼, 心은 당연히 그렇게

---

178) 『유교사상의 본질과 현재성』, 최영진 저, 유교문화연구원, 2002, p.132.

179) 「주돈이에서의 우주와 인간 연구」, 송정림 역, 이화여자대학교 철학과 석사학위논문, 2004, p.42.

180) 『동서양의 인간 이해』, 앞의 책, p.159.

헤아린 결과에 따라 본성이 달리 구축될 것이 틀림없다. 그렇기 때문에 心은 평생 의지를 일관시켜야 할 노력을 병행해야 하고 天性, 天道, 天理, 天命을 깨달아 본성을 하나님의 뜻 위에 세워야 하는 수양과 정진 행위가 필수이다.[181]

본성을 이룬 구성 요소로서 性, 命, 心을 대별시킨 데 대해, 이것이 정확하다는 것을 알 수 있는 것은 인간의 제 본성 요소들에 대한 해명이 가능하고 본질 뿌리를 들추어 낼 수 있다는 사실을 통해서이다. 서양은 영혼이란 존재에 대해 해명이 미흡하다고 했지만, 性이란 창조 요소를 통하게 되면 궁금증이 해소된다. 인간의 情은 마음을 통해 발현된 감정적인 요소라 한다면,[182] 영혼은 性에 근거한 본질적 요소이다. 본질, 곧 天性的인 요소인 영혼은 인간의 바탕을 이룬 근원 요소이다. 영혼의 불멸 문제를 따진다면 영혼은 우리가 존재하기 전에 이미 존재하였고, 존재하게 됨으로 본성을 구성한 바탕을 이루었다. 영육 간이 독립된 존재인가의 여부를 따질 필요가 없다. 무엇이 근본된 것인가에 있어서 인간을 구축한 본성은 化된 실체인 때문이다. 서양은 동양인들이 구분한 天性을 영혼이라든지 이데아적 원형 실체로 접근한 경향이 짙다. 그런데도 서양은 동양처럼 이전의 사전 근거에 대한 탐구가 한계성에 부딪힘으로써 영혼이 세계 가운데서 뿌리 없는 실체가 되어 버렸다. 반면에 동양, 특히 유교는 본성을 이룬 요소들을 잘 정련하였기에 宇宙論과 연계한 人性論에 있어서 우위를 점할 수 있었다. 본성을 이룬 기본 요소가 性·命·心으로 가닥 잡힐진대, 이

---

181) 心은 존재 본질의 눈.
182) 「주자철학에 있어서 공맹 천인관의 승수와 전개」, 앞의 논문, p.175.

를 통해 우리는 정확하게 세계를 이해하고 나아가서 나를 창조하신 하나님까지 내다 볼 수 있다. 모든 것은 하늘에 계신 하나님을 통하기 이전에 나를 이룬 性·命·心 가운데 이미 내포되어 있다.

5. 본성 형성

　인간이 창조되었는데도 불구하고 본성을 형성한 과정은 분명히 있었다. 창조 이전에는 하나님이 자체 지니신 天性(존재 본질)을 기반으로 하여 인간을 창조할 바탕을 마련하셨고, 창조 후로는 제 人性을 天性에 부합할 수 있도록 하기 위한 구속과 섭리 역사를 펼치셨다. 인간의 본성이 자칫 생래적, 본연적이라고 하여 모든 것이 이미 결정적인 것이라고 생각해서는 안 된다. 人性은 天性에 바탕을 두어 창조되었으되, 그것은 인간으로서 인간일 수 있는 일체 가능성을 함재(잠재)한 작업이었던 것이고, 창조 이후로 혹은 태어난 이후로는 제반 여건 속에서 스스로의 노력에 의해 본성을 형성하여 가야 할 여지를 남긴다. 그렇다면 그것은 본성일 수 없지 않겠는가라고 반문할 수 있겠지만, 洋의 東西를 불문하고 天性은 본유하되 기질은 다변하는 것으로 보았다. 본성의 天性은 불변, 영원, 결정적인 것이지만 본성의 기질은 生의 과정을 통해 형성되어 간다. 기질이 변한다고 본 데 대해서는 동서양에서 차이가 없는데, 문제는 동양은 기질에 대한 불변한 본질 뿌리(天性)를 가지는 데 반해, 서양은 先在된 창조 과정에 대한 인식이 없어 뿌리 없는 개조 방식을 택했다. 즉 태어난 이후로 인간은 주변 환경의 조건 여하에 따라 다양하게 변할 수 있다고 보았다.

흔히 본성은 선천적인 것인가 후천적으로 형성되는 것인가에 대해 논란이 심한데, 進化論의 경우 후천성이 지배적이다. "인간 본성은 사회 조건의 산물"[183]이라고 본 것이 그것이다. "인간은 저절로 형성되는 것이 아니라 보살핌과 함께 바로 이끌어 줌으로써 제대로 된 자아가 정립되는 것인 만큼",[184] 본성을 이룬 기질은 교육 여건과 성장 환경과 제반 경험 등이 주효하다는 것이다. 물론 전혀 틀린 관점은 아니다. 기질적 본성은 형성되는 것인 만큼, 후천적인 노력 여하에 따라서 본성은 개선될 수 있다. 하지만 문제는 인간의 본성을 바라보는 관점 자체이다. 뿌리 없는 본성은 얼마든지 뒤집기가 가능하다. 조그만 변화 기미를 빌미로 인간인 종마저 달라지고, 종이 변하는 마당에 기질이 바뀐다는 것은 오히려 작은 변화에 속한다.

"다윈은 정말 인간의 두뇌 개조와 인간 본성의 개조 가능성을 당연한 것으로 여겼다."[185] 진화 메커니즘인 "보편적인 것에서 보다 특수한 것으로, 단순한 것에서 보다 복잡한 것으로의 점진적 변화"[186]틀에 맞추려 하다 보니, 인간의 본성 형성 관점에 있어서도 저질러서는 안 될 오류를 범했다. 인간을 가장 비참한 궁지로 내몰았고 나를 창조하신 하나님을 욕되게 했다. 이 같은 오류에

---

183) 『인간본성에 관한 10가지 철학적 성찰』, 로저 트리그 저, 최용철 역, 자작나무, 1996, p.126.
184) 『선비문화』, 2004 봄, 창간호, 남명학연구원, p.74.
185) 『서양정신의 위기와 동양의 희망』, 최우진 저, 한빛문화사, 1983, p.23.
186) 『학생야영지도의 이론과 실제』, 한국교총원격연수원, 2005, p.29.

동조한 지성들이 그 얼마이던가?[187] 그들에게는 사전에 창조 과정이란 없다. 오직 눈으로 관찰 가능한 것만을 대상으로 본성을 판단한 결과, 파급된 결과는 예상보다 더 심각했다. 인간으로서 반드시 간직해야 할 자존감과 귀의해야 할 본향을 파괴해 버렸다. 인류는 잃어버린 본성 뿌리를 되찾고, 본성을 형성해야 할 당위 목적을 인식함으로써 인간성을 통한 生의 자존 가치를 고무해야 한다. 그것은 먼저 인간의 본성 형성 과정을 정확하게 파악하는 것으로부터 시작된다.

儒家의 宇宙論에 의하면 "우주에는 理와 氣가 있다. 理는 形而上의 道로서 만물을 생성하는 근본이고, 氣는 形而下의 그릇으로서(器) 만물을 생성하는 재료(具)이다. 인간과 사물은 생성될 때 반드시 理를 품수한 연후에야 본성(性)을 가지고, 氣를 품수한 연후에야 형태(刑)를 갖는다."[188]라고 했다. 그러니까 인간의 본성은 창조의 가장 핵심된 요소(하나님의 존재 본질)라고도 할 理氣 중 理의 적통을 따랐다. 氣는 인간의 형태를 구성한 바탕 질료로서 내려앉은 반면, 理는 무형의 내면 본질인 본성을 이루었다.[189] 理란 무엇인가? 理는 하나님의 天性이 인간(천지)을 창조할 뜻을 발한 이래로 창조를 실현할 시스템으로서 이법화된 것이다. 그만큼 인간의 본성은 天이 이치로 전환된 정교한 理에 의해 구축되었다. "理는 창조로 인해 一事一物 속에 모두 내재해 있으므로 사물에 있

---

187) "고대인인 아낙시만드로스도 다른 동물은 태어나자마자 자기 힘으로 먹고사는데 인간만은 장기간에 걸친 보육이 필요하므로, 인간은 어떤 다른 동물로부터 변화된 것이라고 봄." - 『세계관의 역사』, 高田 구 저, 편집부 역, 두레, p.21.

188) 『주자대전』, 권 58.

189) "氣는 육체와 정신의 물질적 구성 요소가 되고 理는 정신에 내재되어 인간의 본성을 이룬다(이황)." - 「이황과 이이의 우주론과 인성론 비교 정리」, 류태건 저, 소논문, p.결론.

어서는 달리 일컫지 않고 理라고 한 반면, 인간 속에 있는 理만을 특히 性이라고 한다.”190)

이렇듯 인간의 본성은 하나님의 존재 요소 중 창조화를 위해 변모된 본질의 존재 양태인 理와 氣 중에서, 天地之理를 얻어서 性을 형성하였으므로 인간 본성은 참으로 至善하고 至極해야 할 텐데, 본성 판단에 대한 견해가 性善說과 性惡說로 갈라진 이유는 무엇인가? 이것을 儒家에서는 理는 고유한 순선 그대로이되 오직 天地之氣를 얻어서 된 體에 청탁순잡-淸濁純雜이 있어 본시 얻은 性이 흐려지고 맑아지는 차이가 생긴다고 했다. 그렇다면 天性인 본성은 누구라도 어찌할 수 없다. 그래서 우리는 모두 일단 인간으로 태어나서 인간으로서 행세하고 있다. 하지만 문제는 그 다음이다. 天地之氣를 얻어서 된 體에 대한 관리를 어떻게 하는가에 따라 본성이 惡하고 善하다는 차이가 난다. 惡人도 인간이고 善人도 인간이다. 하지만 동일한 天地之理와 天地之氣를 받아 태어난 본성의 행실 결과에 따라 善惡이란 極大 對待로 갈라지게 된다는 것은 심각한 문제이다. 본래부터 창조 과정으로부터 하나님의 존재 본질이 창조 본체로서 변모된 것을 일컬어 氣化라는 말로서 표현했거니와, 창조 이후로도 氣는 인간의 바탕을 이룬 體로서, 뜻과 의지에 따라 변모된다.191) 그러므로 본성은 항상 바탕체인 氣의 생성과 충일성 여부에 따라 끊임없이 형성되고, 기력의 충일성과 지킴 여부로서 견지되고 있는 시스템이라고 할 수 있다.

---

190) 『중국사상사』, 앞의 책, p.207.
191) “만물이 생성되면 氣는 그들 각자의 물질적 형체를 이루고 理는 그들의 본성이 된다.” - 「이황과 이이의 우주론과 인성론 비교 정리」, 앞의 소논문, p.우주론.

그렇다면 이 같은 氣質之性, 곧 본성을 이룬 바탕체를 변모시키고 善惡이란 차이를 내게 한 요인은 무엇인가? 여기에 대해 자칫 天地之理에 대해 차이가 분명한 氣質之性에 의해 氣 자체에서 오는 청탁순잡에 원인이 있는 것으로 알기 쉬운데, 하나님의 창조 요소인 氣는 理와 더불어 性과 刑을 이룬 역할 외에 순선무탁한 것은 마찬가지다. 理는 인간이 가질 수 있는 무한한 잠재 가능성을 함축시킨 역할이고 氣는 이 같은 가능성을 담아 놓은 그릇이다. 그런데도 다만 理氣에 차이가 있다면 하나님의 존재 본질은 하나님의 뜻에 의해 변모되듯 혹은 내 마음과 노력 여부에 따라 감정이 순화되듯, 理는 절대적이되 氣는 理가 규정한 목적에 따라 변모된다는 데 있다.

그렇다면 인간된 실존 내에서 본성의 바탕체인 氣質之性을 변화시키는 핵심 요소는? 心이다. 마음의 상태 여부가 氣質性의 청탁순잡에 영향을 끼치고 그것이 善惡의 본성을 결정한다. 모든 것은 마음먹기에 달렸다는 말이 있듯, 본성은 마음의 주체적인 작용력에 의해 형성된다. 善惡의 근원은 氣 자체의 청탁 여부에 달려 있지 않다. 하나님도 창조도 무엇도 氣에 불순물을 섞어 넣지는 않았다. 그야말로 天地之性의 순구함 자체이다. 어찌 출고하는 새 차에 흠집이 있게 할 것인가? 완성된 완제품뿐이다. 우리가 부여받은 天性은 理와 氣 각각의 측면에서 고유하다.

흔히 天性의 대표로서 맹자는 사단(仁·義·禮·智)을 내세웠는데, 측은지심－惻隱之心과 수오지심－羞惡之心과 사양지심－辭讓之心과 시비지심－是非之心은 인간의 善惡 본성에 영향을 입지 않는 하나님의 절대 품성이다. 맹자는 아무리 악한 사람이라도 아이가 우물에 빠지려는 순간을 목격했다면 바로 그 天性인 惻隱之心의 발동으로 구하려 했을 것이라고 했는데, 이를 통해 惻隱之心의 天性的 보편성에 대해서는(惡人도 天性을 가짐) 잘 지적했지만, 이 같은 논리를 근거로 性善說을 주장한 것은 잘못된 판단이다. 四端은 인간이면 누구나 본성적으로 지닌 천부의 차별성이 없는 절대 품성이다. 동기 발동에 장애만 없다면 惡人도 天性을 따르게 되어 있다. 하지만 天性을 지녔다 한들 평상시 악한 마음을 가지고 악한 일을 행한 인간이 惡人이 아닐 수는 없다. 우물에 빠진 아이를 구하려는 마음의 발동은 오히려 내면 깊숙이 잠재된 天性의 무의식적인 발로이다. 그 같은 본성의 일면 표출로서 그가 善人으로 전면 교체되는 것은 아니다. 惡人에서 善人으로의 전향은 마음의 자각과 깨달음과 개과천선에 따른 것이다. 그리고 그 같은 마음의 발동 이면에는 기질의 탁·잡을 제거하고 전환, 승화할 수 있는 소정의 절대 헌신 행위가 필요하다.

인간의 본성은 하루아침에 잃어버리거나 이루어지는 것이 아니다. 인간은 주어진 본질로부터 근본을 형성하는 것이나니, 위대한 人性도 추악한 人性도 그것은 결코 보인 한 세대 동안에 쌓여진 것이 아니다. 지금 깨닫지 못할진대, 그 같은 무지와 어리석음과 원초적인 죄악이 언제부터 반복되고 쌓여진 것인가? 그래서 惡性은 인간이 헤어나지 못하는 인생 최대의 족쇄걸이이다. 그 골이 깊을진대 인간은 평생을 바쳐 참회, 회개, 희생하여 본성을 회복하고 전환하는 것을 현안으로 삼아야 한다.

心은 인간 본성에 있어서 중심적인 역할을 담당한다고 해도 과언이 아니다. 창조로 인해 부여된 일체 본래성(天性)을 활성화하고 완수, 완성할 것인가의 여부를 결정한다. 하나님의 창조 뜻이 하나님의 존재 본질을 변화시켰듯, 心은 인간의 존재된 뜻과 의지를 반영하여 바탕된 氣的 본질을 변화시킨다. 心이 본성 가운데서 무엇을 쌓는가에 따라 본질로써 근본을 쌓아 氣의 생명 에너지를 충만시킨다. 하나님의 존재 본질이 氣化, 축적되어 창조를 위한 근간을 이루었듯, 인간 본성은 心이 어떤 존재 목적을 위해 노력하고 정진하고 생애를 불태웠는가에 따라 영원성을 지향한 탄탄한 기반을 조성한다.192)193) 四端은 心으로서도 어찌할 수 없는 천품이로되, 七情은 心의 컨트롤 하에 놓여 있는 情, 곧 喜·怒·哀·樂·愛·惡·欲이다.194) 七情은 인간 본성(性, 命, 心), 그중에서도 心의 작용에 의한 氣質의 변화 실존 상태이다. 한 본체 본성인 心이 시시때때로 모습을 달리하는 것일진대, 이 같은 변화의 일시적인 모습이 七情인 상태라면, 벗어날 수 없을 정도로 고착화된 것이 개개인으로서 색깔을 드러낸 본성이다.195)

본성은 하나님의 命에 의하여 형성된 것이나, 命을 心이 잘못 해석하거나 부인하거나 무관하게 행동하면 책임이 고스란히 인간 자신에게로 돌아간다. 종국에 심판이 없을 것 같은가? 본성을 일깨우고 성장시키고 종국에 완수해 나가야 하는 것이 인간이 걸어가

---

192) "하나님의 존재 속성인 본질은 뜻에 따라 의지력을 분열시키고, 뜻의 성향이 주는 특성에 따라 본질로 축적되며, 축적된 본질은 氣란 에너지로 충만되어 그 에너지가 창조력으로서 한껏 발산되었다. -『세계창조론』, 제3편 조물론, 앞의 책, p.450.

193) 惡은 순전히 心의 작용 결과로서 생동하는 氣를 혼탁케 하여 본성을 고착화시킨 것임.

194) 『세계철학대사전』, 박영근 발행인, 고려출판사, 1992, p.473.

195) "성리학에서는 性은 理에 心은 氣에 분속시키고, 性은 불변적인 純粹之善한 그대로이나 心은 가변적인 것으로 善惡이 가능하다는 가치 실현의 가능성을 부여했다." -「주자철학에 있어서 공맹 천인관의 승수와 전개」, 앞의 논문, p.167.

야 할 길이다(率性之謂道). 하나님이 命하심으로써 형성된 것이 고귀한 본성일진대, 이 性을 우리는 신명을 바쳐 지켜야 한다.

6. 본성 규정

칸트는 "별이 총총한 창공을 우러러보면서 광대무변하고 한없이 지속되는 우주 속에서의 인간 모습을 생각하고 거기에서 인간은 덧없는 순간이나 다름없는 생명을 받은 존재임을 깨달았다."[196]라고 술회했다. 우주는 무한하기만 하고 덧없는 것이 인생이라고 할진대, 그래도 이 같은 일체의 허무와 무량함을 극복할 수 있는 길이 있다면 그것은 인간의 본성을 규명하려 한 노력 행위일 것이다. 만약 본성이 규명될 수 있다면 우주 가운데서 인간이 위치한 정확한 좌표가 설정될 수 있을 것이고 궤도를 이탈하지 않은 인생에 있어서 인생의 허무는 극복될 수 있을 것이다. 하지만 항상 어려운 것은 무형의 본질로서 형성된 본성 자체이다.

본성은 어떻게 탐구되어야 할 것인가? 서양 과학자들이 자연의 제반 현상을 탐구하여 물리적인 법칙을 발견하였다면, 동양에서는 주로 "인간의 본성 이치를 탐구한 학문이 있었는데 이름하여 성리학이다."[197] 儒家의 성리학은 인류로 하여금 인간의 본성을 규명할 수 있는 지혜 단초를 성심을 다해 제공했다. 자연을 탐구하기

---

196) 『도덕과 종교』, 앞의 책, p.3.
197) 「율곡철학의 신체관에 관한 연구」, 앞의 소논문, p.2.

위해서는 자연 자체가 대상이 되어야 하듯, 본성이 무엇인가 하는 것은 그 본질을 추구함으로써 드러난다. 그중에서도 자체 본성이 가장 순수한 일차적 대상이다. 본성에는 어떤 비밀 코드가 함재되어 있는가? "天理를 품수한 본성에는 萬理가 갖추어져 있다."[198] 어떻게 해서 본성이 天理를 품수할 수 있었는가에 대해서 성리학은 정확한 근거를 밝히지 못했지만, 창조에 의거되었다는 것은 이제 거의 확정된 관점이다. 본성은 본성만으로 독야청청하지 못한다. 본성은 항상 天과의 관계 속에 있다. 그래서 본성은 인간 자체로서는 아무리 노력해도 규명할 수 없었다(?). 天과 人과 발 디딘 현실 세계관이 함께 밝혀져야 하는 어려운 노정 작업이다. 자기를 아는 것이 본성을 아는 것이고 본성을 아는 것은 天, 곧 神을 아는 첩경이다.[199] 본성을 규명할 수 있는 방법론의 기본틀이다.

본성이 곧 세계에 가로놓인 창조란 비밀의 문을 열어젖히고 본향에로 이를 관문이라고 여겼기 때문에, 선현들은 "본심을 간직하고 본성을 기르는 것(存養)이 하늘을 섬기는 길이고, 한 점 미혹됨 없이 열심히 몸을 닦아 기리는 것이 命(天命)을 지키는 길"[200]이라는 것을 역설할 수 있었다. "『주역』에서는 사물의 理를 궁구하고 사람의 性을 다함으로써 하늘의 命에 이른다."[201]라고 하였고, "이천은 인간의 본성이 理라고 보아(性卽理), 理를 궁구하면 性을 다하게 되고, 性을 다하면 天命(＝天道)을 알게 된다(이정유서)."[202]고 했다.

---

198) 「주자철학에 있어서 공맹 천인관의 승수와 전개」, 앞의 논문, p.163.

199) 『데카르트의 철학과 사상』, 이등언 저, 김문두 역, 문조사, 1994, p.18.

200) "본성을 아는 것이 곧 하늘을 아는 것." - 『동양적 가치란 무엇인가(논어의 세계)』, 송복 저, 지식마당, 2004, p.249.

201) 『유교의 이해』, 앞의 책, p.75.

　요약하면, 이것은 인간의 본성을 아는 방법론을 논하고 길을 밝힌 것이라고 할 수 있겠는데, 그것의 대개란 바로 자신을 다함으로써였다. 자신을 다한다는 것은 삶의 전부를 바쳐야 하는 일이라 참으로 어려운 일이다. 창조된 본성은 통합적으로 존재하는 본래성이므로, 본성은 끊임없는 추구를 통한 자각을 통해 본래 모습이 드러난다.203) 그것도 분열하는 시공간에서 존재성을 완전하게 분열시켜야 하므로, 여기에는 전 인생 영역을 장악한 철저한 목적의식과 수행이 병행되어야 했다. 본성에 내재된 심원한 창조성의 분열을 촉진시키기 위해서는 본성을 일구어 낼 끊임없는 자각이 필요하다.

　같은 계통이면서도 서양의 심리학은 "인간의 인지 기능인 감각, 지각, 학습 기억, 사고"204) 등을 대상으로 하여 연구했지만 본성 문제와는 거리감이 큰 반면, 인생 자체를 분열시키는 방식은 무형인 본성의 존재 형태를 파악할 수 있는 첩경이다. 곧 존재의 형태 파악은 자체 지닌 본질성의 분열을 촉진시킴으로써 구조를 인식할 수 있다. 의식의 분열은 의식의 형태를 나타내고 세계의 분열은 세계의 형태를 나타내듯, 본성의 규명은 자체인 인생 전체가 동원되어야 한다. 존재의 본질은 그를 뒷받침한 의지의 규명을 통해서이고 의지는 의지로서 인생을 추진한 인생 과업을 완수함으로써이다. 결과로 인간 의지가 분열을 다하면 참된 본성으로서 모습을 나타낸다. 『中庸』에서는 인간이 부여한 生을 통해 性을 다할 것을 강조했는데,205) 이유는 誠을 다해야 인생 의지가 완전하게 분해될

---

202) 「주자의 이기 심성론에 관한 연구」, 앞의 논문, p.23.
203) 삼세간에 걸쳐 본성이 현존함으로 초월적으로는 인식이 불가능함. 분열이 다할 때까지 기다려야 함.
204) 『심리학 개론』, 김정우 외 9인 공저, 한국방송통신대학, 1991, p.82.

수 있고, 그리하면 誠이 하늘에 가 닿는다. 곧 본성 가운데 내재한 원초적인 天性을 온전히 추출한 경지에 도달한다.

이렇게 선점한 본성 탐구의 방법론과 誠을 다한 인생 노력을 통해 맹자는 인간의 본성 가운데는 양지양능 - 良知良能이 있다는 것을 발견하였고, 왕양명은 이를 선양했다. 양지양능은 다름 아닌 인간의 본성 가운데 내재한 창조의 본성 바탕인 天性의 발견 안목이다. 『大學』에서 말한 明明德도 같은 바탕에 근거한 계통이다. "양능은 배우지 않고서도 갖는 직관적 능력이며 양지는 사려함이 없이도 갖고 있는 직관적 지식이다. 어린아이는 부모를 사랑하는 방법을 알고 성장해서는 형들을 존경하는 방법을 안다. 배워서 된 것이 아니다. 이것들은 다 하늘에 속한 것이다."206) 양지양능은 자세히만 살펴보면 본성의 곳곳에서 발견되는데, 이것은 본성을 심오하게 통찰한 안목이다. 양지양능은 인간이 창조됨으로 인한 天性 일면이다. 天性의 전모가 아닌 단초이기에 창조로 인한 본성 구축의 일면이었다는 것을 알기 위해서는 삶을 바친 철저한 生의 분열 의지와 세계관과 교류된 天의 본성까지 규명해야 했다. 인간의 본성은 사상적 전통이 잘 순숙한 여건에서라야 알맹이를 건져낼 만한 열매가 열리는 법이라, 제반 여건이 충족된 가운데서 儒家가 결실을 이룬 열매가 곧 天地之性과 氣質之性에 대한 논의와 추출 성과들이다.

天地之性은 하나님이 가지신 천부의 본성이고 氣質之性은 변화를 받아 氣化, 命化의 과정을 거쳐(창조) 부여받은 인간의 본성이

---

205) 『세계창조론』, 제4편 창조증거론, 앞의 책, p.711.
206) 『신유학 사상의 전개(1)』, Carsun Chang 저, 이진표 역, 형설출판사, 1998, p.528.

다. 물론 儒家가 본 관점과 일치되게 자체 본성을 규명한 것은 아니므로, 여기에 대한 논의는 따로 있어야 한다. 하지만 인간의 본성을 天地之性과 氣質之性으로 나눌 수 있었다는 것만으로도 儒家는 인간 본성의 창조 바탕성을 인정한 지대한 공적을 지울 수 없다. 그렇기 때문에 본 부수 작업에 의해 본성이 규명되기에 이른 것이다. 인간의 본성 가운데는 人性뿐만 아니라 天性에 근거한 제반 흔적이 발견된다. 天地之性 자체와 양지양능, "天理를 품수한 연후에야 본성으로 구체화될 수 있는 仁·義·禮·智·信(五常)"207)이란 천부 품성 같은 것이 그것이다. 그리고 天地之性으로부터 변화를 입은 氣質之性을 유추하였다는 것 등은 인간의 창조를 증거하기 위한 전초 섭리 역할이다.208) 이를 위해 儒家는 연면한 역사를 이었다.

"宋明 시기의 理學者들은 天性과 인위의 관계를 새롭게 해석해, 人性을 天地之性(天命之性 혹은 本然之性)과 氣質之性으로 나누었다."209)210) "天地之性은 至善한 天道, 즉 太極의 生生之理를 인간이나 만물이 받아 가지고 있는 것을 말한다."211) 달리 말하면 人性 가운데 天性의 면모를 갖추었다는 것이고, 人性이 天性을 근거로 창조되었다는 뜻이다. "적연부동 – 寂然不動의 미발 – 未發

---

207) "五常은 인간 본성의 바탕 내용인 동시에 인간 행위가 지향하는 최고의 가치임." – 「주자 철학에 있어서 공맹 천인관의 승수와 전개」, 앞의 논문, p.179.

208) 儒家에서 "性은 인간이 天理를 품수한 것(위의 논문, p.167)"으로 규정하였는데, 이것은 인간이 하나님의 존재 본질에 근거하여 창조된 것에 대한 신학적 입장임.

209) 『천인관계론』, 동우 저, 김갑수 역, 신지서원, p.255.

210) "장재는 중국 고대의 인성 학설 사상 최초로 天地之性과 氣質之性의 性二元論을 제시하는 한편, 天地之性을 높이고 氣質之性을 끌어내려 여러 가지 모순 상황에 빠져들었다." – 『중국철학과 인성의 문제』, 앞의 책, p.183.

211) 『동양철학의 본체론과 인성론』, 앞의 책, p.266.

의 상태로서 지선순잡 - 至善純雜하여 우주 본체에 비할 수 있다."212) 하나님 자체인 天的 존재 본질인 동시에 창조로 인해 인간이 지닌 本然 바탕을 이루기도 한 것이라, 초월됨과 동시에 내재된 性이다. 이에 비해 "氣質之性은 이발 - 已發의 상태로서 氣의 정편 - 正偏 청탁을 함유하고 性의 善惡을 혼유 - 混淆한다."213) 그래서 "天地 之性은 理를 지칭한 것이고 氣質之性은 理와 氣를 잡언한 것이 다."214)

그런데 天地之性의 본래성, 절대성, 순수성, 초월성, 先在性, 본 체성에 대해서는 이론 - 異論이 없는데, 氣質之性의 분류에 대해 서는 견해가 분분하다. 인간에게 내재한 天性은 고유하고 절대적 인 데 비해 인간은 다양할뿐더러 특히, "性을 구분한 경향은 일반 적으로 性善說을 긍정하는 입장에서 善과 惡의 근원에 대한 문제 를 해결하기 위해 제시된 것이었다."215) 기독교 신학에서도 왜 전 지전능한 하나님이 천지 만물을 완전하게 창조하였는데도 불구하 고 세상 가운데는 惡이 엄연하게 현존하고 있고 악인의 계보가 끊 이지 않는가란 문제 제기 관건과 동일하다. 그리고 그 이유에 天 地之性의 고유 절대성에 대한 氣質之性의 바탕 변화성이 있다.

"주돈이는 사람이 하늘로부터 받은 本然의 性은 순수하고 至善 한 것이라 하였고, 氣質之性은 剛善, 剛惡, 柔善, 柔惡으로 각기 다르게 드러난다고 했다."216) 왜 기질로서의 존재성은 변할 수 있

---

212) 「동양 천관념의 종교학적 연구」, 앞의 논문, p.26.
213) "形而下의 氣는 시공 가운데 있는 구체적 사물이며, 形而上의 道는 시공을 초월해서 영 존하는 추상적 理이다(풍우란)." - 『퇴계사상의 연구』, 전두하 저, 일지사, 1978, p.34.
214) 위의 논문, p.26.
215) 『장재』, 함현찬 저, 성균관대학교출판부, 2003, p.96.

고 드러남을 다양하게 하는가? 그 이유로서 氣가 質로서의 청탁순잡에 따른 차이를 들었다. 그렇다면 청탁순잡은 어디서 드러난 차이인가? 하나님이 아예 창조 때 나쁜 열매를 맺을 나무와 좋은 열매를 맺을 나무를 결정하신 것인가? 자칫 오해를 불러일으키고 宋儒들도 구체적으로 설명하지 못한 난제가 여기 있다. 인간이 창조 시 理는 무형의 본질 형상인 性을 이루고 氣는 그것을 담아낼 그릇으로서 刑을 이룬다고 했으므로, 理든 氣든 天性으로부터 분구된 것은 마찬가지다. 하나님으로부터 부여되었는데 不善이 뒤섞이고 차별이 있겠는가? 그렇다면? 앞 절에서 밝힌 바대로 인간 개개의 心과 의지 작용 때문이다.

본성을 담은 바탕체인 氣 자체는 순선한 본래성인 것이지만, 부여받은 본성을 주재하고 움직이는 의지와 마음 작용에 따라 발동 방향이 달라 기질에 차이가 생기게 되었다. 그런데도 朱子처럼 "理는 순정으로 善인 것이지만, 氣는 정조청탁의 성질을 가진 것이므로 理의 본래 상태를 잃을 가능성을 갖는다."[217)라고 하게 되면, 마치 氣 자체가 정조청탁에 있어서 차이를 지닌 것처럼 오해를 사게 된다. 기질은 변할 수 있지만 변하게 하는 것은 氣가 아닌 心이다. "주돈이는 사람의 性은 원래 순수하고 지극히 善하지만 바깥 사물에 감응하여 惡하게 되는 것이므로 主靜과 無慾으로 본성을 보존해야 한다고 했듯",[218) 그렇게 감응하는 것도 마음이고 보존할 것도 마음이다. 마음이 본성을 담은 氣의 善惡 바탕을 조

---

216) 『중국철학과 인성의 문제』, 앞의 책, pp.112 – 113.
217) 『중국사상사』, 앞의 책, p.233.
218) 『유교의 이해』, 앞의 책, p.26.

성했다. 사람의 본성은 규정론적인 것도 발달론적인 것도 아닌 이성과 본성, 아니 天性과 心性에 의해 대립된 것이다. "아리스토텔레스는 모든 실체는 일정한 가능태를 지니고 있다."[219)라고 했다. 天地之性도 어쩌면 일체 만상과 인간 본성 위에 주어진 일종의 차별 없는 가능성 양태이리라. 이것이 氣質之性에 이르러 천차만별로 차이가 났다. 마음의 작용이 혼명청탁−昏明淸濁이란 차이를 피할 수 없게 하고, 이 같은 기단−氣亶의 차이가 순수한 본연 그대로의 性의 발현을 제한하여 자연히 性의 발현에 있어 차이를 발생케 했다.[220)

인간의 본성 가운데는 四端과 같은 천부 품성(절대 본성)이 함재해 있고 人性인 心의 영향 아래는 七情이 있다.[221) 七情은 心의 감동과 자극 여하에 따라 본성의 형성에 있어 심대한 영향을 끼치므로 이 같은 본성의 情을 어떻게 컨트롤하는가 혹은 慾心의 방향으로 치우치는가에 따라 善惡이 나뉜다.[222)[223) 즉 七情에 걸친 감정은 사람이 태어날 때부터 인간을 이룬 본성으로서 갖추고 있는 것이라,[224) 七情의 단계를 넘어 四端에까지 나아갈 때[225) 그

---

219) 『아리스토텔레스의 정치 철학』, 양창삼 저, 대영사, 1982, p.39.

220) 「주자철학에 있어서 공맹 천인관의 승수와 전개」, 앞의 논문, p.163.

221) 七情의 뿌리를 본성이 가지고 이를 움직이는 것은 心이다. 그리하여 七情으로 인해 본성이 변화를 입은 상태(氣化)가 곧 氣質之性임.

222) 「주자철학에 있어서 공맹 천인관의 승수와 전개」, 위의 논문, p.18.

223) "一陰一陽하는 生生 과정을 통하여 존재자들이 생겼듯, 천지와 人·物을 막론하고 生生을 계속하고 그 生生의 道를 잇는 것이 善이고(天性과의 교감을 지속함) 중단하거나 잇지 않는 것이 惡임."−『동양철학의 본체론과 인성론』, 앞의 책, p.266.

224) 『신유학 사상의 전개(1)』, 앞의 책, p.243.

225) "性은 善惡을 지향한 일정한 지향성으로서의 기호임(다산)."−『한국의 성리학과 실학』, 윤사순 저, 열음사, 1987, p.146.
"인간의 본성은 같지 않음이 없으나 氣에 있어서는 서로 다름이 있는 것이다."−『사서집주』, 중용 1, 주자 저.

것을 우리는 聖人之道라 일컫는다.

그러므로 우리는 인간의 본성을 天地之性과 氣質之性으로 구분함과 아울러 지신에게 부여되고 갖추어진 天性을 자각하고 발견함으로써 기질을 선도하려는 노력을 게을리 해서는 안 된다. 본성이 天에 근거하고, 하나님으로부터 창조되었다는 것을 알고 사는 것과 모르고 사는 것과의 차이는, 마치 집에 보물이 있다는 것을 알고 모르는 것과의 차이와 같다. 알면 유용할 수 있지만 모르면 필요할 때도 힘이 되지 못하고 썩혀버리고 말 것이듯, 우리는 天性의 규명을 통해 온갖 가치로운 천부 품성, 곧 하나님이 부여하신 仁·義·禮·智와 같은 가치 덕목들을 일구어 내어야 삶을 영화롭게 할 수 있다. 최소한 인간의 본성이 惡과 부화뇌동하는 것은 막을 수 있으리라.

7. 본성 가치

본성적인 가치 설정은 세계관의 영향이 크다. 인간의 본성 본질이 정초되지 않은 상태에서 규정된 제반 가치는 모래 위에 지어진 집과도 같아 유동적이다. 인간이 아무리 빼어나다고 주장해 본들 세계 가운데서의 자리가 확고하지 않다면 그것은 참칭일 뿐이다. 그리고 무엇보다도 인간 가치는 자타가 인정할 수 있어야 한다. 모두 그렇다고 주장했어도 자신이 인정할 수 없는 가치는 소용이 없다. 그래서 모두 공히 인정할 수 있기 위해서는 세계관에 근거해서 정확하게 밝혀지는 것이다.

본성이 밝혀져야 가치가 규정된다. 본성과 가치는 본질적, 통합적이다. 천동설을 세계관으로 했던 서구 중세인들에게 있어 "코페르니쿠스의 태양중심설은 큰 충격이었다. 그의 학설은 지구와 인간의 지위를 우주의 중심에서 주변으로 전락시켜 버렸다."[226] 왜 지구와 함께 으뜸가는 주민으로서 자랑스러웠던 지위가 미미한 존재로 전락하고 말았는가? 그것은 인간을 확고하지 못한 세계관 위에 정초시킨 때문이다. 우주가 아무리 광대하고 지구가 아무리 미미하더라도 인간의 본성 가치는 고유하고 변함없어야 한다. 그런데 추락한 본성 가치를 서구인들은 다시 회복해 놓았는가? 방치한 지 오래되었다.

이에 비해 인간을 만고불변한 반열 위에 올려놓고자 했던 노력은 儒家 문화에 의해 대행되었다. 기독교는 말만 앞세워 神이 인간을 창조하였다고 했을 뿐, 가치를 제대로 설정하지 못했다. 그러나 유교는 그렇지 않았다. 天人 간의 끊임없는 관계 설정 노력으로 인간의 본성을 天性에 준하도록 격상시켰다. 이것은 참으로 만물을 낳은 天으로서의 역할이고 부여받은 자가 일군 자존 가치이다. 주돈이는 "天의 속성을 誠으로 규정하여 이것이 인간에게 본성으로 부여되었다고 주장했다."[227] 이천의 말을 충실히 따른 朱子는 "만물의 본질은 天理인데, 이 天理가 인간 안에 내재하는 것을 性이라고 불렀다."[228] 人性의 바탕이 天性에 있다고 본 만큼 人의 속성이 天의 본성을 부여받았고, 性이 天理를 따라 닮았다는

---

226) 『서양교육사상사』, 앞의 책, p.214.
227) 『유교윤리와 인도주의』, 앞의 책, p.190.
228) 『중국사상사』, 앞의 책, p.30.

것을 논증하고자 했다. 인간 가치의 부동함을 결정짓기 위해서이다. 天이 만상과 인간을 낳았으되, 물리적인 理로서 동떨어지지 않고 天理로서 이룬 것이 性이라는 것을 주장하게 되었으며, 이것은 결국 하나님이 인간을 창조한 것에 대한 유교식 표현이다. 『中庸』에서는 하늘이 끊임없이 명령하는 바를 性이라 하고 그 性을 따르는 것이 인간의 길이며 길을 항상 닦는 것을 敎라고 했는데, 이것은 天性과 人性과의 관계를 한 통속을 이룬 일체 관계로서 정확하게 표현한 것이다. 인간이 하나님의 天性을 본받아 天의 형상대로 창조되었다는 것을 증거하고 인정할 수만 있다면 인간의 가치 규정은 확증되고 본무 역시 확고해진다.

인간은 하늘의 복사판이기 이전에 하나님으로부터 창조된 순수한 목적체이므로 이 같은 본성 가치는 성현들이 자존을 인정했다고 해서 그대로 믿고 따를 것이 아니다. 스스로 가치를 확인하고 지고함에 도달할 수 있는 노력을 병행해야 한다. 孔子는 『孝經』에서 "인간은 天地의 性을 부여받았으므로 가장 귀하다."229)고 했다. 주돈이도 "인간만이 빼어남을 얻어 가장 영험하다고 함으로써 만상 가운데서 인간의 차별적 지위를 확보하고자 했다."230)

"오직 인간은 그 빼어난 기운을 얻어 가장 영특하니 형체가 이미 생김에 神이 지혜를 발한다."231)

朱子도 역시 "사람과 사물이 모두 太極의 理를 타고났지만 오

---

229) 『유교의 이해』, 앞의 책, p.89.
230) 『유교윤리와 인도주의』, 앞의 책, p.115.
231) "惟人也 得其秀最靈." -『태극도설』, 주돈이.

직 인간이 얻은 氣만이 홀로 빼어났기 때문에 마침내 心을 갖게 되었다."232)라고 했다. 만물 가운데서 오직 혹은 가장이란 최상의 형용사를 갖다 붙였는데, 이것은 성경에 기록된바 인간이 특별히 하나님의 형상대로 창조되었다는 차별법과도 같다. 그중에서도 朱子는 인간이 빼어난 구체적인 근거를 들었는데, 그것이 心이다. 진화로 치면 물질, 생명에 이어 최고의 단계인 心까지 인간이 지녔다는 것이다. 인간은 현존하는 존재 중 최상체이다. 그런데도 인간이 최고조에 달한 진화의 현실체이기 때문에 존귀하다고 본다면 그것은 잘못된 가치 설정이다. 진화라면 그 위치는 다시 바뀔 수 있다. 進化論은 인간의 본성 가치를 규정할 확고한 세계관이 아니다. 인간은 하나님을 닮아 창조되었기 때문에 만물의 영장일 수 있는 것이고, 일체를 사고하고 가늠할 수 있는 영통心을 가지게 되었다.

우주 가운데서 우주를 생각할 수 있는 사고력을 가진 인간이 존재한다는 것은 참으로 귀이한 일이다. 망망 우주에 인간이 존재한다는 것은 고스란히 하나님의 살아 계심을 입증하는 근거이다. 인간은 "가장 영명한 五常의 性을 갖추었을뿐더러",233) 그 가치가 지극한 만큼이나 세상 위에서 수행해야 할 책무 또한 막중하다. 만약 인간이 "뛰어난 본질을 부여받지 못하였을진대, 인류는 오늘날과 같은 진보와 높은 문명 세계를 건설하지는 못했을 것이다."234) "인간만이 天으로부터(하나님) 순선－純善한 본성을 얻었고 이를 제대로 발현할 수 있는 氣를 갖추어 모든 존재 가운데서도 가장

---

232) 「주돈이에서의 우주와 인간 연구」, 앞의 논문, p.42.
233) 『동양철학의 본체론과 인성론』, 앞의 책, p.269.
234) 『새로운 인간도의 제창』, 앞의 책, p.59.

빼어난 존재가 되었다.”235) 하나님에 의해서건 인간에 의해서건 만상 가운데서 선망되고 기대되는 존재이다. 세상 가운데는 “天·地·人 三才가 있다 하나 궁극적인 진리의 담지자는 天도 地도 아닌 人이다.”236) “인간은 세계에 대하여 인식의 주체자일 뿐 아니라 온 생애를 통한 가치 창출자이며 세계 역사의 판단자이다.”237) 天은 세계의 기준이고 “人은 天理의 대행자, 대성자로서 만물의 중심을 이룬다.”238)

그렇다면 인간이 고귀한 것은 무엇에 의해서가 아니라 창조로 말미암아 일체 가치를 보유하고 있다는 데 있다. 인간은 온통 진리로써 구성된 가치 덩어리이다. 본성 가치는 남이 규정한 것을 믿고 따르기 이전에 직접 진리로서 산출하는 것이다. 이것을 온 생애 과정을 바쳐 일구고 확인할 수 있어야 한다. 이것이 生의 목적이고 어쩌면 구원 자체일 수도 있다. 최상의 진리를 일구고 죽을 수 있다면 그것은 최고의 인간 가치를 실현한 것이다. 하나님의 창조 가치를 펼친 天理의 대행자이고 인생 목적을 이룬 구현자이다.

---

235) 『유교윤리와 인도주의』, 앞의 책, p.117.

236) 『주역의 이해』, 곽신환 저, 서광사, 1990, p.307.

237) 『세계본질론』, 졸저, 청학사, 1997, p.47.

238) 「주자철학에 있어서 공맹 천인관의 승수와 전개」, 앞의 논문, p.28.

제3장

인간의 본질 규명

1. 인간의 수양 본질

인간의 본질은 인간이 인간일 수 있는 본성을 결정
짓는다. 인간을 창조하고 결정한 아무런 원칙이 없다
면, 인간이 살아가야 할 원칙도 없어야 하고 본질도 규정지어질
수 없다. 그러나 인간은 창조되어 특징을 드러내었기 때문에 본질
은 결정지어진 것이고 그렇게 해서 결정된 제반 본질에 의해 인간
의 본질이 규명된다. 본질로서 추출된 모습이 곧바로 본성의 규명
으로까지 이어진다. 인간의 숭고한 본질 규명은 소정의 절차를 거
친 사명에 입각해야 한다. 선행된 우주관의 정립과 진리적 해결이
필수 조건이라고 했는데, 이것을 이 연구는 인간 창조 시 바탕된
天性에 입각해서 해결하고자 한다.

사람이 인간된 본질을 모르면 노력해도 성과가 없고 위대한 본
성을 고무할 수 없다. “세상에 한두 번 잘못을 하지 않은 사람이
어디 있는가? 도둑질, 거짓말, 음란한 행위를 저지르면서 살아간다.
만약 도덕적으로 완벽하다고 자처하는 사람이 있다면 그는 목석
아니면 위선자이리라.”239) 인간이 그런 것이라고 본 합리화의 넋두

리이다. 이에 대해 임제 선사는 "그대들이 발가벗은 몸뚱이에 더없는 참사람(無立眞人) 하나가 있어서 늘 그대들의 눈과 코와 귀와 입으로 드나들고 있으니, 그가 이르는 곳마다 그를 주인으로 삼으면 모든 일이 참되리라."[240]라고 했다. 참사람이 있다는 것을 깨닫고 자나 깨나 주인으로 삼으면 모든 일이 참될 수 있다. 인간이 아무 기준 없이 살 수 없는 이유를 일깨운 것이다. "나무는 먹줄을 놓아 깎으면 곧게 되고, 쇠는 숫돌에 갈면 날카로워지고, 君子는 널리 배우고 날마다 자주 반성하면 지혜가 명철해지고 행동에 과오가 없게 된다."[241] 순자가 性의 근원을 惡에 둔 것을 제외한다면 유교 학설은 대개가 인간의 본성이 본래 맑고 순선한 것으로 보아 이것을 어떻게 발양시킬 것인가 하는 것을 과제로 삼았다. 어떻게 인간의 본성을 갈고 닦으면 청정해지는가? 이것은 모름지기 본래 性의 근원이 善함으로써이다. 天性에 바탕된 때문이다.[242] 인간에게 수양의 증진 가치가 잠재된 것은 인간의 창조 상황을 증거하는 본질 메커니즘이다. 수양은 본성 가운데 잠재된 거룩한 창조성을 발양해 성스러운 자기 계발을 유도한다. 세상 이치로 볼 때 처음부터 신선하지 않은 것은 없다. 하지만 갈고닦지 않으면 더럽혀지고 마는 것 역시 세상 이치이다. 인간의 본성 바탕이 처음부터 惡하였다면 어떤 교육적 시도로도 개선의 여지가 없다. 하

---

239) 『통회하는 마음』, 공원석 저, 삼육사, 1996, p.88.

240) 『불교수행요론』, 박현 저, 바나리, 2001, p.22.

241) 『순자』, 근학 편 - 「순자의 인성관과 교육사상」, 문현상 저, 전남대학교교육대학원 교육행정전공 석사학위논문, 1982, p.13.

242) "모름지기 性의 근원이 본래 善하여 그 발현 역시 善하지 않음이 없는 것이니……." -「주자철학에 있어서 공맹 천인관의 승수와 전개」, 최영찬 저, 충남대학교대학원 철학과 동양철학전공 박사학위논문, 1990, p.169.

지만 인간은 창조되었기에 처음부터 신선한 것이었고, 天性에 바탕되었기에 더렵혀졌더라도 수양하면 회복할 수 있다. 이것이 인간이 수양을 모토로 해야 하는 이유이다.

맹자의 性善說은 하나님께로 나갈 수 있는 길을 튼 반면 순자의 性惡說은 더 이상의 선험 宇宙論을 허용하지 않는다. 억지 주장이 될 수밖에 없다. 더군다나 인간의 본성 가운데는 七情이란 본능 덩어리가 있는데, 본성 근원을 惡에 두면 善의지에로의 절제와 컨트롤과 지향이 어렵다. 人性이 天性에 바탕되어 창조되었다는 것은 天性이 인성화되었다는 것이 아니라, 人性이 天性化될 잠재 가능성을 지녔다는 뜻이다. 그래서 人性은 天性의 유지 메커니즘인 수양을 본질로 삼게 된다. 평상시의 본성은 잠재된 가능성이라, 수양을 통한 義가 하늘의 의지에 合一할 때 영원한 신념의 정각을 이룬다.

天性을 人性을 통하여 구현하고자 한 것은 하나님의 창조 목적인 동시에 인간이 달성해야 할 본성 목표이다. 하지만 문제는 인간이 창조 과정을 통해 기질의 변화를 입었고, 상대·분열된 대립의 장에 노출되어 있을뿐더러, 처음부터 일체 진리를 자각한 상태에서 태어난 것이 아니라는 데 있다. 心의 유동적인 본질 위에 있다. 그리고 인간에게는 七情이란 감성의 뿌리가 깊숙이 들어박혀 있어서, 인간이 과연 본능의 지배를 받을 것인지 보다 순화된 이성의 컨트롤하에 있을 것인지는 장담할 수 없다. 天性을 부여받은 인간이 어떻게 욕망의 노예가 될 수 있는가에 대해 의문을 가질지 모르지만, 미묘한 감정의 총합체인 것만은 분명하다. 그래서 인간은 무엇을 깨닫고 무엇을 위해 살았는가에 따라 개개의 본성 색깔이 판이하다. 기질과 육신을 가진 한, 인간은 욕망과 탐심의 유혹을 물리치기 어려운 상황에 놓여 있다. "인간에게 육체라는 것이 있는 이상 사사로움이라는 것은 존재한다."243) "天理와 인욕이 격렬한 긴장 상태에 놓여 있다."244)

이에 인간이 왜 天理를 밝히고 인욕을 끊어야 하는가 하는 이유는 인간의 바탕 본성이 귀하게 창조된 때문이다. 본성이 귀하므로 사사로운 인욕을 극복하고 천하의 공평무사한 大義(理)를 따라야 한다.245) 수양을 모토로 삼는다. "인간은 天命의 담지자이나 육체를 가진 존재이고 形氣를 지닌 존재이므로 항상 善을 보장할 수 없다. 수양을 필요로 한다."246) 그렇지 않은 탐욕과 절제되지 못한 욕망은 언제라도 혼란과 고통을 안긴다.247) 그래서 "유학자들은 항상 修己를 통해 욕망을 억제하고 덕성, 곧 仁을 보존하여 발휘할 것을 역설했다."248) 수양은 만 말을 떠나서 인간 본질을 구원하는 첩경이다. 창조 본질에 가장 근접한 삶의 양식이다. 수양은 인류가 결코 벗어나서 안 될 욕망의 규제 역할이다. 인생에는 수많은 삶의 가치가 있고 유혹과 욕구를 충족할 대안의 길들이 있다. 채워도 채워도 채울 수 없는 무궁하고도 한정된 삶의 길을 걷고 있으니, 이 같은 욕망어린 충동으로부터 벗어나는 방법이 곧 正道로서 정진할 수 있는 수양이다.

수양, 수행을 통해서 인간은 비로소 본성 깊숙이 함재한 진리를

---

243) 『근사록』, 권 5.

244) 『주자학과 양명학』, 시마다 겐지 저, 김석근 역, 까치, 1993, p.77.

245) 「주자철학에 있어서 공맹 천인관의 승수와 전개」, 앞의 논문, p.190.

246) 「송준길의 성리학 연구」, 황의동 저, 소논문, p.348.

247) 『유교의 이해』, 정진일 저, 형설출판사, 1997, p.229.

248) 위의 책, p.114.

일굴 수 있을뿐더러, 돈오-頓悟를 통해(우주의 본질을 직관하는 능력) 대창조의 본체인 天性을 직시하게도 한다.[249] 수양은 "인간 본성이 지닌 영묘한 理之性을 각성시킨다."[250] 직접 진리로서 구축한 존재 본질을 존양해 인생을 회복하고 승화하는 계기를 마련한다. 그래서 『大學』에서는 "天子로부터 서민에 이르기까지 똑같이 자신의 德을 닦는 것을 근본으로 삼는다."[251]라고 했다. 수양 본질의 보편적 확대를 治國平天下의 목표로 삼았다. 누구에게서나 어디서라도 참된 진리를 인식하기 위해서는 수양이 필요하며, 수양은 인간 삶을 구원하는 참된 구도 행각이다. 인간은 그렇게 해서 부여된 天性을 발견하고 종국에 合一할 소지를 얻는다.

우리는 주어진 가능성을 기반으로 해서 과연 무엇으로 天性에 도달할 수 있고 인간성을 완성할 수 있다고 생각하는가? 수양, 수행이다. 수양 본질은 창조된 인간이 반드시 수지-受持해야 할 본성 본질이다. 학벌도 지위도 재산도 아닌 인간이 인간으로서 갖춘 인간성으로 천국 티켓을 구하리라. 인간성에 바탕을 둔 인격은 인간이 가진 유일의 신비성이다. 갈고닦은 수양을 통하여 인간은 무한한 본질을 창조해 나간다. 완전한 추구, 완전한 合一, 완전한 구원이 수행을 통해 성취된다. 수행 없는 인간성의 완성은 없다.[252]

---

249) 頓悟의 원리는 인간 본성의 창조를 인준한다.
250) 『불교와 유교(성리학 유교의 옷을 입은 불교)』, 아라키겐고 저, 심경호 역, 예문서원, 2000, p.174.
251) 『인문과학 잘 알기』, 백종현 저, 벽호, 1994, pp.106-107.
252) 수행과 정진은 인간성을 완성하는 것이 궁극 목적이다.

2. 인간의 추구 본질

　인간은 태어남과 동시에 인생이란 대비밀 과제를 지닌다. 왜 어떻게 해서 주어진 것인지 알 길은 없지만 가로놓인 인생길은 분명 그 해답을 가지고 있다. 인간은 인생을 추구함으로써 세계 가운데 잠재된 일체 의문을 하나하나 풀어 나간다. 인간은 어떤 존재인가? 어떤 본성을 지니고 태어났는가? 의식을 가짐과 동시에 추구 본질에 휩싸이는 이유는 무엇인가? 그것은 인간의 본성 바탕이 창조에 근거한 데서 이유를 찾을 수 있다. 인간은 生滅이 없는 하나님의 존재 본체가 본래 거하였던 존재 고향이었다. 그래서 태어남과 더불어 본래성을 향한 추구 본질을 갖추게 되고 영원성을 획득하기 위해 生을 바치게 된다. 분열하는 세계에서 추구는 生을 완전하게 하는 의지 분화 시스템이다. 인생은 진화가 아니다. 완전하게 분열해야 비로소 완전하게 되는, 완전을 향한 분화, 분열시스템이다. 창조란 무엇인가? 처음부터의 갖춤 상태이다. 太極性을 가진 것이다. 그래서 인간의 일생은 太極性의 분열 경과 자체라 해도 과언이 아니다. 어떻게 분열했는가에 따라 본래 부여된 창조성의 구현 여부가 결정된다. 인생은 창조된 太極 본성을 늘려 놓은 상태인데, 그 완성도의 여부를 추구 본질이 관장한다. 그래서 인간은 완전함을 바라게 되고 완성을 지향하며 영원한 추구를 生의 태도로 삼았다.

　그리하여 추구는 정말 인생을 완성하고 완전한 상태에 도달하게 하며 영원성을 획득하게 하는 생성 동력이 된다. 天性은 하늘로부터 부여받은 性이고 본성은 그렇게 해서 바탕된 性인데, 그 같은

天性과 本性이 인생 과정에서는 추구해야 할 본질로서 드러난다.

그러므로 인생 과정에서는 어떤 결정도 완성도 영원함도 있을 수 없다. 추구와 지향과 정진 자체에 영원성에 대한 기대와 완전함에 대한 안위가 있을 뿐이다. 어떤 이상적인 本과 기대치에 대하여 그것을 실현할 사명감에 불탈 뿐이다. "인간은 자신의 삶을 통하여 천지와 만물을 正位시킬 사명을 가진 독특한 존재이다. 四德(仁·義·禮·智)은 天의 품성이기 이전에 人性이 장차 완성해야 할 本이다. 인간이 달성해야 할 사명, 즉 性命之理이다."253) 佛家에서 "인간은 佛性이 있어 누구나 成佛, 해탈할 수 있다고 한 것이나, 儒家에서 사람은 누구나 堯·舜이 될 수 있다(成聖論), 즉 성인이 될 수 있다고 선양한 것은",254) 한결같이 인간 본성의 창조성과 추구 본질을 동시에 드러낸 것이다. 본래 바탕에 대해 현실적으로는 어려움이 있으므로 사특하고 망령된 情을 제거해 天地之性을 회복하려는 데(複姓) 사명이 있다.255) 인간이 인간 자체만으로 본성을 구성하였다면 본래성을 향한 추구 본질은 형성될 수 없다. 주돈이도 『太極圖說』에서 주장한 바는 "인간의 삶의 완성은 우주의 본원에 대한 인식과 유기적으로 연관되어 있다."256)고 본 데 있다. 인간의 창조本이 우주 가운데 따로 있기 때문에 "인간은 내적 수양을 통해 우주의 본원을 직접적으로 체험하는 것을 발판으로 인간성을 완성하는 것을 극치(人極)로 세웠다."257)

---

253) 『역경과 사서』, 이현중 저, 역락, 2004, p.글시작.

254) 『성리학 유불도의 만남』, 김용남 저, 운주사, 2002, p.118.

255) 위의 책, p.118.

256) 「주돈이에서의 우주와 인간 연구」, 송정림 저, 이화여자대학교대학원 철학과 석사학위논문, 2004, p.4.

추구는 본질에 바탕을 둔 본성의 능동성인 것 같으나, 사실은 부여됨으로 인한 본래성이다. 그래서 본질이다. 이 같은 인간관은 기독교라고 해서 예외가 없다. 그들 역시 인간 본성의 완전한 바탕성을 하나님에게 귀속시켰다. 성 어거스틴은 말하길, "그러므로 나는 본래 나에게 주어진 이 힘(감각)을 초월하여 단계를 밟아 나를 만드신 그분에게로 오르고자 합니다."[258]라고 했다. 믿음을 통해서건 수양을 통해서건 우주의 본원을 직접 체험하고 단계를 밟고 올라 나를 만드신 하나님을 만나고자 한 것은 인간으로 하여금 영원한 추구 본질을 갖게 한 요인이다. 儒家든 기독교든 인간이 부여된 것이라는 데 대해서는 견해를 같이하되, 현실적인 여건이 본래 바탕과는 질적 차이가 현저하므로 그 차이를 극복하고 부족분을 채우려 한 노력이 인간으로 하여금 만유에 공통된 추구 본성을 낳게 했다.[259] "실로 그리스 철학 이래 인간의 본질, 구조 및 기원에 관한 문제는 철학의 중심 과제 중 하나였으며, 인간을 어떻게 이해하느냐에 따라 자연을 보는 눈이 달라지고 이웃에 대한 태도가 바뀌었다."[260]고 하지만, 본성을 이룬 바탕 본질에 이질-異質이 있을 수는 없다. 동서양이 본질에 도달하고자 한 추구 방법은 다르지만 결론은 공통성이 있다. 동양과 서양이 서로 독자적인 세계성으로 존재한 듯하나 결코 완전체일 수 없는, 언제나 하나의 완성을 지향한 추구체요 이상체였다는 사실을 부인할 수 없

---

257) 위의 논문, p.4.

258) 『성 어거스틴의 고백록』, 어거스틴 저, 선한용 역, 대한기독교서회, 1993, p.318.

259) 가능성과 이룸, 혹은 통합성과 분열성이 주는 간격과 차이 등, "성경과 창세기에서 밝힌바 인간과 神 사이에는 메울 수 없는 간격, 차이가 있다." - 『동서양의 인간 이해』, 한자경 저, 서광사, 2001, p.132.

260) 『윤리와 종교』, 배석원 저, 경상대학교출판부, 2005, p.125.

다. 존 로크가 인간의 본성을 백지 같은 상태로 보았건 무엇으로 보았건 추구 본성이 있는 한 그렇게 해서 도달될 결과는 같다. 처음 아무런 분열의 흔적이 없는 상태에서는 백지로 보아도 무방하다. 그 같은 통합성이 다양한 분열 경로를 거쳐 인간의 창조 太極性을 드러내게 한다.

그러므로 추구 본성은 인간이 天性으로 돌아가려는 일대 노력이다. 인간의 정체성은 언젠가는 다시 정결된다. 인간이 天을 알고 가까이하며 종국에 合一하려는 것은 당위 노력이다. 주어진, 그리고 버려진 세계로부터 자기를 찾는 것은 인간 삶이 숭고성을 더한 본연이다. 그래서 인생은 근본에서 나서 근본에 무지했던 인간이 근본으로 돌아가려는 영혼들의 일대 몸부림이다. 본질은 분명하다. 인간은 왜 어떤 것을 바라고 추구하는가? 그것은 본래 근본됨이 그런 것이기 때문이다. 인간은 왜 어떤 것을 거부하고 제약하려 드는가? 그것은 본래 인간이 그런 것이 아니기 때문이다. 분화가 완성을 지향함으로 이 같은 추구 본성이 인간의 본성 성향을 결정지었다. 하나님께서 내게 부족을 주신 것은 나의 부족한 이것으로 인하여 그 풍성하심을 간구하게 하기 위함이며, 이제 모든 것을 채워주심은 하나님이 영광된 진리 형태로 드러나시기 위해서이다. 현재의 부족은 완성을 지향한 추구 목적 자체이다.[261]

어떤 차별이 존재하고 어떤 난관이 도사리고 있더라도 차이성과 난이도 정도는 문제가 아니다. 어려움이 크고 장벽이 높을수록 추구 본성에 충실한 인간에게 있어서 하나님이 내리실 영광의 상급은 더 크기만 하다. 어차피 하나님은 창조 시 완전성에 도달할 가

---

261) 목적은 하나의 부족함을 채우려는 계획이며, 후회는 최선을 다하지 못한 만큼의 여분이다.

능성을 太極性으로 부여한 것이므로, 인간은 무엇을 얼마만큼 완성했는가가 중요한 것이 아니라 무엇을 어떻게 추구했는가 하는 순수 과정이 중요할 뿐이다. 완성하지 못했더라도 추구하는 자는 생명력이 영원하지만, 완성했더라도 추구가 없으면 즉시 단절된다.262) 그래서 인생은 추구됨 자체가 천부의 고귀한 본질 자체이다. 인간은 "영원한 추구, 영원한 생성을 통해 본질의 순환과 귀일을 조성할 본분이 있을 뿐 끝은 없다."263) 생명은 완전을 위해 활동하며 인생은 완전을 채우려는 과정이다. 과정을 통해서 온갖 가치가 창출된다. 믿음→극복→영원성을 추구하는 것은 가장 실질적인 인간의 길이다. 생성하는 존재는 과정 자체가 실체성이다. 추구하고 정진하는 과정을 통해서 인간은 본성에 가장 부합한 행복을 만끽한다. 완성, 그것은 달성해야 할 이상적인 목표이고, 실존 상황을 좌우할 만큼 근본을 이루고 있지는 않다. 이것을 우리는 직시해야 한다. 완성, 완전함을 현실로 생각한다면 그것은 현실과도 갭이 분명한 환상일 뿐이다.

정립될 수 없는 세계가 세계의 영원한 본질이다. 세계의 영원성은 추구되는 과정 속에 있다.264) 인간이 바란 행복의 현 소재는 분명하다. 행복은 행복하려는 마음속에 있고 길은 추구하는 과정 속에 있다. 영원은 영원을 지향한 믿음 가운데 있다.265)266) 인간은 가치를

---

262) 정진이 없는 것 일체는 결국 소멸해 버림.

263) 『세계통합론』, 졸저, 다짐, 1995, p.66.

264) 생성이 곧 영원성임. 生死, 生滅은 차원성을 넘나든 생성의 강임. 창조로 인해 이 같은 차원의 강이 생김. 차원성은 창조를 가로지른 경계선상이다.

265) 영원한 것이 있다면 그것은 곧 길가고자 하는 마음(추구 의지)일 것이다.

266) 끝없이 고요하고 청정한 마음 이것이 곧 진리이며, 진리가 진리인 것을 인식하는 마음 그 자체가 곧 진리이다.

추구하면서 길을 가야 하는 존재자이나니, 지금은 완전하지 못하지만 완전하기 위해서, 영원하지 못하지만 영원하기 위해서…….

우리가 인생을 참되게 살아간다고 느끼는 순간은 인생에 목적이 생길 때이다. 완성을 지향한 생성 루트를 인식한 때문이다. 정진하지 않고 믿음 없는 인간에게서 높은 이성적 가치의 판단은 기대할 수 없다. 인생은 과정적인 것이므로 기다리고 참으면 보다 높은 세계가 도래할 것인데, 언제 어떻게 도래할지 모를 세계성을 추구의 중단으로 종말 지어서는 안 된다.[267] 죽음은 세계의 종말이 아니다. 죽음은 오히려 추구의 단절에 있다. 세계의 영원성은 길의 충동에 있다. 평생을 통한 수련, 우리는 추구인이나니, 길은 세계를 위하여 있다.[268] 삶이 과정적인 것과 삶이 과정적인 것 중에서도 목적적인 것을 인식해야 한다. 인간은 어떻게 하여 도래할 세계를 펼칠 길을 준비하였는가? 현상과 세계와 영원에 있어서 허무와 가치의 차이는 길의 버려짐과 추구됨의 차이이며, 존재성이 있고 없음의 차이이다. 세계는 길 가려는 자의 정신 속에 있다. 경과 없는 세계에로의 열망은 없다. 경과 없는 세계적 차원은 도래할 수 없다. 생성이 결국 차원성을 이룬다. 과정이 창조의 온갖 가닥을 풀어낸다. 그리고 추구는 그 가닥을 엮어서 완성한다. 인간은 정신으로 행적을 완성함이다.

그러므로 생명은 태어남으로 태어남에 대한 사명을 얻고 神은 존재함으로 존재함에 대한 의무를 부여받았다. 이로써 神은 神의

---

267) 오늘의 이 한 현상은 동기가 될 수도 있고 비약이 될 수도 있으며 또한 전환이 될 수도 있다. 그러므로 길은 어떤 이유에서건 버려질 것이 아니다.

268) 나는 세계를 보기 위해 이 세상에 태어났다.

의무를 이행하고 있거니와 인간은 부단한 추구에 의해 일체 사명을 이룬다. 내가 완전하냐? 아니라면 그 부족됨을 인식하라. 무지는 갑갑하다. 인간은 젊음으로 꽃을 피워 아름다운 열매를 맺어야 한다. 네 드리워진 운명의 그림자를 한탄하지 말고 그만한 시기에 그만한 정열을 바친 세월이 없었다는 것을 한탄하라. 인간은 하나님 앞에서 무지하지 않기 위해 배워야 하며, 하나님 앞에서 현명하기 위해 추구해야 한다. 믿음이 인내의 과정을 요구하는 것은 인내를 통해 하나님을 향한 본질적 기대가 형성되기 때문이나니, 무엇을 남기고 싶으면 그만큼 활동해야 하는 것은 당연하다. 역사는 인간의 끊임없는 추구 의지로 건재하다. 인간이 추구하는 것은 그렇게 창조된바 완전과 영원을 향한 의지의 분열 시스템 일환이다.

추구하지 않는 자가 인생을 완성할 수는 없다. 天性도 발견할 수 없고 본향에도 이를 수 없다. "현장－玄奘(602～664)은 어떻게 하여 그의 반생을 불경을 구하는 데 바치고 나머지 반생은 경전을 번역하면서 바쳤던가? 탐험가로서의 다채로운 생활과 종교인으로서의 순교 정신과 사상가로서 구세의 정열을 불태웠던가? 불교와 중국의 문화를 위하여, 아니 전 인류를 위하여 생애를 바쳤다."[269] 그는 결코 추구生을 완성하고 간 것이 아니되, 추구혼은 완결되었고 청사에 기록되었다. 그가 못 다한 부분을 온 역사가 거룩한 가치성을 인정하여 완성한 것이다. 그만큼 인생은 추구 자체가 본질이라, 추구를 영원한 생명 본질로 삼아야 한다. 영원한 추구를 통해 삶의 새로운 의미를 맞이해야 한다. 추구 속에서 인간은 항상 영원한 생명성을 동반할 수 있다.

---

269) 『중국철학사』, 장기균·오이 저, 송하경·오종일 역, 일지사, 1989, p.291.

추구 본질이 이러할진대, 그렇게 해서 이루고자 한 완성 목적 또한 동서를 불문하고 분명하다. "성 어거스틴에게 있어서 인간 행동의 최고 목표는 당연히 하나님과의 연합이었다. 인간의 지상적인 삶은 천상을 향한 최고선이신 하나님을 향해 가는 순례의 여정이다."270) 마찬가지로 왕양명은 "인간의 주체성과 도덕성, 그리고 삶의 궁극적인 가치의 근거를 양지에 귀결시키고 인간이 달성할 수 있는 최고의 목표를 萬物一體를 실현하는 데 두었다."271) 인간이 궁극적으로 萬物一體를 달성할 수 있는 것은 인간과 천지 만물이 창조에 근거된 때문이다. 만물을 포함한 인간의 존재 근거를 天에 두고 특히 인간의 본성을 天道의 내재화로 보았기 때문에272) 儒家에서는 수양의 목표로 항상 天人合一과 萬物一體를 내세울 수 있었다.

인간은 天을 지향한 존재, 곧 추구를 본질로 한다. 하나님과 연합하기 위한 지상의 순례자 본질 규정과 동일하다. 여기서 神人合一 내지 연합 상태는 인간과 하나님과의 완전한 일치 경지이다. 그 이상이 현존의 끊임없는 정진과 믿음과 추구(역경을 견딘 순례) 조건을 충족시킨 하나님과의 만남이다. 시공의 진입에 따른 완전한 合一 상태이고 육구연이 밝힌 바대로 "우주의 마음이 나의 마음이고 나의 마음이 우주로서 일치된 상태이다."273) 인류가 추구한 대 인간성의 지향 목표는 하나님과 하나 되는 것이고 영원한 천국 나라 백성이 되는 데 있다.

---

270) 「어거스틴의 윤리학 연구」, 최낙현 저, 샌프란시스코 기독교대학 기독교교육학 박사학위논문, 2002, p.117.

271) 「양명학의 만물일체에 관한 연구」, 계명대학교대학원 동양철학전공 석사학위논문, 1994, p.73.

272) 위의 논문, p.73.

273) "宇宙便是吾心 吾心便是宇宙." -『상산 전집』, 육구연.

인간은 하나님과 하나 되었을 때 최고의 창조 가치를 발할 수 있다. 인간이 달성하고자 한 완성도가 있고 영원한 안식이 있다. 성인의 지향과 成佛의 추구는 인간이 본래 부여받은 가능성의 완성된 모습 외 다른 것이 아니다. 길을 지키면 반드시 合一이 있으리라. 완성을 이룬 자에게는 길이 없고 세계만 있다. 더 이상 지상에 발을 디딜 수 없는 자가 되고 만다. 다시 有할 수 있으려면 새롭게 추구할 天命 과제를 부여받아야 한다. 그만큼 지상에서 무언가를 추구할 수 없다면 죽은 자와 다름없거나 완성도를 이룬 자 중 하나이다. 추구는 죽음에 달해서만 벗어날 수 있는 인간의 절대 지배 본질이다.

3. 인간의 구속 본질

동양은 人性이 天性에 바탕된 근거를 天命에 두었다. 나의 본성은 하늘이 끊임없이 나에게 명령하는 것이다. 하늘은 인간을 그냥 놔두지 않는다. 나를 향해 끊임없이 명령을 내리므로 그것은 족히 구속이라고 할 만하다. 天人과의 관계 고리를 『中庸』에서는 天命으로 본 것이다. 구속은 인간이 하나님으로부터 창조된 것인 한 피할 수 없는 연결 고리이다. 아무리 창조된 바탕이 객관적이라 해도 존재 본질의 원천적인 근거는 만상을 비롯한 인간이 하나님의 뜻을 따라 창조되도록 구축한 본질에 있다. 하나님의 命을 따르도록 창조된 본질성을 인간의 구속 본질이라 한다. 인간의 핵심된 본질성 근거는 동서양을 불문하고 너와 나의 본성 깊숙한 곳에서 작용하고 있는 보편적인 것인데도, 문제는 이것이 워낙 객관적인 작용 형태라 쉽게 발견되지 않았다. 쉽지 않다는 것은 인생 가운데서 당연 원리화되어 있다는 뜻이기도 하다. 본질이 본질화되어 있다 보니 스스로에 의한 자유 의지로 착각한다. 특히 天命을 객관적인 의지체로 파악한 동양에서는 더욱 그렇다.

맹자는 그가 살았던 문화의 특성상 하늘이 내린 벼슬의 주체성을 명확하게 하지 못해 천작—天爵이란 절대 명령을 인간으로서 거부할 수 없는 운명적인 명령으로 처리해 버리고 말았다. 하지만 천작을 내린 의지의 구체적인 실체 근원이 하나님이 택하여 내리신 부르심과 동일한 형태라고 할진대, 동서양은 공히 구속 의지를 체험하고 있었다고 해도 과언이 아니다.[274] 구속이란 하나님의 의지적 인격성이 명확할 때 드러나는 인간과의 연결 끈이기는 하나 천작이나 天命이라고 해서 구속한 끈이 아닌 것은 아니다.

창조된 인간은 너나 할 것 없이 "神意 안에서 영구적으로 형성된 지적 이데아들이다."[275][276] 인간은 神意(하나님의 뜻) 안에 존재하는데 그것의 구체적인 형태가 구속을 통해 드러난다. 하나님은 과연 인간을 어떻게 온전히 구속하신 것인가? 의지 작용의 구체성을 확인하는 것은 인간이 하나님으로부터 창조된 것을 증거하는 일환이기도 하다. 하나님이 천지를 창조하신 관계로 만상 가운데는 창조 원리가, 인생 가운데서는 구속 의지가, 그리고 세계 역사 위

---

274) 『세계수행론』, 졸저, 인쇄본, 2006, p.27.

275) 『세계사상대계(명상의 회랑)』, 박종오 외 2인 감수자, 신태양사, 1968, p.116.

276) "에리우게나(아일랜드, 810—877)는 인간의 본질을 神性의 이데아로 정의함." —위의 책, p.120.

에서는 주관 섭리가 팽배되어 있다. 창조 원리와 구속 의지와 주관된 섭리가 오늘의 세계와 인류를 있게 한 원동력인데도 일체 작용 실체가 확인되지 않는 이유는 무엇인가? 현상 이전의 본질이라서 그렇다. 특히 구속은 하나님과의 관계에 있어서 상대성이 농후하다. 그래서 일반적인 구속 본질은 보편 원리 속에 묻혀 버리고, 세상 위에 드러난 구속의 끈은 역사상 예외성을 지녔다. 즉 특별히 사역성을 발휘할 필요가 있을 때만 하나님은 선지자를 내세워 예사롭지 않은 구속 의지를 펼치셨다. 성경에서 성령의 역사를 구성했던 인물들이 예이다.

그 의지의 정형을 추출해 본다면 그들은 분명 "자신의 의지대로 살고 세상 위에서 울고 웃었는데, 사실은 믿음을 통한 뜻과 행동이 자신도 모르게 하나님의 뜻을 따르고 있었다. 깨닫고 보니 인간의 의식 구조와 生의 의지가 바로 하나님의 뜻 자체로 구성되어 있었다."277) "한 인간의 존재 의식이 하나님을 의식하기 전부터, 부르심이 있기 이전부터 구속 의지가 작용하고 있었고, 일거수일투족을 감찰하셨다. 모든 간구를 들으시고 두드리니 열어주셨다."278) 끝내 저버릴 수 없는 뜻, 지키지 않을 수 없는 길에 하나님의 뜻이 머문 사명이 있었다. 구속 의지는 참으로 영묘하다. 분명 자신의 의지, 자신의 마음, 직접 자신이 걸은 행보라고 생각했는데, 깨닫고 보니 성령의 역사를 통해 구속된 하나님의 뜻이었다. 선지자들은 바로 이 같은 곤혹을 체험한 자들이다. 대통령의 담화 메시지를 TV에서 들었다면 그것을 분간하지 못할 자는 없다. 하지만

---

277) 『세계통합론』, 앞의 책, p.233.
278) 위의 책, p.233.

자신에게서 제3의 의지가 작용하였다는 사실을 발견하는 것은 쉽지 않다. 그런데도 그 같은 의지를 상용하여 접하였다면 그는 선지자라 일컬을 만하다.

그러므로 우리는 모두가 선지자와 같은 특별한 구속 관계에 있을 수는 없더라도 하나님으로부터 지음입은 자식들이라, 언젠가는 구속된 은혜를 체험하고 실체성을 실감할 수 있어야 하는데, 그 경우가 일생에 걸쳐 다시 오지 않는, 그러면서도 하나님은 늘 기회를 포착하길 원하고 계신데, 그것이 바로 구원을 통한 구속 의지의 발현이다. 구원은 한 인간이 당면한 처절한 실존 상황에서 자신은 분명 모든 것을 포기하고 버렸지만 버려지지 않고 구원된, 제3의 의지체를 발견한 체험 수용 상황이다. "대부분의 경우 인간 행동은 자기 의지의 지배 아래 있다고 믿으며, 자기 의지는 무엇에 의해서도 지배되지 않는다고 생각한다."[279] 삶과 죽음도 예외일 수 없다. 그런데도 우리는 자신에게서 차마 부인 못할 제3의 의지체를 발견하는 경우가 있다. 나는 손을 놓았는데 물건이 떨어지지 않고 들려 있다면 그것은 다른 무엇에 의해 들려져 있다는 것이다. 마찬가지로 인생을 구속한 제3의 의지체는 인간의 지배 의지가 완전히 소실되어야 드러난다. 당면한 실존 한계 가운데서 추출되는 것이 구속 의지이기 때문에 통상은 믿음으로 따를 뿐이다. 믿음으로 연결된 구원의 끈은 항상 마지막 순간에 드러나는 것이라, 믿음은 生을 지배하는 절대적인 힘이다.

그만큼 우리는 창조된 자로서 구속됨이 저변을 구성한 본질을 이루고 있다는 사실을 깨달아야 한다. 인생과 세계와 진리의 비밀

---

279) 『흄의 철학』, A. J. 에이어 저, 서정선 역, 서광사, 1987, p.120.

은 자체만으로 풀려고 해서는 안 된다. 아무리 해도 풀 수 없다면 그 원인은 여기도 저기도 아닌 제3의 곳에 있을 수 있다. 원인은 세계 안에서만 존재하지 않는다. 밖에서도 제 원인은 작용할 수 있다.[280] 나라는 존재는 내가 직접 이룬 것이 아니다. 나를 둘러싸고 있는 모든 것들에 의해 형성되는 것이다. 인생을 통틀어서 나를 규정한 본질은 하나님이 구속한 뜻의 여부에 달려 있다. 그런데 가장 창조적, 역동적, 유위적인 작위성이 너무나도 보편적이다. 노자, 장자의 無爲自然이 그러하듯, 하나님의 구속 의지 역시 자율 의지 속에 파묻혀 있는데 그렇다고 해서 하나님과 인간이 동떨어져 있는 것은 아니다. 하나님은 인간을 창조한 책임자로서 언제나 인류를 구원할 스탠바이 상태를 견지하고 있는데, 문제는 은혜 입은 인간이 노심초사한 구속 의지를 스스로가 쟁취한 자유 의지로 해석한 데 있다. 그리하여 "어디에도 걸림이 없는 무애진인─無碍眞人, 대자유인이 되기를 바라지만"[281] 구속 없는 자유는 어디에도 거할 곳이 없는 허망한 인생 방랑만 자초할 뿐이다.

헤겔은 세계사가 자유의 보편성을 획득한 역사였고, "게르만계의 여러 민족에 이르러 비로소 정신의 자유가 인간의 고유한 본성을 이룰 수 있게 되었다."[282]고 자찬하였는데, 그렇게 해서 얻은 자유를 가지고 그들은 역사상 가장 혹독한 1, 2차 세계대전을 치렀다. 구속 없는 자유는 고삐 풀린 망아지처럼 파멸을 자초할 뿐이다. 자유만을 위한 자유는 인간을 이룬 실존 본질이 아니다. 인간은

---

280) 화살이 날아가다가 저항을 받아 땅에 떨어지는 것은 그 원인이 화살이나 공기나 땅에만 있지 않다. 만유인력이 중력으로서 작용한 우주를 지탱한 제3의 힘에 의한 결과임.

281) 『광야에 선 인간』, 송봉모 저, 바오르딸, 2002, p.13.

282) 『인문과학 잘 알기』, 앞의 책, p.225.

창조되었고 그로 인해 구속된 자녀들이다. 인간에게는 반드시 이루어야 할 사명이 있고 도달해야 할 본향이 있다. 이것을 망각한 채 자유만을 구가할진대, 어떻게 되겠는가? 만인은 자진하여 인생 구속을 요청할 수 있어야 한다. 그러면 하나님의 신실한 뜻 안에서 최고의 자유를 만끽할 수 있다.

"프롬은 『자유로부터의 도피』란 책 속에서 사람들이 근세에 이르러서 획득된 자유로부터 도피하려는 깊은 갈망이 전체주의적 운동에 호응한 사실을 지적했다. 중세기적인 속박을 벗어난 근대인이 이성과 사랑에 기초를 두었음에도 의미 있는 삶을 구축할 수 없음으로 인하여 지도자나 인종이나 국가에 복종함으로써 새로운 안정을 찾으려 한 것이다."[283] 이전에는 구속 의지가 제3의 의지라 인간의 실존 가운데서 쉽게 발견이 안 되어 구속을 속박이라고 생각할 수도 있었지만, 하나님의 구속이 창조로 인하여 인간 본성을 구성한 본질 자체라는 사실을 안 이상은 만인은 이 같은 실존 본질을 직시할 수 있어야 한다. "인간의 자유는 인간에 의해 창조된 것이 아니라 인간 밖의 하나님으로부터 부과되고 허용되었을 때 주어진다."[284] 그것도 누가 빼앗을까 봐 불안한 자유가 아니라 영원한 자유가 보장된 체제로서 말이다. 개개의 인생 본질뿐만 아니라 인류 전체의 역사까지 하나님의 섭리 의지에 의해 구속되었다고 할진대, 인간은 세계 의지 가운데서 자체의 인생 본질을 제각각 가늠할 수 있어야 한다.

---

283) 『건전한 사회』, 에리히 프롬 저, 이규호 역, 삼성출판사, 1985, p.245.
284) 『인간 본질에 관한 일곱 가지 이론』, 레즐리 스티븐슨 저, 임철규 역, 종로서적, 1995, p.7.

4. 인간의 결정 본질

하나님이 천지를 창조한 우주 창조의 대드라마는 인간의 본성 본질을 규명하고자 함에 있어서 그대로 재현된다. 그래서 소우주이다. 천지가 창조된 근거는 무엇보다도 하나님과 창조 행위와 일체 바탕성의 先在性에서 두드러졌다. 이들은 모두 창조를 기준선으로 할 때, 존재하기 전에 이미 존재했고 어떤 구체적인 물형을 갖추기 전에 無인 상태로 有했다. 그래서 창조란 출발과 동시에 모든 것을 갖춘 통합성을 바탕으로 하여 생성을 이룰 수 있었다. 천지 만상이 창조된 과정이 이러하기 때문에, 이 先在性을 기준으로 하게 되면 천지가 왜, 어떻게 해서 창조된 결정체이고 결과물인가 하는 것을 밝힐 수 있다. 하늘이 命한 것이 인간이 지닌 性이라고 했듯, 命化에 의해 본성은 주어졌다. 창조 의지가 만상의 본질을 결정한 요인일진대, 그 의지가 창조된 결과물인 사물과 현상에 이르러서는 일체가 결정된 법칙으로 나타난다. 온갖 것이 주어진 결정성을 벗어날 수 없으므로 법칙의 지배를 받는 것이 인간이라고 해서 예외일 수 없다. 인간이 가장 조화로운 통합성의 본질을 갖추었는데도(물질, 생명, 의지, 사고, 영혼) 라메트리처럼 기계적으로 판단했던 것은 창조된 결과로 인한 결정성을 보고 내린 판단이다. 인간이 발달적인 면과, 생리적인 현상에서 틀에 박힌 듯한 공통성을 지니는 것은 마치 수많은 소나타 승용차가 동일한 기계적 목적과 구조를 가지는 것과 같다.

결정성은 창조된 결과물들이 부여된 존재 차원을 벗어날 수 없게 한다. 만약 벗어나 버린다면 삼라만상이 개개 사물로서의 고유한 정체성을 유지할 수 없다. 결정성은 생성을 완료했을 때만 본래 요소로 환귀할 수 있다. 진화론자들은 이 결정 특성을 건드려 무수한 세월을 담보로 종마저 차원벽을 넘을 수 있다고 보았지만, 그것은 당위성인 질서를 무너뜨리는 것이다. "최근 유전학 및 행동발생학의 발전으로 인간의 특성은 출생 이전에 이미 상당 부분 결정되어 있음을 밝혔다."[285] 로렌츠는 "파리를 잡아본 적도 없고 다른 어떤 새가 그렇게 하는 것을 본 적도 없는, 집에서 기른 찌르레기는 파리가 없을 때에도 파리를 잡는 동작을 하는 것을 보고, 이러한 유전적 조정 내지 본능적 운동인 동물 행동의 패턴이 많이 존재한다고 주장했다. 즉 그 패턴들은 학습된 것이라기보다는 생득적이라는 판단이다."[286] 생득성은 인간의 본질 면에 있어서도 중요성을 시사한다. 어떤 상자가 배달되었다면 누구도 포장을 풀기 전에는 안에 무엇이 들었는지를 알 수 없다. 만약 아는 자가 있다면 그는 이 상자를 포장하기 전에 함께 참여한 자이다. 생득성은 이 같은 先在 비밀을 담고 있는데, 이것을 인류의 지성들이 도무지 해석할 근거를 찾지 못했다. 창조의 先在 메커니즘이 밝혀지지 않은 한…….

서양의 학자들이 동물의 본능 가운데서 생득성을 발견하였다면 동양의 철인들은 인간의 본성 면에서 생득적인 생래성을 강조하였는데, 본성의 先在 결정성은 인간이 하나님에 의해 지어진 창조성으로 곧바로 직결된다. 일체 중생이 생래적으로 成佛의 씨앗을 본유하였다는 것은[287] 창조 전에 모든 가능성이 사전에 함유된 결과

---

285)『심리 탐험』, EBS TV 교육방송, 기획, 제작, 방송, 삼화출판사, 1993, p.18.
286)『인간 본질에 관한 일곱 가지 이론』, 앞의 책, p.167.

이다. 『대학』에서의 근본 입장은 하늘이 命한 바 본유한 德을 밝혀 나가는 데 본성의 무궁한 가치 잣대를 두었다. 하늘이 明德을 부여하심으로, 인간은 노력을 바쳐 德을 밝힘으로 하나님의 창조가치를 실인할 수 있게 된다. 맹자가 四端의 근원을 天性에 두고 본래적인 선험성으로 규정한 것도 결과는 마찬가지다. 인간의 본성이 본래 善하다고 본 性善說은 더욱 그렇다. 동양의 선현들은 무엇보다도 먼저 이치적으로 창조의 결정성을 파고들었다. 창조를 증거하는 논리를 세웠는데, 그것이 인간 본성 중 善의 先在性이었다.

先在 생득성은 본성이 이미 타고났다는 것을 말한다. "자기의 의지와 상관없이 태어나면서부터 가지고 세상에 나는 것, 곧 생래적인 것을 이른다."[288] 先天에서는 이 같은 본성에 대한 인식이 곧바로 창조로까지 이어질 수는 없었지만, 존재의 출발과 동시에 주어진 만물이 이미 나에게 갖추어짐과[289] 갖추어진 본성의 완전함은 창조 이전에 이루어진 先在된 창조 작업의 결과였다. 창조 이전에 창조를 위한 바탕이 마련되었다는 사실을 이상하게 생각해서는 안 된다. 창조란 경계선은 모든 것이 갖추어졌는데도 불구하고 시공간과 존재의 有無를 가르는 경계선이다. 이 미묘한 창조 상태를 알진대, 어떻게 해서 인간이 태어나면서부터 완벽한 생득성을 발현시켰는가 하는 것이 이해된다. "孔子가 사람은 누구나 仁의 본성을 가지고 있는 것으로 본 것, 子思가 사람을 하늘로부터 본성을 부여받은 것으로 본 것",[290] 그리고 맹자가 사람은 나면서

---

287) "一切衆生 悉有佛性." -『열반경』.
288) 『동양적 가치란 무엇인가(논어의 세계)』, 송복 저, 지식마당, 2004, p.32.
289) "萬物皆備於我." -『중국근세철학사』, 유명종 저, 이문출판사, 1994, p.11.
290) 『유교의 이해』, 앞의 책, p.113.

부터 善하다고 본 것 등은 다 인간 본성의 先在性을 지적한 것이며,[291] 이것은 창조된 결정성을 진리로서 인식한 상태이다.

특히 맹자는 같은 맥락으로 인간에게는 양지양능이 있다고 했는데, 밝힌 바 "양지란 숙고하지 않고서도 아는 작용이고 양능은 배우지 않고서도 잘하는 작용이다."[292] 당시 맹자는 이 양지양능을 하늘이 부여해 준 것으로 설명했지만, 지금은 인간이 창조된 것에 대한 결정적 근거이다.

"두세 살 난 어린 아이라도 어버이를 사랑할 줄 모르는 사람이 없고, 성장해서는 형을 공경할 줄 모르는 사람이 없다. 어버이를 친애하는 것이 仁이고 윗사람을 공경하는 것은 義이다. 그렇게 할 수 있는 것은 다른 이유 때문이 아니라 모든 사람들이 仁과 義를 보편적으로 지니고 있기 때문이다."[293]

이것을 후인인 육상산은 "양지는 생득되는 것이어서 나의 밖에서 들어오거나 구해지지 않는다."[294]라고 하였고, 왕양명은 치양지 – 致良知까지 강조해 "인간성의 자연에 뿌리를 둔 양지를 길러서 이것을 완전히 발휘하도록 하는 것을 도덕심의 중심에 두고자 했다."[295] 양지는 만인이 태어나면서부터 선천적으로 갖추고 있는 것이라 어떤 기초 학문이 없는 인간이라도 예외가 없다. 양지양능은 원래부터 있다. 이 같은 본성의 생득성이 본유성이고 선천성이며 先在性, 즉 결정된 창조성이다. 인간 본질이 창조에 의하여 결정되

---

291) 『맹자』, 맹자 저, 박경환 역, 홍익출판사, 2005, p.312.

292) 『주자학과 양명학』, 앞의 책, p.65.

293) 『맹자』, 앞의 책, pp.368 - 369.

294) 『양명철학의 연구』, 송재윤 저, 사사연, 1991, p.87.

295) 『중국사상사』, 森三樹三朗 저, 임병덕 역, 온누리, 1990, p.236.

었는데 그 근거가 동양의 선현들이 엿보았던 인간 본성에 대한 先
在性의 제 인식 유형들이었다.

5. 인간의 도덕 본질

철인들은 인간이 무엇인가란 문제와 더불어 인간을 다른 동물들
과 구분할 수 있는 특성이 무엇인가에 대해서도 함께 고심했다.
"칸트는 인간을 동물보다 높은 수준에 올려놓음으로써 인간을 동
물이 가질 수 없는 목적을 가지는 존재로 이해했는데, 이것을 가
능하게 한 근거로서는 이성의 능력을 발휘하는 인격적 존재로 고
양된다는 점을 지적했다."[296] 아리스토텔레스는 "인간이 짐승들과
구별되는 까닭은 아무리 길들여진 짐승이라도 이성을 이해하지 못
하고 본능을 따르는데, 인간의 이성 능력은 지성적 기능일 뿐만
아니라 도덕적 기능을 충분히 발휘하기 때문"[297]이라고 했다.

서양의 철인들이 이성적 기능을 중시하였다면 "儒家에서는 인간
과 인간이 아닌 것을 구별하여 인간만이 가지고 있는 어떤 것 자
체를 인간의 본성으로 보았다. 특히 맹자는 인간과 가장 가까운
금수와 다른 점을 찾아내어 거기서 인간다움을 발견하려고 하였는
데, 이를 위해 지적한 것이 곧 四端과 四德이다.[298] 기준들이 한

---

296) 『윤리와 종교』, 앞의 책, p.29.

297) 『인간본성에 관한 열 가지 철학적 성찰』, 로저 트리그 저, 최용철 역, 자작나무, 1996, p.201.

298) 「장자의 이상적 인간론」, 이강수 저, 소논문, p.머리말.
　　사단: 측은, 사양, 수오, 시비. 사덕: 仁, 義, 禮, 智.

결같이 도덕적 색채가 농후하다. "사람은 사람다워야 하는데, 그 다움의 실천이 義이다."299) "송나라의 진덕수도 사람이 사람이라고 할 수 있는 것은 仁이 있기 때문이며, 仁이 빠지고 난 인간은 인간일 수 없다."300)고 했다. 모두 四端과 四德의 구현이 목적이다.

"왕양명(1472~1528)은 마음이 理라는 새로운 학문을 구상하여 (心卽理說) 그 위에 양지를 회복해야 한다는 치양지설－致良知說과 앎과 실천을 통일해야 한다는 지행합일설－知行合一說을 보태었다. 양지는 인간의 마음속에 선천적으로 내재된 도덕적 의식을 가리킨다."301) 본래성 자각 운동의 중심에 도덕적 본질이 있었다. "孔子는 오십에 知天命이라고 했는데 이것은 도덕성이 天으로부터 부여된 것으로 본 것이다."302) 오십에 이르러서야 하늘로부터 부여된 도덕적 명령을 본성으로서 자각했다고 한 만큼, 그 같은 본성의 자각이 어렵기는 하나 언젠가는 반드시 도달해야 하는 삶의 구현 목표인 것만은 분명하다.

이처럼 "인간 본성은 다른 것들의 본성과 구분이 확실한 인간만의 독특한 성격이어야 할진대, 이 같은 조건을 충족시킬 수 있는 것은 도덕성 외 달리 대안을 찾을 수 없다. 도덕성은 다른 존재에게서 찾아볼 수 없는 인간만의 고유한 본성이다."303) 한 자락 도덕의 베일인 것 같은데도, 그러나 저쪽은 보다 동물적이고 이쪽은 보다 인간적이다. 그렇기 때문에 진정 인간이기를 바란 자는 도덕

---

299) 『유학원론』, 성균관대학교 유학과 교재편찬위원회 및 출판부, 1995, p.261.
300) 『동양철학의 본체론과 인성론』, 한국동양철학회 편, 연세대학교출판부, 2003, p.23.
301) 『동양철학은 물질문명의 대안인가』, 김교빈 외 13인 저, 웅진출판, 1999, p.66.
302) 『정의의 철학』, 김태길 외 저, 대화출판사, 1977, p.155.
303) 『동서양의 인간 이해』, 앞의 책, p.166.

을 수호했다. 도덕은 인간이 인간인 것을 판가름하는 기준 척도이다. 儒家에서 "하늘이 명령하여 인간에게 부여한 것이 도덕적인 性(天命之謂性)"304)이라고 하지 않았더라도 인간은 자체 실존성의 요청으로서 도덕적 품성을 갖추어야 한다. 왜냐하면 인간은 천성적으로 빛나는 덕성을 갖춘 존재이기 때문이다. 인간은 누구라도 선의지를 가지고 있고(칸트) 공도의 善을 天理로써 함재했다(朱子). 인간이 누구의 자식인가? 창조로 인하여 인간이 창조됨으로 인간은 하나님의 천부 품성(의지 법칙)을 도덕성으로 부여받았다. 天倫이 人倫의 근원일진대, 天道·天理가 다른 사물들처럼 객관적인 물리 법칙으로 性을 구축할 수는 없다. 하나님의 뜻과 사랑과 의지와 德이 투영되어야 할진대, 그 같은 천품의 반영이 다름 아닌 인간이 생래적인 본질로 구성된 도덕성이다. 그만큼 도덕성은 인간에게 있어서 구현되고 수호해야 할 인간일 수 있는 원천性이다.

도덕성은 인간성의 마지막 보루라 만약 도덕성을 잃어버릴 지경이면 종말이 거론될 정도이다. 인류가 천국 티켓을 따느냐 심판을 받느냐도 도덕성의 타락성과 수호성 여부에 달려 있다. 孔子는 "하늘이 나에게 德을 낳으시니(天生德於予)라고 하여 인간 성품의 원천을 분명하게 밝혔다."305) 인간이 자신에게 부여된 도덕적 본질을 고양하고 수호해서 인간된 가치를 구현하기 위해서는 인간의 본성이 어디서부터 주어졌는가를 아는 것이 급선무이다. 원천을 알아야 도덕적 본성을 자각할 수 있고, 자각해야 "인간의 본래적인 덕성을 충실하게 발현할 수 있다."306) 인간의 도덕적 본질은 피할

---

304) 『도올 선생 중용강의』, 김용옥 저, 통나무, 1995, p.40.
305) 『공자사상의 발견』, 윤사정 외 저, 민음사, 1992, p.218.

수 없는 본질인데도 불구하고 스스로 존재된 가치 체제로서는 지키기 어려운, 하나님이 인간을 창조하심과 더불어 천품을 직접 이양시킨 고귀한 본질이라는 사실을 알고, 도덕을 통해 천국 건설의 초석을 다질 수 있도록 노력해야 한다.

6. 인간의 선악 본질

아무리 성현들이 인간의 본성을 고무했다고 해도 惡은 현실이다. 역사상 죄악은 인류가 떨쳐버릴 수 없었던 무거운 굴레였다. 사회와 제도와 의식을 개혁해서 죄악을 없애려고 노력하지 않은 것은 아니지만, 여태껏 인간은 자체 본성을 제대로 통제하지 못한 것이 사실이다. 인간은 그동안 무엇을 알았는가? 확실하게 안 것이 없다 보니까 이성보다는 본능이 삶의 현실을 더 강도 있게 지배했다. 하늘과 땅과 자신이 어떻게 창조되었는가를 알지 못하는 "자연 그대로의 인간은 무한한 욕망 가운데 노출되어 있다. 약육강식인 동물의 세계를 보면 곧바로 이해된다. 만약 이 욕망을 그대로 방임한다면 타인이 가진 욕망과의 충돌이 불가피해지고, 그렇게 되면 사회는 걷잡을 수 없는 혼란에 빠질 것이다."307) 현재의 타락된 문명 상태가 성현들이 일깨웠던 性善의 본성을 망각한 결과일진대, 순자는 "인간의 본성을 방임하면 반드시 惡으로 향할 것"308)309)이

306) 『맹자 성선설에 관한 연구』, 김종수 저, 충남대학교대학원 철학과 동양철학전공 석사학위
    논문, p.41.
307) 『중국사상사』, 앞의 책, p.53.

라고 했지만, 그것은 인간의 본래 바탕성이 惡해서가 아니라 근본을 망각하고 본성에 대해 무지하며 神을 버린 결과 현상일 뿐이다. 인간의 본성이 본래 惡하다면 어떻게 할 것이고 善하다면 어떻게 할 것인가? 여러 가지 본성의 문제, 즉 본성의 공통성과 상이성, 선천적인가 후천적인가, 그리고 善한가 惡한가 하는 문제는 이미 고대로부터 논란이 있은 문제이다.[310] 그런데 그런 논란들이 인류 사회의 惡을 제거하는 데 얼마나 영향을 끼쳤는가? 善惡에 관한 결론이 인간 자체의 실존 본질을 얼마만큼 진솔하게 파고들었는가? 혹시 단언된 것은 아닌가?

본성은 남들이 어떻다고 해서 함께 넘어갈 문제가 아니다. 자신이 직접 파고들어야 하고 깨달아야 한다. 惡이 무엇이고 善이 무엇이라는 것을 알아야 한다. 본성이 善하고 惡하기 때문에 인간이 어떻게 되어야 한다는 것은 주장되어서 안 될 논리이다. 중국 선종의 제6조인 혜능은 "인간의 自性은 본래 청정한 것이므로 그 상태만 잘 견지하면 그것이 곧 成佛이라고 했는데",[311] 여기에 비해 "기독교에서는 인간의 근본적 속성을 죄성(원죄설)이라는 대단히 부정적인 용어로 묘사했다."[312] 더군다나 여호와신을 믿지 않은 자는 무조건 지옥행으로 단정하였으니, 과연 이 같은 본성에 대한 해명이 인류의 악행을 얼마만큼 막아낼 수 있었을까? 알고 보면

---

308) 위의 책, p.53.

309) 순자는 "인간의 본성은 선천적으로 惡하며, 善의 요소는 모두 인위적인 노력에 기인한다. 『순자』, 23편)."라고 봄.

310) 『중국철학과 인성의 문제』, 방립천 저, 박경환 역, 예문서원, 1998, p.24.

311) 『인간의 종교』, 박병규 저, 아트 스페이스, 1993, p.189.

312) 『동양을 위하여 동양을 넘어서』, 홍원식 저, 예문서원, 2000, p.57.

인류가 인간의 善惡 본성을 제대로 규명하기나 한 것인가? 모르기 때문에 善惡에 대한 기준이 분분하기만 하다. 그렇다면 우리는 善惡이 발생하게 된 기원부터 파고들어야 한다.

하나님은 태초에 인간을 창조하심에 인간이 인간일 수 있는 본성과 육신을 창조하신 것이지 善惡을 갈라서 창조하시지는 않았다. 태초 이전에 인간조차 창조되지 않았을 때는 우리가 지금 가진 온갖 분별조차 없었다. 분별이 생기게 된 것은 하나님이 창조 道를 내세움으로부터이다. 창조 자체는 상대되고 비교될 것이 없는 절대 바름이고 옳음 자체이다. 온갖 도리와 이치와 법칙 원리에 善惡이 양분되어 있을 수는 없다. 진리는 하나이다. 나무를 나무 되게 하고 물을 물 되게 한 본성道는 하나일 뿐이다. 그중에서도 유독 인간에 대해서만큼은 하나님의 형상대로 창조한 뜻을 제시하셨고 결과에 대해 흡족한 만족의 표시로서 복을 내린 차이가 있을 뿐이다. 그만큼 인간 창조에 대해서는 최상인 애착을 담으셨다. 적어도 인간인 만큼은 이러해야 한다는 뜻과 바람과 복을 주신 절대 기준이 그것이다. 인간이 인간다워야 함은 인간이 인간이기 위하여 스스로 내린 언명이 아니다. 하나님이 뜻을 가지고 그렇게 한 하늘의 명령이다.

그래서 하나님은 인간이 하나님의 바람대로 최상의 창조 가치를 실현할 수 있도록 일체 조건을 구비하여 주셨다. 우리가 가진 육신, 감정, 본능, 욕구 등은 인간이 인간으로서 최상의 인간다움을 실현할 수 있도록 부여된 조건이다. 그것이 자기 이익만을 위한 탐욕과 남을 피 흘리게 하는 야수성으로 돌변하는 것은 개개인이 발한 목적의 저의성에 달렸다. 수많은 순간들을 혼자서 생각하고 판단하므로, 하나님이 주신 최상의 인간다움을 돌변시킬 가능성은 인간 개개인의 행적 여부에 달렸다.

그러므로 하나님이 인간을 창조하신 것은 인간이 인간다울 수 있는 일체 조건을 구비시킨 것일 뿐, 善惡은 창조하시지 않았다. 그렇다면 善惡은 도대체 인간 창조의 어디서부터 갈래 지어진 것인가? 그 근원은? 하나님이 인간을 창조하시지 않았다면 善惡은 어디에도 근거할 데가 없다. 하지만 하나님은 뜻으로 인간을 창조하시고, 창조를 실현하기 위해서 애써 목적을 가진 창조道를 세우지 않을 수 없었기 때문에, 그렇게 해서 결정된 인간 본성, 그 인간다움을 위한 본성 자체가 벗어날 길 없는 善惡 본질을 갈래 지었다.

하나님이 창조하신 것은 인간을 인간답게 한 본성이지만, 그것이 세상 가운데 드러난 순간 인간다움을 이룬 본성 자체는 善으로, 인간답지 못한 본성, 그러니까 인간다움을 망각하거나 잃어버리는 본성은 惡으로 규정되었다. 하나님은 인간을 창조하고자 하셨기 때문에 하나님이 원하신 인간은 적어도 이러해야 한다는 뜻을 道로써 세우셨고, 그것이 인간을 이룬 인간다운 본성 결정으로 실현되었다. 그러니까 세워진 기준에 따라 善惡이 개념적으로 갈래 지어진 것이다. 에덴동산에서 아담과 이브가 善惡을 알게 된 것도 하나님이 발하신 뜻을 어긴 때문이다. 역사상 인류는 어떻게 하는 것이 인간다운 본성을 구현할 수 있는 것인지 개념을 정초하고자 한 것이 善惡의 갈래 역사와 동일했다. 하나님의 뜻을 알지 못하는 한 누구라도 어떻게 하는 것이 가장 인간다운 본성을 구현할 수 있는 것인지, 善의 가치를 실현할 수 있는 것인지를 결단내릴 수 없었다. 그러나 선현들의 노력이 이에 근접하기 위한 일환이었던 것은 분명하다. 단면으로 본성을 곡해할 수도 있었겠지만, 그것은 오늘날의 결단을 위한 피눈물 나는 노정이었다고 치자. 그렇지만 이제 본성을 판정 내려야 할 시점에 도달해서는 그들이 그렇게 행위했고 생각했던 善惡의 근원을 인간다움을 이룬 창조 기준에 따라 밝힐 수 있어야 한다. 그리해야 하나님이 인류의 善惡을 심판할 수 있는 당위 근거가 마련된다.

기독교가 인간을 본질적으로 죄의 화신으로 본 것은[313] 비단 인류의 조상인 아담과 이브가 하나님의 말씀을 어겨 에덴동산에서 쫓겨난 것을 원죄로 수용해서만은 아니다. 오늘날 인류는 과연 얼마만큼 하나님이 원하신 인간다움에 대한 바람과 기준을 알고 있는가? 뜻에 합당한 인간이 되기 위해 노력하고 있는가? 알지 못하고 노력한 흔적이 없다면 그것은 의도된 惡은 아니라 하더라도 원죄를 지닌 것이 분명하다. 원죄일지라도 주어진 생애 동안 자각하지 못하고 방치하면 그 책임은 고스란히 자신이 져야 한다. "순자에 의하면 인간의 본성은 본래 惡하기 때문에 윤리가 필요하다. 본성이 善하면 윤리가 필요하지 않다."[314]라고 했는데, 이 논리는 일리가 있다. 하나님이 인간을 창조한 뜻을 알지 못하는 한, 인간은 善性보다는 죄성 가운데 있다고 보는 것이 옳다. 수양, 일깨움, 바르게 되고자 하는 노력이 필요하다. 그런데 대개의 경우는 노력조차 하지 않고 있으니, 인간의 최초 본성을 性惡으로 잡은 것을 그렇게 비판할 수는 없다. 다만 하나님의 뜻에 대해 무지하였다는 것뿐인데, 순자가 인간의 교육 여부에 의해 性惡을 性善으로 되돌

---

313) 『인간의 종교』, 앞의 책, p.191.
314) 『동양윤리사상』, 김길환 저, 일지사, 1985, p.134.

릴 수 있는 가능성을 애써 강조하였다는 것은 性惡을 결정된 본질로 보지 않았다는 증거이다. 인간다움에 대한 변할 수 없는 본성 기준에 비추어 후천적인 요인의 중요성을 시사한 것이다.

그 후천적인 요인은 무엇인가? 맹자는 인간의 본성 중 이성과 性情, 순자는 본능과 욕망을 내세웠는데,[315] 이것은 인간을 인간답게 하고 그렇지 못하게 하는 후천적 요인들이다. 이성과 본능, 性情과 욕망이 동시에 발동될 수는 없다. 이성과 본능은 다 인간다움을 이루기 위해 하나님이 갖추어 주신 필요조건들이다. 이성과 본능이 인간의 본성 내에서 조화를 이룬다면 그것이 바로 최상의 達道요 善이리라. 그런데 문제는 균형을 잃어 본능과 욕망이 이성과 性情을 짓누르고 독선적으로 발양될 때이다. 그래서 순자는 이같은 인간 본성의 발양 시점을 性惡의 단초로 삼은 것이다. 맹자처럼, "루소도 인간이 善性을 가지고 있으며, 善한 품성을 억제하거나 방해해서는 안 된다고 주장했는데, 그렇게 생각한 근거는 창조주가 자연 법칙을 만들 때 완전한 법칙을 만들었고 그 법칙에 의해 창조된 인간은 善할 수밖에 없다."[316]고 보아서이다. 물론 창조 이전에는 善惡 자체가 없었으므로 완전한 법칙에 의해 창조된 본성이 善이라고 하는 규정은 어폐가 있지만, 크게 수정할 것은 아니다. 그것은 善이 아니라 세워진 창조道이고 기준일 뿐이다. 후일의 인간들이 그렇게 인간답게 창조된 상태를 일컬어 善이라 했고, 그렇지 못한 것을 惡이라고 규정지음에 따라 루소는 인간이 善性을 가져 교육 면에서도 간섭이나 통제를 배격해야 한다고 본

---

315) 위의 책, p.134.
316) 『인간교육이론』, 앞의 책, p.9.

것뿐이다. 자연으로 돌아감이 최선의 性善을 지키는 길이다. 반면에 순자처럼, 로마의 철학자 세네카는 인간의 본성이 惡하다고 주장하였고, 홉스도 도덕적으로 惡한 충동을 가지고 있다고 보았으며, 특히 소크라테스는 육체를 불순한 것으로 보았다. 육신이 인간을 지배하는 한 인간은 근본적으로 惡할 소지를 지녔다는 뜻이리라.317) 다 인간의 일부 측면을 엿본 판단이다.

"맹자류는 정신적인 측면에서 善의 천부성을, 순자류는 육체적인 측면에서 惡의 천부성을 제창했다."318) 그 이전에 인간의 창조 본성을 좀 더 포괄적으로 파고들었더라면 善을 통해 惡한 본성의 근원을, 그리고 惡을 통해 善한 본성의 근원까지도 엿볼 수 있었으리라. "인간의 삶은 성스러운 것이라 본성은 이것을 긍정하는 방향에 설 때, 善을 지향할 수 있고 실현할 가능성도 지닌다."319) 그만큼 性善과 性惡은 본성의 부여받음 연후에 갈래 지어진 인간 행위의 결과에 따른 지향 방향일 뿐이다. 性善說과 性惡說은 결코 본성을 단정 지을 수 있는 절대 기준이 아니다. 본성 내에서 함께 공존하고 있는 발현 가능성이다. 그래서 어느 한쪽만 일방적으로 단정해 버리면 논리적으로 모순에 빠진다. "모든 인간이 언제나 惡하다면 진리, 정의, 善, 아름다움, 질서, 평화, 유토피아를 향한 노력은 헛될 것이다. 모두가 惡한데 누가 그런 노력을 하겠는가? 세상에 왜 善이 있는지를 설명하기 어려워진다. 반면 性善說도 같은 문제가 있다. 모든 인간이 善한데 왜 세상에 惡이 있는가? 왜 세

---

317) 위의 책, p.9.
318) 『유학원론』, 앞의 책, p.121.
319) 위의 책, p.121.

상은 역사의 시초부터 천국이 아니었던가? 善하므로 세상을 발전시키려는 아무런 노력도 필요 없을 것이다."[320]

그래서 살펴보면 "맹자 性善說의 기초가 된 孔子의 '性相近'은 선험적 向德性을 말한 것이었고, 순자의 性惡說의 연원이 된 '習相遠'은 경험적 학습으로 습득되는 제2의 天性을 지칭한 것이다."[321] 性善과 性惡이 본성으로부터의 지향성이고 후천성이었다는 것을 알 수 있다. 儒家는 인간이 사단, 사덕, 양지, 양능, 양심, 본심 등으로 불리는 좋은 소질을 모두 갖추었으되, 이것을 잃는 데서 惡이 생긴다고 보았다. 善惡이 후천적인 양태에 따라 결정된다는 것이다. 인간은 인간이란 본성을 바탕으로 하여 노력해야 하는 것이다. "인간은 누구나 귀천의 구별 없이 자신의 선천적인 性善을 바탕으로 노력함으로써 고매하게 될 수 있다."[322] 물론 여하에 따라서는 치졸할 수도 있다는 동시 복선이 깔려 있다. 儒家가 거경－居敬과 궁리－窮理를 내세우고 치양지를 주장하는 등 온갖 방법을 동원하고자 한 이유도 여기에 있다. 감히 天理가 내재하여 性을 이룬 것이라고 본 것인 한(性卽理), 이것은 그냥 방치될 수 없다. 부단히 옳고 그름을 능동적으로 판단해야 했고(치양지), 선천적인 도덕률을 늘 깨어 있는 자세로 지키고(거경), 본연을 끝까지 캐물어 활연관통해야 했다(궁리).[323] 기독교인이 믿고 따랐다면 유교는 직접 깨닫고 통하고자 한 차이뿐이다. 하나님이 창조하신 진정

---

320) 「성악설의 흐름」, 손영식 저, 소논문, p.355.
321) 「맹자와 순자에 나타난 인성론의 비교 연구」, 이희석 저, 한국교원대학교대학원 초등도덕교육전공 석사학위논문, 1992, p.2.
322) 「맹자의 수양론」, 김학목 저, 소논문, p.44.
323) 『양명학』, 양국수 저, 김형찬·박경환·김영민 역, 예문서원, 1995, p.8.

한 인간다움의 본연에 대해서 말이다.

이에 도덕성은 인간이 인간다움을 이루고 善의 가치를 실현할 수 있는 객관적인 품성 기준일 수 있다. 도덕성이 동서양의 선현들에 의해 독자적인 가치 정립의 대상이 될 수 있었던 것도 이 같은 이유에서이다. 하지만 일련의 노력들이 언젠가는 하나님의 뜻 안에서 복속되어야 할진대, 이것이 善을 지향한 선현들의 노력이었다. 그중에서도 "맹자가 정립한 性善說은 중국 인성론사상 획기적인 의의를 갖는데, 그의 설이 나옴으로 해서 儒家는 비로소 인간을 만물과 구별하고 도덕의 총부로 보는 天地之性 또는 天命과 연결시킬 수 있는 근본을 세웠다."324) 그리고 오늘날에 이르러서는 강림한 하나님께로 나아갈 수 있는 기반이 되었으며, 人本을 性善說에 둔 것은 인류가 지상천국을 건설할 수 있는 발판이기도 하다. 맹자가 인간의 본성이 하늘로부터 부여받은 것이라고 했을 때의 하늘은 비인격화된 범신론적 성향이 짙었다. 그럼에도 불구하고 그는 부여받은 본성을 통해 충분히 도야와 개발 이유를 밝혔다. 그리고 인간에게 주어진 天性에 대한 이해를 통해 하늘의 본질까지도 알 수 있다고 했다. 본성 가운데는 仁·義·禮·智·忠·信과 같은 도덕이 있음을 인정하였고, 이 같은 본성의 부여자를 도덕의 근원으로 보았다.325)

인류가 맹자의 性善說을 따를진대, 그것은 참으로 본성을 통해 인간다움을 실현하고 하나님께로 나아갈 수 있는 길이 된다. 오늘날의 신앙인이라고 해서 예외일 수 없다. 기독교가 규정한 원죄성

---

324) 『중국철학산고(2)』, 김충렬 저, 온누리, 1994, p.179.
325) 『천인관계론』, 풍우 저, 김갑수 역, 신지서원, 1993, p.245.

보다 더 진일보한 객관적 판단이다. 감각적 욕망을 컨트롤하여 본성을 긍정적인 측면에서 진심－盡心을 발휘할 생성 동력을 제공한다. 예나 지금이나 性善說이 세운 제반 이치와 논리 근거는 인류의 惡을 근절하는 데 큰 역할을 했다. "性善說은 惡의 기원을 충분히 설명하지 못했다는 비판이 있지만",326) 인간이 나아가야 할 바람직한 바탕성을 제시한 것만은 분명하다. "性善說의 性은 인간의 본래성으로서, 본래성은 타고난 본성인 동시에 삶을 통해 완성해야 할 미래이기도 하였다. 인간을 인간으로 존재하게 하는 본질",327) 이것이 진리인 한, 평생 추구해야 할 인성의 기본은 확립된 것이다.

맹자가 性善說을 주장한 것은 세상 가운데 만연한 惡의 처절한 향배를 몰라서일 리 없다. 오히려 걷잡을 수 없이 만연되었고(중국 전국시대의 혼란상), 도덕적인 질서가 도탄에 빠졌기 때문에 나아갈 진로를 바로잡기 위해 본성의 근원을 추적하여 밝히고자 했다고도 볼 수 있다. 그런데 지금의 사회는 어떤가? 어떤 이상적인 本을 가지고 있는가? 맹자는 "버들가지가 버들그릇이 될 수 있는 본성이 있기 때문에 버들그릇을 만들 수 있듯, 인간은 본래 仁義의 性이 있기 때문에 인간이 될 수 있다."328)고 했다. 그런데 이 같은 주장을 진부하게 여기지는 않는가? 告子는 "性은 善도 不善도 없다고 말하고 오직 후천적으로 善이 되기도 하고 不善이 되기도 한다."고 했다.

"性은 여울목과 같아서 동쪽으로 물길을 내면 동쪽으로 흐르고 서쪽으로 물길을 내면 서쪽으로 흐른다."329)

---

326) 『중국사상사』, 앞의 책, p.49.
327) 『역경과 사서』, 앞의 책, p.139.
328) 『동양윤리사상』, 앞의 책, p.79.

오늘날의 도덕적 정황이 이러하다면 어떻게 되겠는가? 그런 만큼 과학과 개인주의, 그리고 물질적 가치관이 팽배된 현대사회에서는 무엇보다도 인간의 정착되지 못한 본성관을 다시 밝혀서 善惡의 본질을 확고하게 할 필요가 있다. 그 대안이 무엇인가? 그것은 하나님이 인간을 창조하신 뜻과 본질을 명확히 하는 것이다.

순자는 "동서남북 어떤 변방에 태어난 아이라도 갓 났을 때의 울음소리는 다를 것이 없다."330)고 했다. 인류는 다 같이 창조된 바탕에 근거하여 태어났다. 그런데도 인류의 죄악이 잔존하였고 만연되어 종말을 맞이한 근본 이유는 하나님이 규정한 창조 본질에 대한 무지 때문이다. 세상 가운데, 그리고 역사상 善惡은 분명히 있었다. 善惡이 없다면 하나님이 인류와 문명 역사를 심판할 이유도 없다. 하지만 종말과 심판을 경고한 것은 이제 인류가 善惡의 본질과 근원을 확실하게 알아야 할 때가 되었다는 뜻이다. 바로 그 같은 근거 기준이 인간 본성이다. 본성의 향배가 하나님이 인류를 심판할 기준이다.

순자는 "인간이 착하다고 보지 않고 착할 수 있다고 보았는데",331) 이 관점은 귀하다. 善惡의 본질을 동시에 관조한 것이다. "인위적인 의지 작용이 없으면 惡性이 발화된다는 사실을 경험적으로 지적하였는데",332) 이 같은 충고를 오늘날의 인류는 겸허히 받아들여야 한다. 인간은 善惡 본질을 동시에 가진 것이다. 인류가 하나님께로 나아갈 수 있는 길은 인간의 실존 본질을 정확하게 실인하는

---

329) 『맹자』, 고자장구상 - 『역경과 사서』, 앞의 책, p.142.

330) 「순자의 인성관과 교육사상」, 문현상 저, 전남대학교대학원 교육행정전공 석사학위논문, p.14.

331) 「맹자와 순자에 나타난 인성론의 비교 연구」, 앞의 논문, p.32.

332) 「순자의 인성관과 교육 사상」, 앞의 논문, p.22.

데 있다. 惡하게 되는 것은 인간을 그렇게 창조한 하나님 탓이 아니다. 설사 惡性을 지녔다 하더라도 하나님은 이를 분쇄시키고야 말 善性을 동시에 부여하셨다. 그래서 순자는 후천적인 수신과 교육적인 노력을 강조할 수 있었다.[333] 인간이 쌓아 올린 이익과 질투와 미움과 욕망은 惡性을 발아시키는 대표적 예이다. 그 이면에는 헌신과 배려와 사랑과 믿음과 같은 善性이 있지 않는가?

쇼펜하우어는 "인간의 본성에 내재한 무한한 이기심과 그것을 감추려는 교묘한 노력들을 폭로하였는데",[334] 이것이 神을 떠난 현대인들의 본성 실상이다. 프로이트의 경우 과거의 문명은 인간이 가진 가장 강력한 원초적인 본능을 억누르려 하였다고 부추겼다.[335] 현대에 이르러서는 惡性의 개념마저 모호해져 버렸다. 기독교에서는 이 같은 현상에 대해 의지의 실체성을 명백하게 하여 惡性을 희석시키려 한 일련의 행위 전체를 사탄의 실상으로 규정하기도 했는데, 예나 지금이나 본성에 있어서 제일 큰 적은 惡을 惡으로 분간하지 못하는 무지에 있고 善惡 본질을 제대로 직시하지 못하는 데 있다. 儒家에서 사람의 품성을 청탁으로 구분한 것은[336] 善惡의 본질을 명확하게 매듭지은 것이 아니다. 가장 정확한 것은 아무리 하나님이 인간에게 고무적인 품성을 부여하셨더라도 어제까지 善人이었던 사람이 오늘 惡人이 될 수 있다는 냉담한 현실에 있다. 그렇기 때문에 善性은 끝까지 지켜야 하는 것이고, 뜻을 두려움으로 받들어야 한다. 선현들이 밝힌 본성에 대한

---

333) 위의 논문, p.16.
334) 『도덕의 기초에 관하여』, 아르투르 쇼펜하우어 저, 김미영 역, 책세상, 2004, p.8.
335) 『인간 본성에 관한 10가지 철학적 성찰』, 앞의 책, p.14.
336) 『중국종교와 그리스도교』, 한스 킹·쥴리아 칭 저, 이낙선 역, 분도출판사, 1994, p.104.

규정들을 향도삼아 오늘날에 처한 나의 본성, 이웃의 본성, 인류의 본성을 하나님께로 이끌 수 있어야 한다. 너와 내가 하나님의 뜻을 받들어 인간다움을 실현하고 善性을 지킬 수 있어야 이 땅 위에 善性을 본위로 한 지상천국이 건설될 수 있다.

7. 인간의 영성 본질

인간은 육신을 가졌다는 점에서는 물질로써 구성된 다른 사물과 다름이 없다. 생명을 가졌다는 점에 대해서는 다른 동물들과도 다름이 없다. 그런데 인간은 더 나아가 정신, 의식, 의지, 인격, 영혼을 가졌다는 점에 대해서는 분명한 차이를 가진다. 만물은 창조된 존재인 한 본질이란 바탕을 가진다. 이 본질이 존재를 구축하는 과정에서 다른 존재와 달리 참으로 빼어나게 창조 목적을 세분화시킨 것이 인간이라고 할까? 그렇기 때문에 인간은 살아 있는 생명체 안에서 본질성 자체를 투영시킬 수 있는 영성을 가졌다. 사고, 의식, 인식, 직관, 깨달음, 해탈, 合一, 열반과 같은 고차원적인 정신 작용들은 모두 무형의 形而上學的인 본질에 바탕을 둔 초월적인 영성이 발화된 현상이다. 인간 본성이 어떻게 하여 초월적인 形而上學性에 바탕을 둘 수 있게 되었는가 하는 것은 창조된 결과물이라서 그렇다. 인간은 시공간이 존재하지 않은 창조 본체인 통합성으로부터 命化에 의해 차원적으로 창조되었다. 그래서 무형의 창조성을 太極으로 한 본질 바탕을 가지게 되었고, 본질은 분열하는 존재 내에서도 초월성을 함재하게 되었으니, 이것이 영적 본질이다.

영적 본질은 인간이 자체인 본질과 일치되고 合一할 때 혹은 무형의 창조성을 각인하여 일깨울 때 실인되는데, 영각이나 반야-般若란 지혜는 그 같은 영성을 직관으로 드러낸 상태이고, 열반이나 해탈은 의식 자체가 창조된 본질 차원과 일치된 상태이다. 의식, 마음 작용, 의지는 정신 본체의 분열 현상인 인식이나 논리적 추리성과 달리 존재는 물론이고 우주 전체를 포유하고 함께할 수 있다. 즉 의식은 존재된 본질 상태를 그대로 투영시킬 수 있다. 존재된 의지를 통체로 간직한다. 이 같은 존재 상태를 의지적으로 감지하고 컨트롤할 수 있는 위치에 있는 마음은 정신 작용을 포함하여 존재 본질에 가장 근접되었다. 이 마음의 정결로서 가장 본질적인 요소를 추출할 수 있을 때, 인간은 대우주적 본질과 일치하고 교감할 수 있는, 인간 본질의 영적 존재성을 확인할 수 있다. 인간의 존재 본질 내에는 항상 그 존재 상태를 인식할 수 있는 의식이라는 것이 있다. 의식이란 정신 작용이 있어 내면 깊숙한 곳에 있는 무형의 形而上學的인 통합 정보를 읽어낼 수 있다. 외부의 변화에 관한 지식은 오감을 통해 받아들인 감각 정보를 제 사고력을 동원하여 처리하는 데 비해, 의식이 내면의 본질 정보를 처리하는 작업은 차원이 다르다. 서양과 동양 문명은 본질적으로 차원이 현저한 것인데도 이 같은 차이를 구분할 안목이 없었다는 것은 안타까운 일이다.

세계관이 다른 한, 인간의 본성 규명에 있어서도 접근된 관점이 달랐다. 갈릴레오는 "만인이 일치하는 현상에 대하여 그 경험의 참됨을 확인하거나 또는 거짓됨을 밝히기 위해 이성을 앞장세우고 나간다고 하였다. 이런 표현은 경험 세계를 설명하는 수학적 확증의 영역으로서 지성을 믿는 합리주의적 신념을 드러낸 것이다."[337] "서양 물질문명과 문화 개척의 무기는 이성이다."[338] 외부 세계의 현상과 원리의 판명에 주력한 문명이다.

하지만 동양은 달랐다. 내면 깊숙한 의식 세계, 본질 세계, 나아가서는 차원을 달리한 창조 세계를 넘나들었다. 불교가 온통 초월 본체를 인식한 지혜로 가득한 이유가 여기에 있다. 유교가 개척한 수양문화의 지향 목적이 天人合一에 있었다는 것은 기독교보다도 오히려 유교가 하나님과 통하고자 한 초월적인 영교 문화를 갈망했다는 뜻이다. 인간 창조의 바탕인 본질과 각성된 의식(영성)에 의해 天, 神, 알라, 이데아, 본체, 梵, 法과 통할 수 있다는 것은 지구상의 어떤 종교 문화에도 예외가 없었다. 플라톤은 인간의 본질을 이성으로 보았지만, 그가 도달하고자 했던 것도 결국은 영성이다. "이성은 감성과 달리 영원한 진리의 세계, 이데아의 세계를 인식할 수 있다."[339]고 믿은 것이다. 이성이 주어진 능력으로 정신의 대자유를 동경했건, 외부 세계를 파고들었건, 일단 정신과 이성과 의식이 있다는 것은 인간이 뜻으로 창조된 의미 바탕체라는 것을 말한다.

인간의 영혼을 육체 안에서 물질과 연계한 아리스토텔레스의 생각은 잘못이다.[340] 정신과 영혼은 존재된 본질이 차원적인 깊이를 달리한 것이었는데도 서양의 지성들은 전통적으로 주변 사물과 연

---

337) 『서양교육사상사』, 주영흠 저, 양서원, 2001, p.216.

338) 『21세기 문명 동양정신이 만든다』, 오국주 저, 살맛난사람들, 1994, p.81.

339) 『동서양의 인간 이해』, 앞의 책, p.120.

340) "아리스토텔레스에게 있어서는 인간이란 그 자체 안에서도 영혼이 여러 단계로 나누어져 있는 존재라고 생각함." -『철학의 흐름과 문제들』, N. 하르트만 저, 강성위 역, 서광사, 1989, p.24.

계했다. 아리스토텔레스가 『영혼에 관하여』란 저술에서 접근한 방식도 마찬가지다. 영혼이 인간을 포함해서 온갖 식물과 동물에 이르기까지 편재되어 있을뿐더러, 원소와 연관 짓고 운동성을 언급한 것을 넘어 사물의 특성들까지 끌어들였다. 영혼이 감각과 어울리지 않은 것처럼 보이는데도 신체의 시각, 청각, 후각, 미각, 촉각과 관련하여 일반적 성격을 논하였을 정도이다.

토마스 아퀴나스도 "영혼은 물질을 갖지 않았으나 그 도구로서의 물질과 반드시 결합되어야 한다. 지적인 원리가 인간의 형체이며 그런 의미에서 그것이 육체의 刑을 결정한다."[341]라고 했다. 확인된바 아퀴나스의 신학 체계가 그리스의 철학에 근저를 둔 때문이리라. 서양 문명 전체가 의식이 아닌 정신 이성의 발양체라는 점에서 인간의 영적 본질을 파고드는 데 있어서 한계성을 보인 것이다. 우리는 주변 사물의 본질을 탐구하는 데도 영역이 무궁무진한 것은 잘 알지만 적어도 인간이 보유한 영혼의 진실적 존재성만큼은 영성적으로 해명해야 했다. 창조 이전에도 하나님은 존재하셨고, 창조는 이 같은 초월 본체로 존재한 하나님의 뜻과 의지에 근거했다. 당연히 인간이 내면 깊숙이 갖춘 영적 본질이라는 것은 생명을 가져서는 생명의 심저를 이루되, 육신을 떠나서라도 고유한 것이다. 하나님 자체가 영적인 형태로서 시공간을 넘나드시고 임재되신다.

혹자는 "영혼에 기초한 인간론만이 참다운 인간론이 될 수 있다."[342]고 했다. 영성은 인간의 본질을 창조성에 가장 가깝게 근접시킨 것이다. 영성은 창조된 본질을 드러냄과 아울러 그 같은 본

---

341) 『세계사상대계(명상의 회랑)』, 앞의 책, p.207.
342) 『기독교 주체사상』, 장길성 저, 한그루, 1988, p.39.

질체를 감지할 수 있는 인식 기능을 구조화했다. 하나님은 창조 시 인간과 직접 통할 수 있는 루트를 생체 기관의 구조화를 통해 활성화시켰는데, 그것이 영성 능력이다. 인간은 창조로 인해 본질 적으로도 연관되어 있지만 무엇보다도 뜻이 통할 수 있도록 직접 연결되었는데, 그것이 나를 주신 창조주 하나님과 통할 수 있도록 구조화된 영성 본질이다. 종교문화는 이 영성을 활성화하기 위해 先天 세월을 바친 것이라고 해도 과언이 아니다. 인간이 뜻으로 창조되었다는 것은, 창조된 본질 의식이 하나님과 통할 수 있는 인식 기능을 갖추었다는 것이다. 그리고 이것의 가시화가 사고 본 질이다. 인간의 육신은 야수들에 비해 보잘 것 없지만, 하나님이 의도하여 창조하신 목적대로 하나님의 존재 양식과 함께할 고귀한 정신적 본질을 갖추었다. 대우주를 향해 무한하게 뻗어 나갈 수 있는 인간의 사고 능력은 우주를 본체로 한 하나님의 영적 실상 자체이다.[343] 하나님의 존재 본질과 양식이 이러하므로 우리는 대 우주를 향해 발한 뜻을 合一시킬 수 있다.

하나님은 인간이 보다 경건하길 원하시며 신실하고 매사에 걸쳐 정성을 다하길 원하신다. 그리해야 하나님의 靈이 온전하게 인간 의 영혼 위에 임하고 머무실 수 있다. 육체와 함께하는 한 인간의 영적 본질은 하나님과 교통하는 데 있어서 제한이 있다. 하지만 인간 본성은 항상 창조된 본질의 작용하에 있다는 사실도 알아야 한다. 본질에 근원하여 본성을 활성화해야만 고유한 영성이 추출된 다. 영성 본질의 함양에 수양 문화의 뒷받침이 필수 요건인 이유 이다. 인간은 영구한 육신의 쾌락체가 아니며 영혼의 수용체이다.

343) 『세계유신론』, 졸저, 완본, 2000, p.171.

사실상 인간이 靈의 바탕하에 있는 창조된 본질체일진대 인간에게는 그 같은 영적 삶의 세계가 구현될 수 있는 길이 트여 있어야했다. 그런데도 이 같은 본질성을 들여다볼 안목조차 개안하지 못했다. 결과로서 현대인은 그릇된 문명 체제에 짓눌려 인간으로서가장 본유한 영성을 활성화할 루트를 잃어 고통받고 있다. 유사이래 가장 개오되었다는 현대인은 인류의 영적 본향에 대하여 무지한 미개인으로 전락해 버렸다. 영적 본질에 바탕을 두어 실존된 "영혼은 인생의 생명과 정신의 주체이다."[344] 그런데도 영성을 뒷받침할 정신문화가 주축을 이루지 못하고 감각성을 촉발시키는 물질과 정보 미디어 문화가 증대되었다는 것은, 인간성은 물론이고세계성까지 파멸로 내몬 원인이다.

그러므로 인류가 당면한 막다른 골목에서 향후 반드시 일구어내어야 할 문명 체제는 본성 본질에 걸맞은 대 영성 문화의 건설이다. 인간은 육체, 정신 차원을 넘어 영적으로 나아가야 한다. 인류가 일군 수양 문화와 종교 문화는 이것을 뒷받침하기 위한 문명체제로서 업그레이드되어야 한다. 그리고 그 같은 영성 문화의 本을 인류 역사는 이미 이스라엘 민족이 일부 겪었던 구약시대에 가졌다. 하나님과 영성적으로 함께하고 직접 교통할 수 있는 삶의체제와 문화가 바로 구약시대에 있었던 영적 문화 일면이다.[345] 그리고 그 중심에는 기도가 있었다. 기도를 통해 하나님과 교통할수 있는 영적 본성을 갖추는 것, 이것이 향후에도 성취해야 할 삶

---

344) 『인도 정신』, 한성규 저, 명문당, 1983, p.13.
345) 역사 가운데는 구약시대에 선지자들이 하나님과 교통하고 실존적으로 접했던 영성 문화가
    있었는데, 이것이 오늘날 도래한 성령의 시대에서 다시 재건되어야 한다.

의 고귀한 절대 추구 가치이다.[346] 하나님이 이 땅에 강림하여 계신 시대에서 하나님과 영교할 길을 트지 못한다면 어떻게 되겠는가? 그 길은 전혀 새로운 길의 개통이 아니다. 본래 트여 있었던 루트의 개수 확장이다.

원래 天과 人은 영적 바탕으로 연결되어 있었다. 언젠가는 도래할 하나님의 지상 강림 시대를 대비해서 인류는 여태껏 영성 문화를 건설하는 데 박차를 가해 왔다. 쉼이 없었는데 거침없는 과학 문명의 대두가 잠시 이 같은 본성 본분을 망각하게 했다. 다시 일깨우기만 하면 어디서라도 재건할 기반 체제가 갖추어져 있다. 고유한 문명 본질로 돌아가는 것이 어려운 것은 아니다. 天民은 하나님의 뜻을 깨달은 백성들인데 기독교는 기도를 통해, 유교는 본성을 통해, 불교는 의식을 통해 길을 틔었다. 신앙인이라서가 아니라 인간은 주어진 본질 자체가 하나님과 교감할 수 있는 영적 존재이다. 인간이 창조되었다는 것은 벗어날 수 없는 본질인 동시에 하나님과도 긴밀하게 교통되어야 한다는 뜻이다. 그것이 역사 위에서 문화적, 본체적, 의지적, 계시적으로 형태를 달리하기는 했지만, 그 관계가 언젠가는 존재화, 인격화를 지향한 흔적이 뚜렷할진대, 영성 문화는 하나님과 대화할 문명의 구축 체제라고 보는 것이 적합하다. 그리고 그것은 하나님과 함께할 때, 즉 의지적으로 合一하고 마음으로 하나 될 수 있을 때 자연적으로 실현된다. 하나님과의 교감, 대화, 즉 영적 교통이 달성된다.[347]

---

346) 기도는 인류가 하나님과 교통할 영성 문화를 건설하는 데 있어서 활성화되어야 할 핵심 원동력이다.
347) 『세계통합론』, 앞의 책, p.103.

맹자는 "그 마음을 다하면 그 性을 알고 그 性을 알면 하늘을 알게 된다."348)고 하지 않았던가? 선현들이 일군 지혜가 영교 문화의 디딤돌이다. 유교는 "인간의 天性은 최고의 근원인 하늘로부터 부여된 것이란 굳건한 믿음을 가지고 있었다. 人性의 내용과 하늘은 서로 통하며, 하늘과 인간은 마음이 같아 공통의 의지를 가져 감응한다. 그래서 유교는 하늘과 일치할 天人合一을 도덕 수양 및 사회 정치적으로 최고의 이상으로 삼은 것이다. 天道를 人道로"349) 여김에 아무 무리가 없었다. 본성이 天命을 인식한 것은 하나님의 창조 의지를 인식한 대의이다. 그 본분을 孔子는 오십에 이르러서야 달성했다고 술회했다. 인간이 자신의 본성 본질과 일치하고자 함에는 그만한 노력과 세월이 필요했다.

인간의 행동은 생각을 따르고 생각은 靈의 계시를 받으며 靈은 말씀의 인도를 받았으니, 어찌 하나님의 성사하심을 인간의 뜻대로만 되었다고 할 것인가? 인간은 언젠가는 知天의 경지에 이르러야 하고 知天을 달성한 영성 문명을 건설해야 한다.350) 하나님의 뜻을 깨달은 자가 하나님의 백성이고 하나님의 뜻을 깨달은 백성들이 사는 나라가 하나님의 천국이다. 하나님의 뜻과 "우주의 진리는 사실상 시공간을 초월하는 것이라"351) 이것을 감지하고 교통할 체제는 이성에 기반을 둔 문명 체제와 구별된다. 선불교에서 밝힌 돈오의 방법은 별다른 것이 아니다. 수행으로 인간의 존재 본질을

---

348) 『유교의 이해』, 앞의 책, p.123.

349) 『천인관계론』, 앞의 책, p.330.

350) "知天은 天에 대한 이해." -『주자철학에 있어서 공맹 천인관의 승수와 전개』, 앞의 논문, p.64.

351) 『중국철학사』, 앞의 책, p.326.

보다 고도한 영성 본질 체제로 전환시키고자 한 일련의 노력 행위이다. 돈오의 세계는 참으로 인간 의식을 영적으로 업그레이드시킬 방법론이다. 진리 인식과 욕망 제어와 가치 실현과 의지 완성을 동시에 달성시키는 종합 메커니즘이다. 하나님의 뜻을 깨닫는다는 것은 결국 세계 의지를 통찰한다는 것이고, 이것이 돈오로서 나타났건 예언으로서 드러났건, 그것은 선행된 천지의 운행 의지를 인식화, 의지화, 의미화한 것 외 아무것도 아니다.[352]

君子의 道가 天命을 자각하고자 한 수행 시스템이었다면, 이것 역시 하나님의 뜻을 의지적으로 자각하고자 한 영적 문명 건설의 역사 일환이다. 삶의 가치와 추구 본질이 창조와 하나님을 지향했다. 인류의 영적 자아는 언제라도 직관을 통하여 본질 차원인 영적 정보를 수렴할 수신 체제를 갖추었다.[353] 이 같은 본질성을 인류가 망각하고 퇴화시킨다면 어떻게 되겠는가? 고래로 "직관은 인간의 순수 이성에 의해 격물 - 格物하는 초논리적 합리주의(연역적)이다. 동양의 정신문화는 종교론적인 본질 접근으로서 채택한 방법이었다. 그런데 이것이 과학적인 학문 탐구 방법론으로서 개척된 서양의 경험론적 추론에 의해"[354] 압도당한 이후로 진리력을 상실하였다.

그러므로 인류가 다시 영성 문화를 재건하여 하나님과 함께할 문명 체제를 구축하기 위해서는 인간의 영적 본성 본질을 바탕으로 선현들이 일구었던 수양 문화, 道義 문화, 기도 문화, 돈오 원

---

352) 『세계통합론』, 앞의 책, p.114.

353) 『신지학』, 루돌프 슈타이너 저, 양억관·다카하시 이와오 역, 물병자리, 2006, p.46.

354) "추론(推論)은 집적된 경험으로 얻어진 사실을 기본으로 하여 보편타당한 법칙을 유도하여 논증하는 경험주의(귀납적)로, 서양의 물질문명이 실험과 실증을 배경으로, 과학적 본질 접근 방법으로 채택한 논리 실증주의의 수단이다." - 『동양학 이렇게 한다』, 안원전 저, 대원출판사, 1988, p.101.

리를 재인식해야 한다. 명실상부하게 인간의 영적 본질성을 만개시
킨 지상천국을 건설해야 함은 물론이고, 이 땅에 강림한 하나님과
함께 본격적인 성령의 시대를 맞이해야 한다.

인간의 본성 본무

1. 인생 본질

역사상 수많은 사람들이 명멸하였고, 또 현재도 수많은 사람들이 살아가고 있듯이, 인간이 영위해 가는 삶의 형태는 다양하다. 저마다의 생각이 다르듯 옳다고 생각하는 진리관이 다르고 가치관도 다르다. 누가 주어진 삶에 대해서, 생각에 대해서, 가진 신념에 대해서 그 길을 제대로 향도했고 판가름해 줄 수 있었는가? 확고하게 밝혀진 길이 없다 보니까 神을 위하건, 알라를 위하건, 돌부처를 위하건, 조상을 위하건, 무엇을 위하건 서로를 간섭할 수 없었다. 주장대로 살되 옳게 산 것인지 헛되게 산 것인지는 죽음 이후에 확인받게 될 것이다. 그것은 인간의 창조 본성과 인생 본질이 밝혀지지 않은 한 벗어날 수 없는 상황이다. 하지만 인생 본질은 수많은 삶의 형태 가운데서 무언가 공통된 성향인 규정을 요구하고 있다. 그래서 살펴보면 인생 본질은 먼저 인간이 무엇인가 하는 본성이 밝혀져야 하고 인간된 본질이 규명되고 나서야 뭇 인생을 선도할 바탕 테두리가 설정될 수 있다. 인간으로서 이루어야 할 본성 본무－本務는 그 연후에야만 비로소 일깨워질 수 있다. 좌표가 설정되어야 위치를 알 수 있듯 본무도 마찬가지다. 세계의 본질이 밝혀져야 그 가운데 위치한 인생 본질이 정확한 자리를 잡을 수 있다.

인간과 인생 본질은 뭇 인간과 인생이 다른 만큼 동일할 수 없다. 그렇다고 전혀 이질적이라는 말은 아니다. 인생 본질은 인간이 지닌 본성 본질을 근간으로 하되, 그 본성을 발현하여 전개시킬 그 무엇이다. 인간의 본질이 무엇이라고 할 때, 그 같은 본질성을 얼마만큼 범주를 벗어나지 않고 충실하게 구현하였는가를 기준으로 해서 누구라도 그 본질을 충실하게 따랐다면 알찬 결실을 거둘 것이고, 벗어났다면 허망한 허무를 안길 것이다. 본질을 풀어헤친 뒤에 주어지는 결과는 정확하다. 수양, 추구, 구속, 결정, 도덕, 선악, 영성 본질을 인생 과정에서 어떻게 만개시켰는가 하는 것이 인생 본질을 판단할 기본 잣대이다.

인생 본질은 부여된 창조 본질에 대하여 본성 본질을 완성할 수 있도록 된 분열 시스템이다. 인생은 주어진 본성을 완성하기 위한 生의 추진 과정이다. 이 말은 창조 본질에 바탕된 본성이 통합적으로 주어졌다는 말과 같다. 인간의 본성은 인생의 전체 과정에 앞서 先在되었다. 인생은 백지상태로부터 경험적이고 또한 진화적이란 시각이 있지만, 인생 본질은 인간 본질에 근거한 생성 루트가 있다. 분명한 본연 바탕과 분열 배경을 가진다. 기본틀이 있기 때문에 인생 허무가 결정지어진다.355) 孔子는 세상 가운데는 "근본적으로 흐르는 도리가 있어 그것을 알고 꿰뚫어야 한다."356)라고

---

355) 본성은 통합적으로 규정된 것이고 인생은 이것을 풀어서 하나하나 엮어나가는 과정이다. 당연히 목적과 가치가 있고, 잘잘못에 대한 평가가 주어진다.

했다. 인생 본질도 마찬가지다. 인간은 하나하나의 인생이 어떤 삶을 영위했는가에 따라 허무와 보람이 판가름 난다. 인생이 본질에 근거하고 있다는 증거이다.

그러므로 우리는 주어진 인생 본질을 확인함으로써 실존 본질을 방기해서는 안 된다. 되는 대로 살자, 막 살자란 생각은 상식적으로도 있을 수 없는 일이다. 자기포기적인 삶과 포기하지는 않았지만 결과가 마찬가지인 삶도 있는데, 인생에 대해 무지한 삶 등이 그것이다. 인생을 어떻게 살 것인가 하는 것은 너와 나를 떠나서 모든 사람들이 당면한 문제이다.[357] 한 번 잘못 알고 잘못 걸으면 돌이킬 수 없는 일회성이다. 그래서 인생의 본성 근원부터 정확하게 추적해 들어가야 한다. 그리해야 창조 본질에 꼭 맞아떨어질 수 있고 허무가 끼어들 틈을 막는다. 소크라테스가 그대 자신을 알라고 했을 때,[358] 인류는 진작부터 본연에 대한 자각을 인생의 제일 과제로서 받아들여야 했다. 언제나 세계적 과제에 대한 해결 노정과 병행해야 한다. 왜냐하면 인간은 본래성에 대해 가능성을 자각함으로써만, 인생의 근본을 세울 수 있기 때문이다. 자신을 모르고, 인생 본질에 대해 무지한 상태에서는 그 위에 무엇을 쌓더라도 밑 빠진 독이 되어 버린다.[359]

"잠 못 드는 사람에게 밤은 길고 피곤한 나그네에게 길이 멀듯, 진리를 모르는 어리석은 사람에겐 생사의 밤길이 멀고 멀어라."[360]

---

356) 『공자사상의 발견』, 윤사정 외 저, 민음사, 1992, p.38.
357) 『서양윤리사상사』, 최재희 저, 서울대학교출판부, 1981, p.3.
358) 『데카르트의 철학과 사상』, 이등언 저, 김문두 역, 문조사, 1994, p.195.
359) 본연을 모르는 상태에서 추구된 인생 가치는 허무를 낳는 온상임.

인생에 창조된 바탕과 정형화된 본질틀이 없다면 풀과 이슬처럼 사라진다 한들 무슨 안타까움과 후회와 아쉬움이 여울지겠는가? 하지만 인생의 이면에는 나를 존재하게 한 이의 뜻과 바람과 기대가 있다. 이것을 알지 못한 상태에서는 결코 제대로 된 인생 본질을 풀어헤친 삶일 수 없다. 그래서 아리스토텔레스는 "만인은 날 때부터 알기를 원한다."[361]고 한 유명한 말을 남겼는데, 인간의 본연이 무엇인가를 추구하는 삶은[362] 자체가 최고의 가치를 실현할 근본된 삶을 사는 것이다. "인간은 원래 보편적인 진리의 싹을 내심에 지니고 있다."[363] 그 진지－眞知를 자각해야 하며, 나아가서는 부여받은 天命으로 받들어야 한다. 우주적인 본질과 의지성을 함께 자각할 수 있어야 인생 본질이 생성 루트를 확고히 할 수 있다. 정확하게 뜻에 부합한 목적 부두에 인생배를 정박시킬 수 있다.

"인간이란 도대체 무엇인가? 세상에서 유일하게 인간만이 자기 자신의 존재 본질에 관해서 물을 수 있다."[364] 그런데도 얄궂은 것은 인생의 비밀을 손바닥에 쥐고 있는데 펴 보아도 그것을 읽어내지 못한다는 데 있다. 인간이 지닌 최대의 모순은 자신이 지니고 있으면서도 자신이 알지 못하는 것, 그것이 인생 본질이다. 그 이유는 무엇인가? 결코 모순은 아니리라. 본연에 대해서 무지해서일 뿐인데, 그것을 알기 위해서는 세계를 향해 귀를 열어야 하고, 특히 모든 것을 있게 한 하나님이 우선이다. 자신이 지니고 있으면

360) 『법구경』.

361) 『세계사상대계(사상의 여명)』, 박종오 외 2인 감수자, 신태양사, 1968, p.340.

362) 『중국철학사』, 장기균·오이 저, 송하경·오종일 역, 일지사, 1989, p.21.

363) 『서양윤리사상사』, 앞의 책, p.31.

364) 『철학적 인간학』, 에머리히 코레트 저, 진교훈 역, 종로서적, 1990, p.4.

서도 알지 못한 근본 이유는 하나님으로부터 창조되고 부여된 것이 인생인 때문이다.[365] 성 어거스틴은 "나는 하나님과 혼을 알기를 원한다 …… 그 밖에 아무것도 원하지 않는다."[366]라고 고백했다. 인생의 본연을 파고들기 위해서 가져야 할 앎의 핵심이다. 동양인들도 天命을 아는 것을 삶의 본연으로 삼았던 것은 마찬가지다. 서양은 긍정이든 부정이든 그 이면에는 항상 무형의 하나님에 대한 존재 형상이 있었듯, 동양은 하나님을 모르는 상태에서도 天을 지향한 경향이 있었다. 성 어거스틴은 자기 인생의 바른 향도를 위하여 하나님의 뜻을 알기를 간절히 소망한 단계였다면, 동양인들은 이미 그 선을 넘어 天命 의지를 수용한 단계까지 나아갔다.

> "보통 사람들이 자기의 본성이 있음을 알되 그것이 하늘에서부터 나오는 것이라는 것을 알지 못하고, 모든 일에 길이 있다는 것을 알면서도 그것이 性으로부터 유래한다는 것을 모른다."[367]

동양의 철인들은 인생의 본질 생성 루트를 어느 정도 가닥잡고 있었다. 『중용』에서 인간에게 부여된 性을 성장시켜 나가는 것을 道(率性之謂道)라고 한 것이 그것이다. 인생 본질은 하늘로부터 부여된 가능성으로서의 경향적인 싹을 잘 발아시키는 것이다.[368] 그것이 인생의 道, 즉 본질이다. 부여된 본성 싹을 양성할 책임이 인간에게 있고, 잠재된 본연을 완성하는 것이 인생道이다. 이 같은

---

365) "인간의 모든 것이 神으로부터 말미암았을진대, 神은 인간의 모든 것을 규정하고 나아갈 바 방향을 결정한다." - 『세계유신론』, 졸저, 완본, p.172.
366) 『케에르케고르 연구』, 표재명 저, 지성의 샘, 1998, p.50.
367) 『중용』 - 『도올선생 중용강의』, 김용옥 저, 통나무, 1995, p.96.
368) 『중국철학 산고(2)』, 김충열 저, 온누리, 1994, p.191.

인생道를 실현하기 위해 儒家에서는 수기치인 — 修己治人이란 방법을 내세웠다. 뭐니 뭐니 해도 나를 주신 하나님과 인생의 목적을 일치시키는 것은 최고의 가치를 달성하는 것이다.

儒家는 대개 "인간이 인간으로서 달성할 수 있는 최고의 목표를 성성 — 成聖과 天人合一에 두었고"[369] 평생을 바쳐 실천하길 게을리 하지 않았다. 수기치인은 바로 天人合一을 지향하는 데 목적이 있었다. 하나님의 뜻과 세계 의지와 하나 되고자 했다. 그로부터 천지 만상과 인간이 태어난 때문이다. 정신적으로는 자각되어야 하고 본질적으로는 하나가 되어야 하므로 평생을 수행하고 도야했다. 이것이 인간으로서 가장 행복하고 가치롭고 존재자로서 도달할 수 있는 최고의 절정 경지이다. 天人合一은 天과 人이 본래 하나였기 때문에 주어진 인생의 과정을 통해서 하나 되도록 노력해야 한다는 당위 논리이며, 합당한 세계관의 제시이다. 그렇게 하기 위해 인간에게는 삶의 여정과 정신적인 자각 능력이 부여되었다. 본연에 대한 무지로부터 깨어나 앎을 인생 본질의 구현을 위해 당연 의무화했다. 인간은 누구라도 본연에 대해서 무지한 상태로 태어났다. 처음 출발 조건은 절대 평등하다. 이로부터 개개의 인생이 어떤 결과를 이룰 것인가? 그것은 인생의 본연을 깨우침 여부가 거의 결정적이다. 인생 본질은 본연에 대한 자각의 과정이라고 해도 과언이 아니다. 만인은 과연 얼마만큼 인생 본질에 근접된 충실한 삶을 살았는가? 평가를 하기 위해서는 하늘의 뜻을 알아야 하고 참된 본성을 견성할 수 있어야 한다. 그것이 곧 자신의 인생 본질을 만개시킨 聖人·成佛이고, 天人合一 경지이다.

---

369) 『양명철학의 연구』, 송재윤 저, 사사연, 1991, p.2장 1절.

2. 인생 원리

인생은 엄연히 주어진 본질과 바탕이 있다. 불특정한 운명의 역사가 아니다. 불가사의한 운명의 장난도 아니다. 틸리히는 말하길, "삶은 잠재적인 것이 현실적인 것이 되는 과정"[370]이라고 했다. 우리는 삶의 과정성과 목적성을 인식해야 한다. 그리해야 그로부터 生의 원리를 추출할 수 있다. 그렇지 못하다면? 삶이 방황된다. 인생은 주어진 본질의 분열 역사이며 인생에는 엄연한 원리가 있다. 물리 법칙은 물질세계를 지배하는 법칙이 있듯 인생 원리는 인생 본질을 벗어날 수 없게 하는 질서가 있다. 佛陀는 인생 본질을 연기론적으로 접근함으로써 무형의 본질 바탕이 철저한 因果律에 의해 결정되어 있다는 사실을 밝혀 지대한 영향을 끼쳤다. 유교는 天命을 통해 본성의 지배 원리를 밝혔으며, 이 연구는 하나님과 피조물과의 원초적인 구속 관계를 언명했다.

흔히 인생 과정에서 운명론을 내세우고 염세주의를 신봉하기도 하는데,[371] 그 같은 결과를 낳는 것도 결국은 인생 원리의 지배 결과이다. 원리를 인식하지 못하면 인생 궤적은 불특정할 수밖에 없고, 원리를 벗어난 인생은 어떤 결실도 이룰 수 없다. 그래서 철학적 사유 행위는 인간의 생활과 인생 전반을 통일적으로 해석할 수 있는 근본된 원리를 찾고자 한 일체 노력이다.[372] "인간 삶의 원리

---

370) 『폴 틸리히의 신론에 대한 연구』, 윤강수 저, 장로회신학대학교 신학대학원 신학과 석사학위논문, 1996, p.57.

371) 『세계본질론』, 졸저, 청학사, 1997, p.219.

372) 『법철학 개론』, 이항녕 저, 박영사, 1992, p.15.

가 어떤 것이어야 하는 것인가에 대한 사유 체계의 정립이 인간의 生哲學的 고찰이다."373) 그렇다고 해서 인생 원리가 물리 법칙처럼 어려운 실험 과정이나 첨단 시설을 갖춘 연구실에서 발견되는 것은 아닐 것이다.

인생 원리는 다만 인간의 시험적 투여 결단을 통해 결론 내려질 뿐이다. 인간이 어떤 가치와 신념을 가지고 평생을 살았을 때 주어지는 인생 열매 같은 것이 그것이다. 인생 원리는 인간이 인생을 걸은 삶의 실증적인 길을 통하여 밝혀질 뿐이며, 삶의 본질은 삶의 터전 속에서 구현된다. 인생 진리는 신념어린 뜻이 어떻게 의지로 다져져 현실로 드러나는가 하는 것이다. 우리에게 있어서 이 이상의 원리의 적용은 결코 인생을 결실 지을 진리의 바탕 위에 있지 못하다. 인생에 원리를 인식하고 아름다움을 발견하고 부여된 가치를 일구어 나갈 수 있을 때 세계의 길은 펼쳐지리라. 어떤 신념과 의지와 가치를 투여하는가 하는 것이 生을 창조적으로 확충해 나가는 길이다. 보다 선행된 의지의 개선이 결정된 운명까지 개선할 수 있다. 마음먹기 여하에 따라서 얼마든지 인생을 창조적으로 엮어 나갈 수 있다는 것이 인생 원리이다. 삶은 굳어진 진흙이 아니다. 佛陀처럼 깨달음 하나가 전 인생을 관장하고, 얽매인 운명을 해탈시키며, 어둠을 불식하고 광명의 세계로 나가게 한다. 인생에서 드러난 현상 자체는 제약성이 있다. 하지만 그것을 뒷받침한 본질은 차원적이다. 그런데 우리의 의식과 신념 가치가 바로 그 본질성에 영향을 끼친다. 그래서 보다 선행된 본질의 개선과 깨달음이 인생 차원을 전환시킨다. 회개와 견성과 인생 구원이

---

373) 『증산사상중심의 인류갱생철학개론』, 배용덕·황정용 공저, 태광문화사, 1995, p.50.

이런 유에 속한다. 인생 진리는 인간이 바른길로 나아갈 수 있도록 원리를 조성한다. 인간이 진리를 따라 건실한 신념으로 살면 生과 혼이 복되고, 허망한 것과 망령된 것을 따르면 生과 혼이 滅한다.

불교의 『가마니경』에서는 "어떤 사람이 게을러서 정진하지 않고, 게다가 산목숨을 죽이며, 남의 물건을 억지로 빼앗고, 사음하고, 거짓말하고, 그릇된 소견을 가지는 등 온갖 나쁜 업을 지은 자가 죽기 전에 많은 사람들이 몰려와 이 같은 인연으로 목숨을 다한 뒤에는 반드시 천상에 태어나라고 축원했다고 했을 때, 그가 과연 천상에 태어날 수 있을 것인가를 반문했다."[374]

악업을 저지른 자가 천상에 태어날 수 없는 것처럼, 인생에는 준엄한 원리가 적용되고 있다. 인간은 자신의 마음먹은 바 뜻대로 삶을 영위하려 하고 있으며, 바른 생각은 바른 행동의 결과를 낳을 것은 누구라도 그렇게 생각하는 바의 당연한 이치이다. 이것이 진실의 원리라고 할까? 참됨의 원리라고 할까? 참된 인생은 참된 결실을 거둔다. 사람은 마음먹은 대로, 뜻대로 살아가지만, 그 결과까지 생각대로 주어지는 것은 아니다. 일단은 진실한 원리의 검정을 거쳐서 실현되기도 하고 실패하기도 한다.

오늘날 수많은 종교가 자신들이 믿는 진리의 절대 우위성을 주장하고 있지만, 참으로 생각해 보아야 할 것은 우리 생명의 원동 본질이 그들이 내세운 교리의 구조대로 운행되고 있는가 하는 데 있다. 여기서 자명한 진리에 대한 판별은 그와 같은 믿음대로 살았을 때 도달할 생명의 궁극적 결과에 있다. 인생의 진리는 그렇게 해서 산 삶의 원리가 이룬 결과로서 증험될 것이다. 천국과 지

---

374) 『성현들의 참말씀』, 김린 저, 미래문화사, 1985, p.61.

옥의 존재 여부를 따지기 전에 우리는 지금 당면한 생애의 과정을 통하여 확인이 가능한, 인생 진리는 그와 같은 신념으로 살았을 때 이루어지는 확증적인 구원으로 판가름 난다. 이 얼마나 두렵고 준엄한 사실인가? 하나님이 존재하지 않는다고 하늘에 침을 뱉는 자들, 그러나 그들에게는 아무런 구원의 은혜도 믿음이 이룬 영광의 결실도 없다는 사실을 한탄해야 한다. 믿음을 이룬 인생은 영생을 보장받는데, 저버린 자는 그 세대만으로 끝이다. 참된 인생 가치는 한 세대만으로 평가되지 않으며, 꿈은 실패해도 그렇게 해서 일군 이상은 만대에 걸쳐 이루어진다. 참된 인생 원리는 참된 인생 본질을 영속시킨다. "孔子는 이미 세상이 글러버린 줄 알면서도 애써 노력하는 사람"375)으로 평가되었다. 하지만 孔子는 정말 그러한 사람이었는가? 그의 꿈과 이상이 원리에 충실하였을진대, 그가 이루고자 했던 꿈과 노력은 만인의 이상이 되어 정말 만대에 걸쳐서 실현되었다고 할 수 있다.376)

우리는 분명 삶 가운데서 인생 본질에 근거한 인생 원리가 있다는 사실을 알고 원리에 충실해야 한다. "우리는 무엇을 하건 정성을 쏟지 않고서는 이루어지는 일이 없고, 아무리 작은 일이라도 최선을 다하지 않으면 성취되지 않는다."377) 이 같은 삶의 작용을 종합해서 일괄한다면 인생 본질은 하나하나를 쌓아 이룬 축적으로 근본이 형성된다고 할 수 있다. "인생은 연륜이 중요한 것이 아니라 근본이 중요한 것이며, 소중한 生의 과정 속에서 어떤 참된 것

---

375) 『중국철학사』, 앞의 책, p.38.

376) 孔子께서 말씀하시길, "뜻이 높은 선비와 仁한 사람은 살기 위해서 仁을 해치지 않고, 죽어서라도 仁을 이룬다(『논어』, 위령공 편)." 여기서 殺身成仁이란 말이 나옴.

377) 『세계창조론』, 제3편 조물론, 졸저, 완본, 1998, p.63.

들을 쌓아 올렸는가 하는 것이다. 뜻으로 근본을 세우고 忍으로 근본을 막으면 본질과 자아는 축적된다. 인생은 일상의 반복이 아니라 근본에 의한 단계적 축적이나니, 하늘에 근본을 두고 거룩한 聖德을 쌓아라."378) 그리하면 인간은 인격적으로는 성인으로 승격되고, 본질적으로는 한 차원 업그레이드된 成佛을 이루며, 구원이란 고귀한 인생 열매를 맺으리라.

3. 인생 과정

세상 속으로, 고뇌 속으로, 인생 속으로……. 인간이 부르짖은 일체 가치와 캐치프레이즈 가운데는 역설적인 의미가 도사리고 있다. 온갖 고통과 난관과 희생 위에서 맺어진 열매들이다. 인간은 무엇에 대해서도 이기적이며, 선한 열매를 맺기가 쉽지 않다는 것은 일리가 있다. 인간이 머문 인생 세계에서 행복을 구해 보려는 생각을 가진다는 것은 정신의 고매한 사치이다. 지상의 순례자가 안식을 얻을 곳은 마지막 순간 지친 영혼이 아버지의 품 안에 도달했을 때뿐이리라. 행복을 구하려 해도 그렇고, 권력을 얻으려 해도 그렇고, 재력·사랑·진리를 구하려 해도 마찬가지다. 무엇을 구하려고 했건 인생을 투신해 엮어내는 땀의 결실들은 이 땅에서 거두는 곡식처럼 뿌릴 때 뿌리고 거둘 때 거두어야 하는 단계가 있다. 하물며 고귀한 인생 과정을 결실 짓는 데 있어서랴!

---

378) 『세계본질론』, 앞의 책, p.213.

　인간이 세상과 자연과 진리와 우주에 대하여 의문과 신념과 믿음을 가지게 되면, 거기에는 반드시 본성의 성장 과정이 주어진다. 학문에는 왕도가 없다고 했는데, 인생 과정도 마찬가지다. 갖출 것을 갖추어야 인생 단계가 튼튼한 기반을 이루게 되고 그 위에서 상아탑이 쌓아진다. 어떤 획기적인 道를 깨쳤거나, 믿음을 얻었다고 해서 당장 눈앞에 특별한 결실이 이루어지는 것은 아니다. 구주를 영접할 결심을 했다고 해서 즉시 구원된 열매가 주어지는 것이 아니다. 그것은 그야말로 마음의 문을 열게 된 큰 변화일 뿐, 그를 출발점으로 해서 거둘 결실은 그 연후에 주어진다. 인생의 모티브란 전체 인생의 과정을 엮어내기 위한 하나의 전환 단계일 뿐이다. 이 같은 과정을 거치지 않거나 아예 전무하다고 할진대(변화가 없음), 인생은 허무의 온상이다. 인생은 참되게 살 것이로되 그것은 과정을 엮어 나가는 살아 있는 인생 속에 있다. 사랑한 자, 그들은 부여된 인생을 역동적으로 엮어 나감으로써 충만된 세계를 살았다. 충만한 삶을 충실하게 단계 과정을 적극적으로 거쳐야 하는 것인데, 이것이 결여되거나 경험으로 포착하지 못하면 올바른 평가와 결실을 이룰 수 없다.

　孔子는 인생 과정을 회고했을 때, 70세가 되어서야 마음먹은 뜻이 하늘의 뜻을 거스르지 않는 단계에 올라설 수 있었다고 했다. 태어나 15세에 학문에 뜻을 두고 50세에 知天命하는 등의 단계적인 절차를 거치지 않았을진대, 만인이 인정하는 孔子의 인격적 반열은 있을 수 없다. 이 연구가 추구했던 인생 역정도 마찬가지다. 하나님의 진의를 파악함에 있어 수많은 회의와 방황이 있었던 것을 알 수 있다. 그런데도 그것은 믿음을 이루기 위해 거쳐야 했던 인생의 과정이었다. 그리해야 하나님의 뜻과 일치된 결과가 주어진다. 하지만 완전하게 헤아리고 완전한 믿음을 가졌을 리 만무하다. 끊임없는 연단과 정진으로 언젠가는 일치할 수 있는 자식이 되기 위해 노력해야 한다. 그리해야 만인에게 드러날 인생 추구의 단계本이 될 수 있다.

天人合一은 인간이 도달해야 할 정형화된 인생의 추구 목적이다. 과정을 거치고 전개해서 성취해야 할 결과란 뜻이다. 그리고 그 같은 단계를 거쳐 이룰 성과에 대한 평가 역시 절대적인 기준을 가진다. 과정이 있었다면 평가가 있을 것은 당연하고, 과정을 허락한 자가 있는 한 이를 평가할 자는 반드시 있다. 인생 평가는 어떻게 이루어지는가? 평가는 준엄해야 하고 절대 공평한 것이다. 삶의 유형은 다양하지만 그들이 전개한 삶의 과정은 절대 유한하다. 이 같은 한계성을 안고 인생은 일단 출발된다. 인간의 출생은 타의적인 것이며, 태어난 순간부터 본래성에 대해 무지하다. 이 같은 절대 기준선과 조건으로부터 개개의 인생 삶이 무엇을 알고, 이루고, 어떤 은혜를 입었는가 하는 것은 차이가 분명하다. 똑같은 조건에서 출발한 사람들이 세상 위에서 행해야 할 삶의 의무에 대하여, 베풀어야 할 덕에 대하여, 알아야 할 진리에 대하여 얼마만큼 삶의 가치를 긍정적으로 받들었는가? 일구었는가? 그리고 성취하였는가? 일굼을 통하여 희열을 만끽하였는가? 그것은 절대 창조자가 일깨우기 이전에 각자가 느껴 수긍해야 할 일이다. 그런데도 이 같은 평가 작용과 기준을 모른다면, 그 평가는 타의에 의한 심판 적용으로서 대처된다.

인생은 반드시 거쳐야 할 모색 과정과 단계가 있다. 인간이 창

조된 것인 한 하나님에 대한 의구와 회심과 부르심, 그리고 구원의 절차는 필수적이다. 그리고 이것은 가장 보편화되어야 할 인생 역정이면서도 그렇게 겪은 인생本이 흔치 않은, 과정을 두루 거친 인생은 특별한 인생이고 최고의 인생이다. 天命을 받들고자 했던 유교라도 그 같은 가치관으로 평생을 영위한 그들에게 있어서 진리 탐구와 수행을 통해 도야한 인격적 품위와 고고함은 엿보일지라도 어떤 인간적인 고뇌의 과정을 거쳐 知天命의 경지에 이른 것인지, 삶의 가치를 성취한 것인지에 대한 과정 드라마는 없다. 그저 유교적 신념으로 지조를 지키고 나라의 부름을 입어서는 치인 —治人의 경륜을 펼치고 노후에는 후학들을 가르치다 운명을 맞이했다. 창조된 자로서 어떤 부름도 획기적인 회심도 구원도 없다. 그야말로 판에 박은 듯한 무미건조함이다.

한 인생이 무엇을 추구하였고 어떤 가치적 삶을 통해 구원을 이루었고 天性을 다해 본질을 승화시켰는가 하는 것은 인류 역사상 흔치 않은 本이다. 성 어거스틴과 같은 구원의 역정, 곧 추구·모색·간구·바람·기도·소망·이상·회의·회심·부름·성취·완성이 어디에 있었는가? 그럼에도 이 같은 과정은 우리 모두에게 적용되어야 할 인생 가치를 가늠할 평가 척도이다. 인류는 하나님으로부터 부여받은 생명으로서 예외 없이 하나님을 향한 구도 행각이 인생 전반에 걸쳐 수놓아져야 한다. 아무런 구함도, 부름도, 구원도, 버림도, 나아감도, 이룸도 없다면 그처럼 방치된 삶도, 무가치한 삶도, 버림받은 삶도 없다. 비록 유한하고 무지하며 던져진 삶일지라도 은혜로운 길을 찾아 믿음을 완성할 수 있는 삶, 그곳에 최상의 절대 평가가 있으리라.

학문은 始와 終을 간파할 수 있어야 하듯, 인생은 의구·구원·버림·바침이란 조건이 구비되어야 한다. 학문이 진리를 탐구하되 始終을 모르면 하나만 알고 근본을 모르는 한계에 직면하듯, 인생이 아무리 영광되고 구족되었더라도 인간된 삶을 통하여 본연인 근원을 찾고 안주하고자 한 과정이 없었다면 그 결과는 어디에도 머물 곳이 없는 일회적인 삶밖에 안 된다. 부여된 인생 본질을 충실하게 하지 못하고 헛된 가치를 위해 정열을 소비시킨 허망한 삶이다. 어떡하든 인생을 엮어낸 과정이 있었을진대, 거기에는 무언가를 추구한 과정과 도달 목표가 있어야 하고, 실패건 성공이건 이룸에 대한 결과가 있어야 한다.

진리를 구함이 어렵듯, 본연을 찾아 나서는 길, 神에 이르는 길, 믿음을 완성하는 길은 쉽지 않다. 이것을 기존의 종교와 학문과 철학은 보다 쉽게 풀어헤쳐 제시했어야 했다. 그냥 단박에 깨칠 수 있다느니, 물에 들어갔다 나오면(침례) 하늘이 열리고 영생이 보장된다고 약속되어서는 중생들이 구원에 이르는 단계 과정을 정확하게 밟아 나갈 수 없다. 나름대로는 열심히 살고 이루었다고 자부하는데 정작 들추어 보면 구원을 이룬 사실 흔적이 없다. 인간은 처음부터 하나님을 알지 못하였고, 하늘과 땅과 본성에 대해 무지했던 만큼 방황하고 길을 몰라 죄악을 저지를 수는 있다. 하지만 이후라도 일체 무지와 잘못을 자각한 참회와 용서와 구원에 이르는 역정만 첨가될 수 있다면 눈물겹도록 은혜로운 삶으로 평가될 수 있을지언정 심판받지는 않으리라. 이 같은 성취 기준과 단계 과정은 제 종교 문화권과 다양한 삶의 양식을 불문하고 공통적으로 적용될 인생 삶에 대한 절대 가치 평가 척도이다. 부족하다면 부족한 만큼 충족되어야 할 것이고, 충족되었다면 충족된 만큼 선양되어야 하리라. 구원을 위한 인생 단계를 충실하게 거쳐서 生의 과정을 완수할 수 있도록 노력해야 한다.

4. 인생 본무

　무량한 우주 가운데서 한 인간이 인격체로서 탄생한다는 것은 그 의미를 헤아릴 길 없다. 의미가 크고 가치 또한 독자적인 것만큼, 인간이 한평생 이루어야 할 본무 또한 막중하다. 성 어거스틴은 神에 대하여, 인간이 행해야 할 의무와 준수해야 할 德과 실현해야 할 가치에 대해서[379] 언급했는데, 정말 인간이 창조되었다면 인간이 인간으로서 수행해야 할 본성 본무는 하나님으로부터 구해야 한다. 인간은 누구라도 하나님으로부터 부여받은 천부의 창조 본성이 있어, 이것을 일깨우고 도야해서 완성해야 한다.

　본성 본무란 인간으로 태어난 자는 누구라도 의무적으로 알고 이행하지 않으면 안 되는 삶의 수행 과업이다. 그것이 과연 무엇인가 하는 것이 문제이기는 하지만, 본무는 제대로 알고 실행하지 않으면 마땅히 책임이 따른다. 인간인 자격을 상실당한다. 국민이 대통령에게 권한을 위임한 것은 그만한 직책을 수행할 수 있는 능력을 믿기 때문이다. 그런데 직무를 바르게 이행하지 못했다면? 마

---

379) 「어거스틴의 윤리학 연구」, 최낙현 저, 샌프란시스코 기독교대학 기독교교육학 박사학위논문, 2002, p.86.

땅히 그 직을 상실당하리라. 인간에게도 그와 같은 고유한 본무가 있다. 본무는 인간으로서 알고 완수해야 하는 의무 자체이다.

무엇을 알고 행해서 실현해야 하는가? 그 본무의 첫째가 바로 하나님의 뜻을 아는 것이다. 人은 天의 命을 알아야 하는 것이 의무이다. 인간으로서 하늘의 뜻을 알고 그를 통해서 세상의 이치를 깨달아야 한다. 그리해야 일단은 뭇 인생이 허무를 극복한 구원의 가치 반열에 설 수 있다. 우주를 탐구하든 자연을 탐구하든 본성을 탐구하든, 무엇을 탐구하더라도 인간은 하나님의 뜻을 자각해야 하는 것이 본무다. 그래서 인류는 先天 세월이 다하도록 하늘로부터 부여받은 천부의 본성을 깨닫기 위해 평생을 추구하고 정진했다. 天性과 天命을 어떻게 인지할 것인가 하는 것은 인간이 生을 통하여 이루어야 하는 평생의 과제이라, 이를 위해 先天의 종교와 철학이 사명을 이행했다. 천부의 본성을 깨닫는 것이 배움의 과정이고 수행과 정진의 목적이다. 깨닫는다 뿐이겠는가? 도야하는 것은 인생 완성을 위한 궁극적 가치이다. 특히 儒家에서는 "학문하는 목적이 하늘에 다다르는, 즉 天命을 아는 것과 일치했다."[380] "『論語』에서도 天道인 역수 원리가 인간의 본래성을 주체화한 때문에 인간 본래성인 天地之道를 자각하는 것은 君子의 학문 원리라고 밝혔다."[381]

성현들은 노력해서 하늘의 뜻을 깨우쳤으며, 깨달음에 근거해서 인간이 나아가야 할 道(길, 본무)를 제시했다. 성현들은 한결같이

---

380) 「동양 천관념의 종교학적 연구」, 정한균 저, 원광대학교대학원 불교학과 석사학위논문, 1994, p.14.
381) 『역경과 사서』, 이현중 저, 역락, 2004, p.67.

인간의 모든 것은 하늘로부터 품수-稟受된 것이라고 했다. 性卽理이고, 하나님이 인간을 창조하셨다는 것이 그것이다. 그래서 성현들은 하늘의 뜻과 天理를 깨우쳐야 하는 것이 인간으로서 이루어야 할 마땅한 과업이라고 보았다. 天道, 天理, 말씀이 본래성을 부여하고 구축하였다는 것을 진리로써 설했다. 이것을 모르면 인간이 아니다. 자신의 본래성을 알고 그것을 통해 하늘을 알아야 하는 것이 만고 이래로 불변한 인생 목적이고 추구 가치라는 것을 신념으로 가르쳤다. 오늘날의 어떤 진리도 이 근간틀을 벗어날 수는 없으리라. 佛陀도, 예수도, 무함마드도, 소크라테스도, 孔子도, 우리들도 마찬가지다. 하늘의 뜻과 그로 인해 편만된 天理를 깨우치는 것이 제 학문의 본령이며 만인이 수지해야 하는 대인생 본무다. 학문은 수행으로 본래성을 일깨우는 것이고, 본래성과 존재 근거인 天道를 자각함으로써 주어진 사회적 命을 안다. 그래서 학문하는 사람은 반드시 天命을 품수받은 대의를 수행하는 거행-居行을 하게 된다.382) "하늘은 볼 수도 들을 수도 없는 감각을 초월한 존재이지만 하늘이 인간에게 부여한 성품을 찾아 마음을 다하면, 天의 실재와 가치는 경험된다."383) 곧 본무를 이행할 수 있게 된다. 天命을 알면 본무도 안다.

본무를 알았다면 다음은 그렇게 해서 깨달은 天命, 天道, 天理, 天性(본성)을 따르고 지키는 것이다. 天命을 알아 그를 통해 정해진 天道를 따르는 것이 人道이다. "天道를 따르는 사람은 生하고 天道를 거스르는 사람은 亡한다."384) "맑음은 물의 본래 본성이다.

---

382) 위의 책, p.92.
383) 「동양 천관념의 종교학적 연구」, 앞의 논문, p.56.

맑음을 바꾸어 흐리게 해서는 안 되며 …… 물이 본래 맑은 것처럼 본성도 본래 착한 것이다.”[385] 부여받은 천성을 흐리지 않게 하는 것이 본무다. 인간이 귀한 것은 하나님이 주신 천부의 인간성을 끝까지 지키는 데 있다. 하나님이 부여하신 것이 본성이기 때문에 이것을 수호하고 지키는 것은 전 인류가 수지해야 하는 행동 방향이고 구원의 길이다. “유학은 하늘이 부여한 본성을 갈고닦는 것을 당연한 본무로 여겼다.”[386]

그런데도 지키고 보존해야 할 天理와 天性이 허물어지고 더렵혀졌다면 어떻게 해야 할 것인가? 혹은 제대로 발현하지 못하고 내면 가운데 처박아 두었다면 어떻게 되는가? 인간이 정열을 바쳐야 할 인생 본무는 하늘이 각자에게 부여한 천부의 본성을 깨닫고 계발하여 참된 성품을 회복하는 데 있다. “하늘과 동일한 품성을 부여받은 인간은 마음을 보존하고 본성을 배양하는 존심존양－存心養性(存養)의 방법을 통해 본래 부여받은 순수함을 회복하려 한 것이”[387] 인류가 추구한 노력이었다. 인간은 항상 인욕에 노출되어 있는 상태에서 본성을 상실당할 수 있으므로, 보다 적극적인 방법으로 본성을 存養함으로써 義의 규명을 이루는 것이다.

그래서 儒家는 “우선 덕성을 함양함을 통해 인욕을 극복하여 天理로 돌아갈 수 있다고 확신했다.”[388] “복성설－復姓說은 송명 이학이 제기한 修養論의 핵심인데, 인간의 천부적인 善性이 인욕에

---

384) “順天者存 逆天者亡.” －『맹자』, 이루장구상.
385) 『근사록』, 주희, 여조겸 저, 정영호 편역, 자유문고, 1991, p.32.
386) 『주대의 상제 의식과 유학사상』, 배옥영 저, 다른생각, 2003, p.11.
387) 『공자사상의 발견』, 앞의 책, p.222.
388) 『선인들의 공부법』, 박희병 저, 창작과비평사, 2000, p.80.

의하여 가려져 있으므로, 부단한 사려와 실천을 통해 인욕을 제거하면 본래의 善性을 회복할 수 있다는 논지이다."389) 송명 이학은 天理를 기초로 하는 도덕 形而上學인 만큼, 인간이 본성을 상실하였을 때 회복할 메커니즘 논지도 나름대로 세웠다. 인간의 본성 바탕은 지극히 선하고 아름다운 것이나 경험적이고 상대적인 현실 세계에서 존재하려면 그들 각자를 구성해 주는 물질적 재료인 氣와 융합하지 않을 수 없다. 본성이 氣의 청탁에 가려져 있으므로, 이를 복원하기 위해서는 인간의 순수 도덕적 의지와 실천 공부가 요구된다.390) 존천리멸인욕 — 存天理滅人欲을 캐치프레이즈화했다.391)

불교에서는 "온갖 번뇌가 業을 낳고 業이 모여 苦를 만든다는 진실을 깨닫고, 어리석음과 번뇌를 단절하면 마음의 평안을 얻는다(멸제)."392) 곧 사성제(苦·集·滅·道)를 통한 본성 회복 메커니즘을 구축했다. 더 나아가서는 "계율을 수지하고 명상을 실천함으로써 인생에 대한 올바른 시각을 정립하고 중생들에게 회향 — 迴回하는 인류애적인 심성을 회복하여, 궁극적으로는 모두가 해탈할 수 있는 佛國土를 이룩하고자 했다."393) 마치 "방종으로 생활하던 사람도 외나무다리를 건널 때면 정신을 차리듯, 온 인류로 하여금 계율의 외나무다리를 건너게 함으로써 인간 마음의 순수 무후성을 개발하고자 했다."394) 부여받은 천성을 회복하고자 한 불교에서의 노

---

389) 『동서철학의 교섭과 동서양 사유방식의 차이』, 송영배 저, 논형, 2004, p.35.

390) 위의 책, p.59.

391) "왕양명은 마음에 天理를 보존시키는 것을 학문하는 가장 높은 목표로 봄." — 『전습록(상)』, 왕양명 저, 김학주 역, 대양서적, 1984, p.233.

392) 『반야심경의 세계』, 정병조 저, 한국불교연구원, 1999, p.158.

393) 「해탈도론을 중심으로 한 불교의 인성교육 연구」, 김정천 저, 동국대학교 교육대학원 종교교육전공, 1997, p.78.

력 일환이다. 기독교는 인류의 죄악을 대속한 십자가의 희생道와[395] 믿음어린 헌신을 통해 죄악을 깨끗이 할 수 있다고 했다. 복음은 다름 아닌 인간의 영혼을 구원할 수 있는 하나님의 약속 의지가 내포되어 있다. 사물을 지배하는 객관적인 원리가 아닌 천성을 지배하는 주관 의지 말이다. 天意와 天理를 품부받은 종교 교의들은 한결같이 인간의 天性을 회복할 메커니즘 원리를 아울러 가지게 된다.

그리하여 본성을 회복한 인간이 끝내 완수해야 할 인생 본무는 天命을 깨닫고 天性을 존양해 天理를 본성 가운데서 실현함을 통해 하나님과 일치된 天人合一의 경지에 도달하는 것이다. 그렇게 되면 하나님과 하나 된 영원성을 획득한다. 인간은 세상 가운데 내던져진 존재와도 같지만 天은 인간이 지향하는 곳이다. 인간이 "궁극적 대상을 향한 성스러움"[396]을 어떻게 실현할 것인가 하는 것은 최종 본무다. "인간의 性은 天道가 본래부터 내재화된 본연의 性 자체이다."[397] 天道가 인간에게 내재해 있을진대, 인간이 天道를 찾아서 실행하지 않으면 어떻게 되겠는가? 인생 과정에서 天道를 찾아 "天理를 실현하는 것은 당위이다. 그것이 天理, 天道, 天命에 合一하고자 한 儒家의 이상이었다."[398] 그렇게 天道를 실현하고 合一하기 위해서 인간은 부단한 배움으로 자기 계발을 시도해야 한다.[399] 수양과 배움으로 "밝은 德을 밝힘을 통해 하늘로

---

394) 위의 논문, p.77.

395) 『성경의 파노라마』, 핸리에타 미어즈 저, 생명의말씀사, 1991, p.44.

396) 『동양 천관념의 종교학적 연구』, 앞의 논문, p.32.

397) 『주자철학에 있어서 공맹 천인관의 승수와 전개』, 최영찬 저, 충남대학교대학원 철학과 동양철학전공 박사학위논문, 1990, p.58.

398) 『송준길의 성리학 연구』, 황의동 저, 소논문, p.337.

399) 『동서철학의 교섭과 동서양 사유방식의 차이』, 앞의 책, p.222.

부터 부여받은 본성을 드러낸다."400)

인간이 천지의 性을 품수받았다는 것을 아는 것은 최고의 본무 자각이다. "사람들은 반드시 성실하게 하는 공부를 거쳐서 하늘의 德에 도달하며, 그 근원에서 善을 계속하여 性을 완성해야 한다. 하지만 이것은 시작에 불과하다. 자신을 완성함을 통하여 타인을 완성하고 만물을 완성하여 천지가 화육하는 것을 도우고 천지에 참여하는 것에서 마친다."401) 하늘이 인간에게 부여한 가능성으로서의 경향적인 싹(천부의 잠재 본성)을 天命으로 인식하여(본무) 실천하면 천지의 道를 완성하고 화육할 수 있는 이상 낙토를 건설할 수 있다. 天命을 자각하고 天命을 실천해 天命을 실현하는 것이402) 인류의 이상을 구현할 人의 天에 대한 완전한 복무자세, 곧 신앙자세이다. 뜻을 다하고 마음을 다하고 敬을 다해 신명을 바쳐라. 본무는 근원을 향하고 바탕을 향한 본성이다. 그래서 "궁극적인 실재와의 合一, 즉 天人合一은 자아의 실현을 통해서 완성될 수밖에 없는 구조적 특성을 가진다."403) 기독교인들이 "神의 의지에 합치하고자 한 신앙생활"404)과 구분할 수 없다.

본무는 근원을 향한 순수함 자체이다. 누구든지 인생길을 출발할 때는 확실한 목표를 가진 것이 아니다. 天命의 실천이나 신앙의 실천이나 과정은 다르다 할지라도 본무 상태에 대한 인식과 그렇게 해서 도달될 결과는 같다. 신앙이든 수행이든 天性이라 할지

---

400) 『대학』, 『중용』, 주희 엮음, 김미영 역, 홍익출판사, 2005, p.33.
401) 『중국철학 산고(2)』, 앞의 책, p.191.
402) 『새로운 인간도의 제창』, 松下幸之助 저, KBS 방송연구소 역, 한국방송공사, 1981, p.60.
403) 「공자의 천관에 관한 연구」, 유승종 저, 동국대학교대학원 철학과 석사학위논문, 1986, p.30.
404) 『서양윤리사상사』, 앞의 책, p.71.

라도 자신을 실현하지 않고서는 궁극적인 목표에 도달할 수 없다.405) "수양이라는 것은 바로 인간 스스로에 대한 본성의 함양이다."406) 우리가 그동안 이해하지 못해서일 뿐, 인생 본무는 창조가 그러하듯, 다양한 가치 추구와 문화 형태와 삶의 방식에도 불구하고 정형화되어 있다.

그런 만큼 우리는 인류에게 부여된 변함없이 영원한 사명 본무에 입각하여, 다시 한 번 세상에 태어나 반드시 행해야 할 삶의 의무에 대하여, 베풀어야 할 德에 대하여, 알아야 할 진리에 대하여 재고해야 한다. 반드시 이행해야 할 본무인 만큼 책임을 다하지 못하면 심판을 받는다. 그것이 다름 아닌, 天理를 깨우치는 것이고, 天理를 지키는 것이며, 天理를 회복하는 것, 天理를 실현하는 것이다. 天(하나님)으로부터 은혜 입은 자가 더 이상 감당치 못할 본무는 없다. 인류가 걸어온 일체의 숭고한 인생 추구는 모두 본무 안에 포함되어 있다. 남은 것은 어떻게 알고 행하고 실현했는가 하는 평가뿐이다.

5. 인생 구현

인류의 문명 역사는 성인에 의하여 창도되었고, 성인이 될 수 있는 길을 모색했고, 오늘날 피폐된 문명 역사를 성인이 다시 도

---

405) 「공자의 천관에 관한 연구」, 앞의 논문, p.19.
406) 위의 논문, p.30.

래함으로써 재건하기를 바란 발자취라고 해도 과언이 아니다. 성인이 되기를 갈망한 보편화 역정과 특정 문명을 대표한 성인의 탄생을 기린 특수화 과정이 인류 역사를 추진시킨 핵심이다. 이상적인 인생 구현 경지인 성인의 반열에 오르는 것과 하나님이 창조 과정에서 인간에게 둔 이상적인 창조 목적은 일치한다. 하나님은 창조 시 人性으로부터 天性의 구현 의지를 표명하셨는데, 그것이 인류가 성인의 경지에 도달하고자 한 인생 구현 의지로서 표출된 것이다. 그래서 하나님은 四海에 걸쳐 사대 성인을 배출해[407] 인류가 지향해야 할 本을 세우셨고, 만인의 聖人化, 天性化가 달성되지 못한 여건 위에서 하나님의 뜻을 전하는 품성 통로로 삼으셨다.

기독교는 성인의 특수화 섭리를 수행한 대표적인 문명 체제이다. 기독교는 예수를 신격화하여 하나님께로 나아갈 수 있는 진리와 생명성을 터 닦았는데, 이것은 인류가 창조되었는데도 天性을 구현하지 못한 상태에서의 어쩔 수 없는 특수화 노정이다. 임시 처방 상태라고나 할까? 그래서 하나님은 원래의 창조 목적인 人性의 天性化 구현 의지를 실현하기 위해 동양의 제 종교들로 하여금 天性을 만인에게 보편화시킬 섭리를 병행해서 추진했다. 기독교가 하나님으로부터 부여받은 神性을 예수 한 분에게 집중시킨 것과 유교나 불교가 하늘로부터 품부된 天性을 만인에게 보편화시키고자 한 것이 그 대비된 실례이다.[408] 왜 병행했는가 하면, 언젠가 인류

---

407) 소크라테스, 佛陀, 孔子, 예수.
408) "儒家의 견해는 모든 사람은 성인이 될 수 있다는 것이고(『신유학 사상의 전개(1)』, Caesun Chang 저, 이진표 역, 형설출판사, 1998, p.572)", "불교는 소위 一切中生 悉有佛性을 근거로 모든 중생이 부처가 될 수 있는 길을 엶." -『불교학 개론 강의실(2)』, 장휘옥 저, 장승, 1996, p.159.

는 예고된 대로 主 그리스도가 재림되는 때와, 아울러 창조주 하나님과 함께할 지상강림 시대를 맞이할 것이기 때문이다. 그리되면 천성의 특수화 섭리 결과로서 예수가 오고 인류 역시 天性의 보편화를 구현한 하나님과 함께할 수 있는 천국 백성이 될 수 있다.[409]

성인을 맞이하기 위해서라도 만인은 다 동일한 경지에 도달한 인간 본성을 구현해야 한다. 그러지 못하면 또다시 성인을 십자가에 못 박고 살아 계신 하나님을 거부하는 역사가 재현된다. 인류는 예수 그리스도가 神性을 대표함으로써 인류의 본질과 일치되고자 한 특수 사명 역할에 대해 거부감을 가져서는 안 된다. 오히려 예수는 그 같은 특정 역할 때문에 죽음을 면하지 못했지만, 온갖 희생으로 인해 하나님과 인간 간에 대해 본성으로 통할 길을 튼 대선구자이시다. 언젠가는 만인이 하나님께로 나아갈 그때를 위해 홀로 투신하셨다. 예수가 희생으로 치른 "神과 인간의 완벽한 일치는"[410] 예수님 한 분만으로서 성취되고 말 본성 경지가 아니다. 인류 전체가 언젠가는 구현해야 하는 天性의 인성화를 위한 고귀한 기대 조성이었다.

하나님은 그리스도의 희생을 통하여 창조 목적을 실현하고자 한 특별 의지를 지니셨다. 하나님은 천지 만상 가운데서도 특별히 하나님의 뜻을 헤아릴 수 있는 인간을 창조하셨듯, 뭇 인간 가운데서도 그리스도는 특별한 뜻을 대신할 아들로 세워졌다. 이 모든 것은 주관적인 뜻이시나, 이 같은 주관으로서 펼쳐진 것이 인류가 걸은 역사적 발자취이고 알게 모르게 수행된 섭리 역사이다. 그리

---

409) 누구나 다 성인이 되고 될 자격이 있어야 하나님과 함께할 수 있고 성령의 시대를 맞이할 수 있다.
410) 『보살 예수』, 길희성 저, 현암사, 2004, p.279.

고 하나님의 높으신 뜻은, 만인의 신성화를 위해 독생자를 세우면 (本) 온갖 오해에 휩싸이리라는 것을 알면서도 희생을 감내하셨다.

그리고 하나님은 정말 만인이 하나님의 백성이 될 수 있는 聖人之道를 동양이 이룬 수양적 토양 위에서 객관적인 의지로서 펼치셨다. 人性으로부터 天性의 구현 의지를 끊임없이 추진시키셨는데, 그 목표의 한 가운데 성인이 있다. 성인은 하늘이 부여한 天性, 곧 神性의 구현자이다. 인간의 聖人化는 창조 본질의 발현인 동시에 창조 목적의 구현 일환이다. 역사상 人이 天과의 교감을 최대한 활성화하고자 한 것도 天性을 人性을 통해 구현하기 위함이었고, 그 목적을 이룬 자가 성인이 되는 것이다. 성 어거스틴은 "神이 神 자신으로부터 세상을 만들 경우, 세상은 神으로부터 만들어졌기 때문에 결국 神과 같은, 神的인 존재가 될 것을 염려해 거부했는데",411) 이 같은 생각 차이가 서구 신학을 미궁에 빠뜨렸다. 이 생각이 곧 서구로 하여금 天性의 특수화를 고집하게 한 분수령이다. 이에 비해 동양은 天性을 그대로 빼어 닮고자 성인을 고양했던 神學이다. "성인은 천지의 道가 입신된 존재로서 역사 위에 강림하여 인간의 삶의 원리인 人道와 존재 근거인 천지의 道를 밝혔다."412) 그래서 성인은 天性인 五德, 즉 仁·義·禮·智·信을 고스란히 간직한 사람으로서 추앙되었다.413) 性은 품부된 것인데도 인간이 인간으로서 본성에 부합하기란 참으로 어렵다. 그래서 본성대로 행하는 이를 성인이라고 했다.414)

---

411) 『동서양의 인간 이해』, 한자경 저, 서광사, 2001, p.54.

412) 『역경과 사서』, 앞의 책, p.서론.

413) 『동양적 가치란 무엇인가(논어의 세계)』, 송복 저, 지식마당, 2004, p.107.

414) 『유학원론』, 성균관대학교 유학과 교재편찬위원회 및 출판부, 1995, p.83.

유교가 성인의 學을 함양하고 길을 지향한 것은 장차 강림할 성
인을 맞이하고 함께할 섭리 추진과 무관하지 않다. 聖人之道의 특
수화가 보편화되어야 四海에 걸쳐 두루 성인이 나올 수 있고, 그
리해야 강림할 主를 바르게 맞이하는 이상 역사가 성취될 수 있다
(양자 合一). 성인의 강림은 역사로서 실현되어야 하고 성인의 道
는 만인의 노력으로 달성되어야 한다.

그래서 儒家에서는 전통적으로 "성인은 배움에 의해 될 수가 있
다."[415]라고 보았다. "君子는 근본에 힘쓸 것이니, 근본이 서면 道
가 생길 것이다."[416] 즉 "철저한 수양 공부를 통해 성인의 경지에
이를 수 있다."[417] "사람은 누구나 궁리를 통해 자신의 본성에 대
한 인식에 가까이 다가갈 수 있고, 본성을 인식한 배움을 통해 天
命을 안다."[418] 수양과 배움으로 天命을 알아야 하는 것은 성인의
道를 달성하기 위한 기본 조건이다. 본성과 天命을 자각하고 이를
실천해서[419] 天道와 일치되고자 한 것이 聖人之道의 대개이다. 그
만큼 성인의 경지는 배움을 통해 이룰 수 있는 "자신의 인격 형성
에 의한 진정한 인간의 성취요"[420] "하늘이 명부한 본성을 도야한
천부의 품성 구현이다."[421]

---

415) "聖은 배울 수 있는가? 가로되, 배울 수 있다." -『통서』, 성학 20, 주렴계.
　　 "빈델반트는 문화의 사분법으로서 眞·善·美·聖을 들고, 聖의 가치를 실현하는 것을
　　 종교로 봄." -『법철학 개론』, 앞의 책, p.291.

416) 『논어』.

417) 「진덕수 심경의 수양론적 분석과 동유의 심경 이해」, 박지현 저, 한국정신문화연구원 한국
　　 학대학원 철학·종교전문 석사학위논문, 1993, p.2.

418) 『장재』, 함현찬 저, 성균관대학교출판부, 2003, p.135.

419) 『역경과 사서』, 앞의 책, p.232.

420) 『한국의 성리학과 실학』, 윤사순 저, 열음사, 1987, p.80.

421) 『세계통합론』, 졸저, 다짐, 1995, p.482.

왜 이 연구가 인류의 창조 본성을 규명하고 선현들이 추진했던 聖人之道를 다시 내세우게 되었는가 하면, 인류의 도덕적 타락과 종말을 맞이한 시기적인 긴박성 때문이다. 인류가 聖人之道를 달성하지 못하면 이 땅에 강림된 하나님의 새 靈과 함께할 수 없다.422) 구태 그대로인 본성으로서는 새 하늘과 새 땅에 발을 들여놓을 수 없다. 그래서 하나님은 말세에 새 靈을 불어넣을 전면적인 교체 시스템을 작동시킬 것을 천명하셨는데, 그것이 곧 聖人之道의 보편적 확산과 만인의 삶을 통한 인생적 구현이다.423) 강림한 하나님과 교통하고 함께해야 함에 누구라도 성인의 반열에 서야 하고 성인의 역할이 활성화되어야 한다. 이를 위해서 하나님이 태초에 인간을 창조하신 것 이상으로 인류는 그동안 일군 聖人之道를 바탕으로 새로운 인간상을 재창조할 수 있어야 한다.424)

오늘날은 도대체 "어떤 사람이 바람직한 사람이고 어떤 사람이 존경받아야 할 사람인지 모형이 없다."425) 니체는 성인을 버리고 초인이란 새 인간상을 설정했는데, "초인은 신앙을 내던진 인간이자 자신의 삶에 대한 모든 희망을 천국에 걸지 않아도 견뎌내는 인간이다."426) 하지만 우리는 인간의 한계 능력을 초극한 초인보다는 주어진 본성을 최대한 구현한 성인을 더 선호한다. 오늘날의

---

422) 앞의 책, p.18.

423) 현세는 말세이니 하나님의 大命을 받드는 성인은 탄생되어야 하며, 새 성인이 나야 말세를 구원할 새로운 진리 세계를 펼칠 수 있다. 참으로 孔子와 같은 성현이 와야 인류의 질서가 바로잡히고 예수가 와야 하나님의 섭리가 완성된다.

424) 인간에게는 인류의 법도라는 것이 있다. 말세란 바로 이것이 무너져 버린 상태라, 이를 다시 세우기 위해서라도 성인은 이 시대에 다시 출현해야 한다.

425) 『동양적 가치란 무엇인가』, 앞의 책, p.234.

426) 『현대와 후기 현대의 철학적 논쟁』, 한정선, 안드레아스 호이어 저, 서광사, 1991, p.180.

인류는 다양한 문화적 삶을 향유하고 있는 만큼, 성인이 어떤 특정 문화권을 대변하는 이상적 인간상이 되어서는 안 된다. 인류가 부여받은 본성을 공통적으로 충족시키면서도 구현하고 대표할 수 있는 인간상이 되어야 한다. 가치관을 받아들임에 있어서 어느 문화권에서도 거부감이 없는 보편적인 인간상이 그것이니, 그 인간상으로부터 우리는 진실한 삶, 성실한 삶, 추구된 삶, 헌신한 삶, 완성된 삶, 구원된 삶, 영광된 삶, 온전히 바쳐진 삶을 동시에 볼 수 있어야 한다. 만인의 인생 구현 의지를 충족해야 할뿐더러, 인류를 대표해 뭇 열조들과 하늘과 하나님에 대해 제사드릴 수 있는 천부의 정통적인 직분을 부여받고 자격성을 확립한 자, 명실상부하게 인류가 추진했던 聖人之道의 특수성과 보편성을 동시에 구현한 자가 대인류 문화를 초월한 聖人之相이고 기대된 새로운 인간의 모습이다.

이 인간상을 어떻게 탄생시킬 것인가? 기도하고 간절히 염원하면 탄강될 것인가? 교육이? 사상이? 믿음이? 어차피 성인은 탄생하더라도 이 제한된 시공간 안에서는 한 세대 동안에 달구어진다. 그런 만큼 새 성인이 어떤 땅에서도 하늘에서도 없는 전혀 새로운 道와 진리와 가치관을 가지고 새 하늘을 열리란 기대는 하지 않는 것이 좋다. 그것은 분명 지금까지 인류가 다하지 못해 이상으로 남겨 두었던 일체 본성 가치를 완성시킬 자이시다. 그런 성인상이 곧 동양의 선현들에 의해 역할과 자격과 가치관적 틀이 정형화되었는데, 그것이 孔子가 애써 本을 새운 君子이다. 君子는 하나님의 인간 창조 이래 덕과 인격성을 갖춘 제2의 인간상 창조와 맞먹는다.[427] 孔子가 내세운 君子의 우선된 자격 요건은 天命을 아는

---

427) 君子는 자고로 儒·佛·道에 능통하고 두루 조예가 깊은 인격체를 일컬었음.

것이다. "命을 알지 못하면 君子가 될 수 없다."[428] "君子가 天命을 실천하기 위해서는 天命을 자각하는 것이 우선이며",[429] 聖德을 갖추어 내성을 완성한 君子의 사명은 天命을 봉행하는 것이다.[430][431] 기독교 문화권에서 선지자가 하나님의 말씀을 대행했듯, 유교 문화권에서 君子는 선지자처럼 天命을 봉행하는 자이다. 君子는 성인일진대, "성인은 만물의 존재 근거인 인격적 天의 뜻이 입신되어 나타난 존재이라",[432] "신명의 경지에 도달함으로써 미래의 일을 안다(神以知來)."[433]라고 했다. 天命을 자각하고 봉행하는 것은 특정인에게만 부여된 어려운 일 같지만, 先天에서는 한계성이 있었다 하더라도 하나님이 강림된 마당에서는 누구에게나 가능한 일이 되어야 한다. 그것이 곧 인류 전체가 하나님과 영교를 틀 성령의 시대이다. 그리되면 萬物一體로서 가능한 인간 존재의 본래 모습을 실현하게 되어 만물과 조화됨은 물론 하나님과도 함께 할 원동력인 天命의 실천자가 된다.[434]

성인-聖人하면 격세지감이 있지만, 君子로서 표현된 성인은 언제라도 가까이서 노력하면 성취가 가능한 인격상이었다. "올바른 道를 밝혀서 전하고, 그것이 어려움에 처할 때는 목숨을 담보로 저항하는 선비 정신도"[435] 또한 포함된다. 君子는 그만한 수양을

428) 『논어』, 요왈 편.
429) 『역경과 사서』, 앞의 책, p.160.
430) 위의 책, p.185.
431) "天命은 儒家 사상의 근간이며 핵심이다. 君子는 이 天命을 알고 天命을 따라 행하는 사람이다. 儒家가 지향한 인간 유형의 전형인 君子는 누구보다도 이 天命을 잘 알고 天命에 대하여 한 점 의혹을 갖지 않는 사람이다." -『동양적 가치란 무엇인가』, 앞의 책, p.243.
432) 위의 책, p.30.
433) 『주역의 이해』, 곽신환 저, 서광사, 1990, p.160.
434) 『대학, 중용 강설』, 이기동 역해, 성균관대학교출판부, 1991, p.중용 14장.

바탕으로 "위로는 하늘을 원망하지 아니하고 아래로는 남을 탓하지 아니한다."[436]라고 했다. 그것은 德의 발현이다. "君子는 性德된 인격체로서 德을 주체로 하여 살아가는 존재자이다."[437] "君子는 四德(仁·義·禮·智)을 행하는 사람으로서 君子의 道는 곧 四德의 원리와도 같다."[438] 君子는 본성을 부여받은 자로서 언제든지 실천 가능한 범위 안에 있다. "君子는 자신의 본성이 四德을 자각하여 그 것을 주체로 하여 天命을 실천한 존재자요",[439] "의로움을 바탕으로 삼고 이를 예법을 통해 밖으로 표현한 그야말로 바탕과 외양을 고루 갖춘 자이다."[440] 그래서 孔子는 "신분에 상관없이 누구든지 그 행실이 귀하고 의로우면 君子가 될 수 있다고 주장했다."[441]

> "天下의 가장 넓은 세계인 形而上의 도덕적 세계에 살면서, 天下의 正位 인 天命을 주체로 하여, 天下의 大道인 君子의 道를 실천하되, 뜻을 얻으면 백성과 함께하고, 얻지 못하면 홀로 그 道를 행하여 부귀도 능히 어지럽히지 못하고, 빈천으로도 빼앗을 수 없으며, 위무－威武로도 굴복시킬 수 없으니, 그 사람을 일러 대장부－大丈夫라고 한다(맹자)."[442]

장차 성인이 득세할 君子의 나라가 도래할진대, 어찌 利를 앞세운 쟁투가 일어나겠는가? 강림한 성인을 다시 십자가에 못 박는 일은 없으리라.

---

435)『1995년 2월의 문화인물 조식』, 김충렬 저, 문화관광부, 한국문화예술진흥원, 1995, p.10.
436)『대학, 중용 강설』, 앞의 책, p.131.
437)『역경과 사서』, 앞의 책, p.120.
438) 위의 책, p.44.
439) 위의 책, p.98.
440)『윤리질서의 융합』, 황경식 외 저, 철학과현실사, 1996, p.26.
441) 위의 책, p.25.
442)『맹자』, 등문공장구하.

　성인은 易을 아는데, 오늘날은 성인이 없어 하늘과 시대의 변화를 모르고 땅의 변화에만 정신이 팔려 있다. 이렇게 되어서는 성인이 탄강하고 싶어도 대의순숙이 이루어질 수 없다. 이론상으로도 인류는 모두 성인이 되어야 한 성인을 맞이할 수 있다. 만인은 하늘의 변화를 읽어 성인의 도래를 예비해야 한다. 그리해야 성인이 제 역할을 수행할 수 있다. 성인이 주어진 천품으로 道를 세워야 하는 것은 혼돈된 세상의 질서를 바로잡기 위한 하늘의 사명이다. 성인은 천지의 운행 질서와 인식을 같이한 영혼의 능력을 부여받았거나 수행을 통해 확보했다. 그래서 우주적 질서와의 교감을 통해 무후한 德을 인세에 베풀었다. 인륜의 도리를 잃어버린 지 오래인 인류에게 “도덕의 중요성과 성인의 기대성이 절실한 이때”,[443] “만교일리 – 萬敎一理의 大衆之道와 만유일원 – 萬有一元의 우주 학문을 개도하여 모든 세계와 모든 敎學의 宇宙一元化를 성취하기 위해 분명 성인은 다시 오신다.”[444] 그때를 알고 성인을 맞이하기 위해 인류는 최고의 인생 구현 상태인 聖人之道를 가슴에 품고 있어야 한다. “컴퍼스와 곡척은 네모 모양과 둥근 모양의 표준이고, 성인은 인류의 표준이다.”[445] 성인은 “그가 움직이면 그것이 곧 도리가 되고, 그가 행하면 그것이 곧 모범이 되고, 그가 말하면 그것이 곧 표준이 된다.”[446] 그런데도 성인의 탄생이 지연된다면 세상이 어떻게 되겠는가? “암사자들은 수사자가 있다는 것만으로도 안심하고 새끼들을 키우듯”,[447] 성인의 탄생은 온 인류의 성인

443) 『인도 정신』, 한성규 저, 명문당, 1983, p.1.
444) 위의 책, p.2.
445) 『맹자』, 맹자 저, 박경환 역, 홍익출판사, 2005, p.190.
446) 『동양윤리사상』, 김길환 저, 일지사, 1985, p.72.

화를 앞당기리라.

　성인은 "하늘에 근본한 자요",[448) 하늘로부터 내림받은 자이며, 하늘이 부여한 天의 인간화를 대성할 만세의 本이시다. 성인은 인간이 직접 걸어가야 할 인생 구현의 최종 목표인 동시에 직접 맞이해야 할 인류 역사의 최고 이상이다.[449) 산업 혁명이 인류의 생산수단을 변화시켰는가? 마르크스의 자본론이 새로운 혁명을 일으켰는가? 만약 기다린 성인을 맞이할 수 있다면 그 품성은 인류의 문명 차원을 전환시키리라.[450) 인간이 본성 가운데서 道를 체현하고 학문이 진리를 완성하며 天이 대단원에 걸친 섭리를 완수하리라. 인류가 道와 함께하고 성인과 함께하고 하나님과 함께할 지평선을 열리라.[451) 孔子가 살신성인 – 殺身成仁하고자[452) 하였고, 아침에 들으면 저녁에 죽어도 가하리라고 할 만큼[453) 중요하고 절실한 仁과 道[454)를 오늘날은 새로운 성인의 품성과 역할과 맞이 역사를 통해 듣고 품을 수 있어야 한다. 그 가능성은 인류 하나하나가 성인의 道를 자신에게 부여된 인생 삶의 과정을 통해 구현할 때 달성된다. 인간에 관한 일체가 밝혀진 이때, 너와 내가 성인이 될 가능성을 인지하고 天命을 깨달으며 하나님의 뜻과 강림된 실체를 봉행한다면 이 땅 위에서 君子의 나라는 반드시 건설될 것이다.

---

447) 『노자를 웃긴 남자』, 이경숙 저, 자인, 2001, p.303.

448) 「송준길의 성리학 연구」, 황의동 저, 소논문, p.349.

449) 위의 소논문, p.349.

450) 『세계통합론』, 앞의 책, p.483.

451) 「인간됨을 위한 노자의 교육철학적 견해」, 장기수 저, 소논문, p.11.

452) 『논어』, 위령공 편.

453) "朝聞道 夕死 可矣." – 『논어』, 이인 편.

454) 『동양철학의 본체론과 인성론』, 한국동양철학회 편, 연세대학교출판부, 2003, p.13.

제5장

인간의 영생 가치

1. 세계의 영원한 바탕성 논의

세계는 영원한가? 존재는 영원할 수 있는가? 영생을 바라는가? 세계가 영원할 수 없다면 존재도 영원할 수 없다. 허물어질 담 밑에 서 있는 자는 생명을 보장받을 수 없다. 영원한 세계, 영원한 존재, 영원한 생명은 영원한 세계관이 뒷받침되어야 한다.[455] 세계는 영원하다. 존재는 존재함으로써 영원하리오. 영원한 가치를 찾아서, 너희는 살아생전에 영원할 수 있는 길을 찾아라.

각자의 세계에는 저마다 세계를 충족시킬 타당한 바탕 세계관이 있다. 그러나 우리는 어디에서 영혼을 맡길 영원한 생명의 세계를 찾을 수 있는가? 이것은 세계는 영원하리란 신념만으로써는 안 된다. 보다 타당한 근거가 있어야 하고, 객관적인 실체성이 증험되어야 한다. 영원한 실존성이 드러나고 만상이 몸담고 있는 세계가 일단 영원해야 그 안에서 존재하고 있는 인간도 세계성에 부합한 길을 찾아 나설 수 있다. 현 존재는 세계 안에 있는 내적 존재이

---

455) 영생은 시공간을 초월한 차원적인 세계관이 뒷받침되어야 하는 문제임.

며, 세계는 만 존재의 실존 영역이다. 이 영역 안에서 인간은 현세의 삶이 끝날 때까지 언젠가는 도달하고야 말 한정된 가치를 추구하고 있다.456) 한정이 있기 때문에 영원한 세계를 찾아나서는 것은 더욱 절실함을 안겨 준다. 존재의 영원성에 관한 논의는 거대한 세계관이 버티고 있어 함부로 문제가 제기될 수 없고, 거론되기가 어려웠다. 영원한 가치, 영원한 생명, 영원한 존재를 담아 낼 세계관이 밝혀지지 않은 상태에서는 영원성에 대해 논의했던 어떤 진리 체제도 인류의 영혼을 리드할 수 없다. "과학이 흥성하고 발달한 오늘날은 사람이 영원히 죽지 않으며, 道를 얻어 신선이 될 수 있다(노장 사상)고 믿는 사람은 거의 없을 것이다."457) 영원한 세계가 확인이 안 되니까 영원성에 대한 믿음조차 소원해진 것이지만, 그렇다고 인류가 길을 찾아 나선 것을 포기한 것은 아니다.

역사상 동서를 불문하고 진리를 추구한 것은 영원한 세계를 희구한 것과 연관이 있다. 일찍이 "플라톤(이데아 - idea)과 아리스토텔레스(형상 - form)도 세계의 영속적 · 항구적 · 보편적 · 근본적인 것을 추구하려고 한 노력은 있었다."458) 물론 현존하는 것이 아니라 실재의 근원이 되는 것이기는 하지만, 영원한 것을 찾고자 한 것은 보편적인 의지이다. 단지 그 결과가 명확하지 못했다고나 할까? 先天에서 추구한 가치와 진리의 결말이 다 마찬가지지만, 끊임없이 나아가야 할 방향을 개척하였고, 영원성의 문제에 있어서도 궁구한 것은 같은데, 문제는 바탕된 세계관의 근원을 밝혀내지 못한

---

456) 『법과 존재』, 베르너 마이호퍼 저, 심재우 역, 삼영사, 1996, p.114.
457) 『중국의 유가와 도교』, 임계유 편자, 권덕주 역, 동아출판사, 1993, p.386.
458) 『교육사 교육철학연구』, 손인수 저, 문음사, 1992, p.219.

미비점이 있다. 그리고 이것은 세계의 알파와 오메가를 규명하지 못한 것과도 맥락이 같다. 세계의 영원성을 규정할 바탕 세계관은 정말 세계의 영원성을 규정할 바탕 본질이 없어서가 아니라 그 본질이 미처 분열을 완료하지 못해 인식상으로 한계에 처한 것이다.

사실 이 연구가 다룰 영원, 善惡, 내세, 심판과 같은 주제들은 先天에서는 불가능했지만, 지금은 세계 본질이 분열을 완료해서 가능할 수 있게 된, 초월 본체적인 세계관이 뒷받침되어 있다. 본체의 통합적인 작용과 실체성이 드러나야 삼세간에 걸쳐 영원할 수 있는 가치와 생명과 존재성이 발효될 수 있는 것인데, 세계와 함께하는 인간이 이 같은 본질성과 동떨어져서는 주장된 영원성이 관념의 유희밖에 안 된다.[459] 판단한 시공간 영역이 현세밖에 없다는 것이 결정적인 한계이다. 본체는 현상에 대해 초월적이다. 그런데도 눈에 보이는 존재만으로 판단하면 어떻게 되는가? 善惡의 본질이라든지 生死, 해탈, 윤회, 부활, 재림, 영생, 구원 등은 한결같이 세계의 초월적인 본체성에 근거해야 하는 문제이다. 현상은 현상이고 본체는 본체이다. 당연히 삼세간에 걸쳐 입체적으로 조망되어야 하는데, 드러난 현상만으로 판단해야 한 것이 진리적 난제였다. 이것은 정말 하루살이 곤충이 내일을 모르는 것과 같다. 내일이 없는 인생에 대해 어떻게 죽음 이후의 화복과 영생을 설명할 수 있단 말인가? 가능한 세계적 바탕이 마련되지 않은 상태에서는 무슨 약속이 있다 해도 실효성이 없다. 영원성을 보장하는 초월 가치는 반드시 이에 걸맞은 세계관이 뒷받침되어야 한다. 이 같은

---

459) 영원성에 대한 인식이 관념성을 벗어나기 위해서는 이것을 당연하게 할 세계의 구조가 밝혀져야 한다. 마치 영생이 보장되기 위해서는 영원한 실존자이신 하나님의 존재 사실이 증거되어야 하듯.

선결 과제는 때를 기다려야 한 숙제이다. 언젠가는 완결되어야 하는 과제이다. 그리해야 뭇 성현들이 시공간을 초월해서 제시한 보장 가치들이 의혹에 파묻히지 않고 진리로써 권위를 회복할 수 있다.460)

따라서 영생을 보장할 초월 본체적 세계관은 인류로 하여금 새로운 차원 세계로 진입할 메커니즘 체제를 生의 과정을 통해 마련하게 한다. 가능성이 아닌 확신을 가지고 일체를 투신할 수 있게 한다. 先天에서는 어느 모로 보나 모호했기 때문에 세계를 단명한 것으로 보고 일시적인 쾌락에 몸을 던졌지만, 지금은 분명 다르다. 그렇다고 세계의 영원성이 "시작이나 끝이 없으면서 연속이나 변화의 어떤 흔적도 없는 것으로 혹은 무한한 초월에 있어서 순수 현실태에 고유한 지속성을 가리키는 것"461)은 아니다. 그렇다고 하면 이것은 마치 예수 그리스도가 초월된 神의 아들로서 돌아가신 모습 그대로 재림하리란 어리석음과 같아진다. 生者必滅이요 生滅은 예외가 없는 것이므로, 영원성은 차원을 달리한 문제이다. 生滅은 본체의 대생성 일환이라, 오히려 영원성을 위해서 필요불가결한 요소 시스템이다. 단지 차원을 넘나들어 형태를 달리하다 보니까 세계적인 규명 절차와 세계관적 논의가 뒤따라야 했다.

세계의 영원성이 밝혀진다고 해서 세계 구조가 달라지는 것은 아니다. 다만 지금까지 한계에 부딪힌 인식의 영역이 확대된다고 할까? 한계는 세계를 그릇되게 판단하게 한 중대한 원인이기도 하다. 세계가 영원한 것은 알파와 오메가가 맞물려 있는 창조의 有한 구조성이 이유이다. 그런데 그것이 차원을 달리한 生滅로서 맞

---

460) 삼세간에 걸친 본체 존재가 확증되어야 삼세간을 초월한 보장 가치가 권위를 지님.
461) 『윤리와 종교』, 배석원 저, 경상대학교출판부, 2005, p.244.

물려 있다. 만물은 生滅함으로써 유전하고, 유전함으로써 본체의 항구성이 보존된다. 이 같은 시스템은 본래 만상이 통합성을 이룬 본체로부터 化됨(창조)으로써이다. 그래서 뭇 존재는 본질이란 바탕 뿌리를 가지게 되어, 본질은 현상에 의해, 현상은 본질에 의해 절대적인 영향을 입는다. 그러므로 당연히 세계 본질은 영원성의 근거이나 한편으로는 生滅하는 생성 시스템이 작용하지 않으면 보장될 수 없다. 만물은 분열을 다한 生滅을 통해 본질에 귀속되고, 귀속된 본질은 남은 뜻이 영원의 뒤에 다시 새로운 목적의 규합체로서 환귀한다. 生滅이 있어야 생성이 있고 생성이 있어야 통합이 실현된다. 세계가 영원한 것은 영원할 수 있게 된 본질이 바탕되어 있기 때문이고 영원한 세계적 기반은 영원한 생성이 이것을 뒷받침하고 있다.

대우주의 어김없는 운행성은 엄청난 작위 자체이다. "세계는 영원한가? 세계는 무한한가? 세계가 영원한 것도 알고 보면 영원한 생성이 뒷받침한 본질에 의한 규정 시스템이다. 세계는 영원성으로 인식되고 무한성으로 분열하지만 그렇게 되도록 본질이 무한성과 영원성을 규정했다. 그것이 창조이다. 창조가 有한 본질을 영원하도록 시스템을 구조화했다. 어느 모로 보나 생성하는 시공간은 순간으로서 영원하다. 순간은 시공간의 최소단위인 동시에 본질과 맞닿은 바탕체이라 아무리 무수하게 분열하여 흔적이 없어도 순간이 소멸할 리 없다. 순간은 집적되어 고스란히 세계의 영원성에 참여한다. 순간이 모여 영원성을 이룬다. 순간은 순간 자체로서 고유함인 동시에 영원함이다. 순간이 영원하기 때문에 무궁한 여유로움을 갖추어 대우주를 생성시킬 수 있었다. 창조의 위대한 힘이 여기에 있다. 순간이 우주를 창조했다. 그래서 이 순간에도 우주는 쉼 없이 영원성을 지속하고 있다. 순간이 순간마다 영원성을 창조하고 있는데, 그 같은 영원함을 인식한 인간이 주어진 生의 순간순간을 영원할 수 있도록 투신하지 못해서는 안 된다. 운명론을 불식해서 영원성에 참여해야 한다. 주어진 生이 얼마나 소중한 것인가 하는 것은 단 한순간이라도 그것이 세계의 영원성과 연결되어 있음으로 써이다. 지금 당장 이렇게 할 수 있는 것이라면 또한 그렇게 하지 않을 수도 있는 것, 꼭 그렇게밖에 할 수 없는 것이 아니다. 우리는 한평생을 수놓는 세월 동안 얼마나 많은 순간을 스쳐 보냈는 가? 그 가운데서 한 찰나만이라도 순간 가운데서 영원성을 포착할 수 있다면, 生의 차원이 달라진다. 영각과 구원은 한순간이다. 긴 시간이 아니다. 순간이 영생을 좌우한다.[462] 세계는 분명 영원하도록 창조되었고 지금도 영원하게 생성하고 있으며, 무수한 세월 동안 이 순간성을 접하면서 살아가고 있다. 세계는 무엇으로도 영속이 가능한 시스템으로 구축되어 있다.[463] 그런데 무엇이 세계를 어둡게 하고 뭇 영혼을 파멸시켜 인류를 종말로 치닫게 하였는가? 세계의 영원성을 보지 못하게 한 단명한 세계관과 가치관의 추구가 원인이다.

세계는 영원한데 문제는 이 같은 영원성과 함께하지 못하는 인간이다. 인생의 본질 원리와 정신과 영혼과의 관계, 그리고 영생을 뒷받침한 세계관은 현생을 살아가는 인간 삶의 양식과 가치관과 추구 목적을 결정한다. 오늘날 도덕이 피폐하고 물질적 가치에 현

---

462) 진리는 순간에 각성되고 획득됨.
463) 종의 생식이나 에너지 불변의 법칙이나 유전법칙 등.

혹된 가증한 현상들은 이 같은 본질을 직시하지 못하고 세계를 영원하게 보지 못한 결과이다. 특히 세계적으로 확산된 물질주의는 無神論, 唯物論, 과학과 같은 現象論(단명한 세계관)에 뿌리를 두어 대다수의 인생 삶으로부터 영원성을 지향했던 성결한 가치관을 파괴시킨 주된 원흉이다. 人本, 神本, 거룩한 聖本을 쌓아야 그로부터 새로운 차원에 입각한 구원의 세계가 펼쳐질 것인데, 맞이한 것은 종말뿐이다. 구원된 삶의 가치는 영원한 세계를 추구하는 것이고 그렇게 해서 쌓은 義的 본질로서 영생의 원리를 작동시키는 것인데, 그 같은 작용 체제로부터 멀어진 인류의 장래는 어떻게 되겠는가? 세계관이 미비된 관계로 뭇 종교들은 때가 되면 완수될 세계적 성취를 고무하면서 믿음과 순종을 강조한 것인데, 그 진실성을 이해하지 못하고 비판과 성토를 아끼지 않은 지경에 이르렀다.

니체는 "기독교는 이제까지 노예도덕을 가르쳤다. 神, 영혼, 자아, 정신, 자유의지, 이런 것은 모두 픽션(가공적 발상)이다. 구원, 은총, 벌, 용서, 회개, 양심의 가책, 악마의 유혹, 神과의 만남, 하늘나라, 최후의 심판, 영원한 생명들은 가공의 개념일 뿐이고 신성한 거짓말이다. 자연적인 것에 대한 증오일 뿐이므로 일체 가치가 전도되어야 한다."[464]라고 외쳤다. 인간은 이 땅에 발 디딘 자마다 "자신의 인간관과 자연관과 우주관을 生의 의식 체계 속에 접근 또는 일치시킨, 가치관에 대한 일련의 구조적 재정립을 불가피하게 하므로",[465] 니체도 인류가 하늘을 향해 열었던 일체의 영생을 위한 가치관을 버릴 것을 강조했으니, 그 분명한 선언이 "신은 죽었

---

464) 우리는 누구인가, 최한기와 니체, 도올 김용옥 강의, 2004. 5. 17.
465) 『증산사상중심의 인류갱생철학개론』, 배용덕·황정용 공저, 태광문화사, 1995, p.37.

다."였다. 인간은 하늘로부터 구원받는 것이 아니다. 하나님이 어디에 계시는가? 인간은 이 땅에서 스스로 모든 것을 초극해서 이루어야 할 뿐이다. 하지만 그 니체의 외침을 긍정해서 인류가 얻은 것이 무엇인가? 역사의 막다른 길목에서 한 철학자가 외친 단말마적 절규였다는 사실을 왜 모르는가? 모세는 확신이 있었기 때문에 애굽땅에서 바로의 압제로부터 이스라엘 백성을 인도해 낸 보다 영원한 실존자에 대한 믿음을 가졌다. 그런데 현대인은 믿음도 희망도 영안도 잃어버린 지 오래인 종말적 세계관에 깊숙이 빠져 있다.

그러므로 이 연구가 영원한 세계의 바탕성을 논의하고 세계관을 직접 제시하고자 하는 것은 마치 모세가 이스라엘 백성을 약속의 땅으로 인도한 것과 같다. 그 땅이 오늘날에 있어서는 영원한 세계가 있다는 것을 일깨우는 것이다. 영원성에 대해 눈먼 방황을 막고 영속성이 보장된 차원 세계로 인도하는 것은 만연된 종말적 세계관을 극복하려는 거대한 지적 작업이다. 좀 더 구체적으로는 인류 전체가 보편적으로 받아들일 수 있는 영속성이 보장된 하늘나라의 가치를 제시하는 것이다. 세상은 지금 뭇 세속적인 가치들로 난무해 있으므로 정말 혼신을 바쳐 추구하고 헌신해야 할 생명의 가치, 종말에 처한 인류가 찾아나서야 할 구원의 가치, 영원할 수 있는 가치를 추구해야 한다. 아울러 이 연구는 그렇게 추구했을 때의 인생 결말을 세계 원리로서 제시해야 한다. 예나 지금이나 어떻게 살 것인가에 대한 가치관 설정이 잘못되면 평생을 살고나서 후회한다. 돌이킬 수 없다. 어찌 삶을 영위하는 자들에게 있어 중요한 일이 아니겠는가? 그런데 그 같은 판단을 주도하는 것이 세계관이다. 가치는 진리와 정의와 선의지적 세계관이 종합된 주관적인 결정체이다.466) 그런데 문제는 대개의 인류가 영생에 대한 정보로부터 단절되어 불행한 인생 결과를 자초했다.

세계가 초월 인식을 필요로 하는 이유는 창조가 초월적인 차원성에 기인한 때문이다. 불교가 밝힌 반야란 지혜는 분열된 현상 세계를 초월해서 창조된 본체 세계를 보고자 했던 일련의 개안 노력이다. 이것을 기독교에서는 믿음이 대신했다. 본체 세계가 드러나기까지 대행된 인식 체제였고, 한계 상황에서도 영원성을 보기 위한 노력 행위였다. 그런데도 영생을 지향한 이 같은 고귀한 행위들을 무시한 것은 인류가 종말적 세계관에 근거해서 더 이상 세계의 영속성을 믿지 않아서이다. 세계가 창조와 더불어 모든 것이 한꺼번에 드러난 상태라면 무슨 믿음이 필요하겠는가? 문제는 영원이 다하도록 영원성 자체가 구체적으로 드러날 수 없었다는 데 있다. 그렇다면? 필요한 것이 믿음이다. 무형의 바탕인 세계 본질은 영원토록 운위된 생성 체제이라 그 전모를 넘나들어 파악할 수 있는 방법은 믿음뿐이다. 세계 내에서 통합적으로 운행되는 질서와 법칙은 오히려 주체적인 의지가 관여한 믿음에 의해 영원성에 참여된다. 선행된 질서 의지를 믿음이 수용할 수 있어야 영생을 이루는 본질의 기단이 쌓인다. 기독교에서 제시한 믿음에 의한 구원 원리가 그것이다. 사실 영원한 세계에서는 세계를 영원하도록 뒷받침한 영원한 실존 의지가 함께 거하여 있음에, 그 궁극적인 실체의 인격적 표현이 하나님이시다.

그러므로 先天을 다한 세월 동안 인류는 사실상 영원한 세계를 구축할 방법론과 실체 의지를 거의 밝혀놓았다고 해도 과언이 아

---

466) 인간관, 자연관, 우주관의 합작품이 가치 세계관임.

니다. 문제는 초월 본체인데 그 선을 가름한 것이 先天과 後天으로 나뉜 하나님의 지상강림 역사이다. 하나님의 존재를 믿음(先天)과 본체 강림 이후는(後天) 진리 세계에 있어서 인식 방식이 전혀 다르다. 영생을 믿음과 영생을 보증함에 있어서도 차이가 분명하다. 이를 바탕으로 세계는 생성을 통해, 뭇 인생은 추구를 통해, 세계의 영원성에 참여할 길을 얻게 된다.

인간은 어리석되 한없이 어리석다. 이 땅에서 행복을 누리고자 하는 자, 땅의 행복은 어떤 행복이라도 언젠가는 끝나는 행복이다. 한때는 행복했으나 끝나면 그렇지 않다. 그래서 보다 영원하게 행복을 누릴 수 있는 길이 있다면 우리는 그것을 이룰 수 있는 가치를 구해야 하지 않겠는가? 무릇 성실한 것은 하늘의 道요 성실에 이르도록 노력하는 것은 사람의 道라고 했다. 하나님이 인생에서 영원 자체로서 영원할 수 있는 生의 기회(가치)를 부여하신 것이다. 인류가 판단하고 선택해서 추구해야 할 길임에 영원한 세계를 건설하고 영원한 생명을 보장받을 가치를 추구하는 것은 종말에 처한 인류가 달성해야 할 공영의 구원 목표이다. 영혼도, 생명도, 뭇 존재의 존립 요인도, 바탕, 본질, 유형무형의 법칙, 진리, 존재 의지, 뜻, 궁구한 가치 세계도, 결국은 창조된 하늘에 이르고 하나님의 품 안에 안겨야만 영생을 보장받는다. 창조 시스템이 그러하듯 영생도 결국은 걸맞은 가치로서 生을 헌신해야만 보장이 있는 유지 체제이다.

그러므로 이 연구가 "영원한 가치관을 세우고 인류를 영원한 세계로 인도하려는 것은, 이 땅에서 현실적으로 하나님과 함께하는 영원한 천국 세계를 건설하기 위해서이다. 영원한 가치 세계를 펼치는 것이다. 인류는 이 같은 세계를 얻기 위해 先天 세월을 치달았다. 우주를 향해, 영혼이 안주할 본향을 향해, 정말 인류가 내딛어야 할 차원의 문은 열렸다. 마지막 가로놓인 장벽인 요단강을 건너자. 그리하면 약속된 영원의 성에 마저 도달하리라.

2. 인생의 영원한 가치 추구

　소멸되지 않기 위해 인간은 진보하고, 영원하기 위해 인간은 가치를 추구한다. 그런데도 세계와 인생에 파멸이 있는 것은 그것 역시 그 같은 가치를 추구해서이다. 이 세계가 파멸될 것이면 파멸될 것이지만, 그러나 또 아주 파멸하지 않을 수도 있는 것이다. 인간은 무언가 추구하고 있지만 그 같은 노력들에 대해 결과를 성멸케 하는 것은 가치이다. 인간은 행복을 구하고 있지만, 행복한 자체가 천국에 도달한 상태는 아니다. 행복이 영원하게 지속될 수 없는 것이라면 그것은 영원성을 보장할 본질적 가치가 아니다. 흔히 행운을 얻고자 하거나 현실 가운데서 福을 구하고자 한 기복－祈福 신앙은 일체 구함이 자신의 작용 안에 머물고 존재 안에서 끝난다. "福은 富의 근본이고 德은 貴의 근본이다. 有德, 有福한 사람은 貴하고 無福, 無德한 사람은 賤하다."467) "福은 물질에 있고 德은 人心에 있어 만물이 나를 따라 내게로 돌아오는 것이 福이고, 人心이 나를 따라 내게로 돌아오는 것이 德이다."468) 福德

---

467) 『인도정신』, 한성규 저, 명문당, 1983, p.84.
468) 위의 책, p.83.

은 만인이 바라고 부러워할 만큼 귀한 가치이나 현실 안에서 구한 福은 현실 안에서 끝나버린다. 차원성을 넘나들 영속성을 보장하지 못한다. 기복으로 구한 福德은 단명하다. 福德으로 행복했던 나날들이 언제 어떻게 불행으로 뒤바뀔지 모른다. 그만큼 영원성은 어쩌면 지상에서 누릴 복락과는 거리가 먼 것인지도 모른다. 오랜 세월 동안 커다란 고난을 겪었을 때 오히려 그 같은 가치가 세계의 영원성을 보장한다. 현실 위에서 쌓은 德으로 얻은 福은 향유하고 나면 그만인 소멸성이다. 그래서 성현들은 가치의 영원함을 위해 현실의 안락과 부귀공명을 의도적으로 거부한 것인지도 모른다.

중국 전국시대에 양혜왕은 맹자에게 부국강병책으로 무슨 利가 있을 것인가를 물었다. 그런데 맹자는 "왜 하필 利를 말하십니까? 仁義가 있을 뿐입니다."라고 질타했다. 利는 당장 손에 거머쥘 수 있는 현실의 이득-利得이다. 하지만 仁義란 가치는 현실의 득실과는 거리가 있다. 그런데도 맹자가 仁義를 추천한 것은 仁義는 한 나라를 보다 항구적이게 할 수 있는 본질적 가치인 때문이다. 세인들은 한결같이 현실적 가치를 얻는 데 혈안이 되어 있는데 성현은 그렇지 않았다. 유대민족은 메시아적 사명을 짊어진 예수에 대해 그들의 민족을 구원할 정치적 혁명을 기대했지만, 정작 예수는 십자가에 못 박히는 길을 택했다. 소크라테스는 현자들에 의해 삶을 연장할 수 있는 길을 권유받았지만 기꺼이 독배를 마셨다. 그들은 도대체 어떤 가치를 추구했고 신념을 깊숙한 곳에 묻어 두었기에 살아서는 불행을 겪었어도 죽어서는 그 혼이 불멸인가? 우리는 이 같은 가치 작용 원리를 비단 성현의 삶 가운데서만 구할 것이 아니다. 우리도 항구적인 가치를 인식하여 추구하면 보다 영원한 길을 얻을 수 있다. 우리의 생명은 유한하지만 생명이 다하도록 무한한 추구는 있다. 그것은 결코 현실의 이득을 바라는 추구가 아니다. 진실한 추구가 있은 다음에야 영원한 가치가 무엇인지, 가치를 지켜서 이룬 결과가 무엇인지 알 수 있다. 본인 역시 그 같은 길을(영원한 길) 찾아 나선 인생 경험을 가졌다.

본인은 자신에게 부여된 인생 모두를 영원하게 추구할 수 있는 길을 구하는 데 바치고자 했던 시절이 있었다. 그것은 곧 영원한 가치를 일구는 길이고 영원할 수 있는 세계를 얻고자 한 바람이다. 길을 감에 있어 임박한 세계의 종말성을 예지하지 않은 것은 아니지만, 그 같은 우려를 넘어 세계의 영원한 가치를 이루기 위해 장구한 과정에 들어섰다. 영원성 자체보다는 영원한 추구를 위한 자구 노력이었다고나 할까?

> 영원한 길, 이 세계를 영원으로 임할 길은 없는가? 나는 영원한 길을 가리라. 세계의 영원성에 대하여. 하나님, 저에게 영원한 생명을 주소서! 저에게 영원한 길을 주시옵소서! 나 자신의 존재됨을 잊어버릴 수 있는 영원한 길은 없는가?

영원성을 희구한 염원들을 인생 과정에서 수없이 독백했는데, 한편으로는 영원성을 향한 가치 자체에 대해서도 의미를 일구었다.

> 의문을 부여 뜻을 찾으며, 의미를 부여 뜻을 얻으며, 의지를 부여 뜻을 이루며, 가치를 부여 뜻을 빛내라. 생각함이 곧 존재함은 아니다. 실재는 마음에 있고 영생은 정신에 있다. 행복이 있다면 그것은 행복을 위해서가 아닌 행복을 위하여 삶이 옳다.

순구한 추구로서 利를 위해서가 아닌 가치 자체를 위해서…….

삶보다도 잃어버릴 가치를 더 두려워한 사실을 통해서 본인은 길의 추구에 있어 더한 신념을 견지할 수 있었다.

길의 독백은 인생길에 대한 영원한 추구 의지의 표명이자, 그렇게 해서 다져진 영원성에 대한 신념의 구축 역사이다. 아울러 그렇게 의지를 다진 과정 중에서도 본인은 제반 의지 작용이 이룰 원리성을 궁구하는 문제에 대해서도 병행해서 추구했다. 길은 하나로되 거기에는 시공의 분열이 함께하는데, 그 하나는 직접 길을 가는 것이고 다른 하나는 원리를 인식하는 것이다. 지나온 삶을 낱낱이 기억할 수는 없더라도 회한은 남듯, 길은 그 같은 추구와 염원과 바친 정열이 있었기에 어느덧 영원한 추구 세계 속에 진입할 수 있었다. 지금은 그 정신을 잊었지만 돌이켜 보면 그렇게 노력했던 것들이 오늘날에 있어 영원한 가치를 제시할 길을 예비했다. 영원한 가치를 추구하면 그 속에는 분명 영원성의 문제를 해결할 지혜가 있다. 나아가 종말에 처한 인류가 영원할 수 있는 길도 있지 않겠는가?

그만한 추구는 그만한 결과를 낳고 그만한 원리성을 인출한다. 과제가 보다 항구적이고 영원할수록 도달할 결론도 더욱 그렇다. 아무리 추구해도 끝이 없는 것이라면 그것은 해결될 수 없다. 추구 가치도 마찬가지다. 우리의 생명력은 유한성으로 결정되어 있다. 여기에 연연해서는 더 이상 해결될 것이 없다. 세계 내에서 유한한 것과 영원한 것을 확실하게 구분하는 것, 이것이 선결 과제이다. 우리는 유한하지만 영원한 추구 조건으로서 영원하게 할 가치와 세계와 원리는 있다. 한정된 것을 무한하게 할 수 있는 길을 찾아내는 것, 영원한 가치를 추구하여 영원한 생명력을 얻는 것이다. 자체로서는 유한성을 어찌할 수 없다. 그렇다면? 만인에게 부여된 생명이 그러했듯, 영원한 실존자이신 하나님으로부터 영원성을 부여받는 방식이다. 그것이 영원한 추구를 통해 영원할 수 있는 원리적인 길이다. 그 영원한 가치는 다름 아닌 다양한 형태로써 표출되는 영원한 실존 의지에 대한(하나님) 무한한 신뢰와 바침과 교감 과정이다.

칸트는 도덕 법칙의 성립 요건으로써 하나님의 실존을 요청했듯,[469] 영생도 마찬가지다. 이제는 요청을 넘어서 영존자의 바탕성까지 파헤쳐야 한다. 우리에게 생명을 주신 분은 또한 우리의 생명을 거둘 수 있는 근원자이시다. 우리는 추구하여 영생을 구하는 자이고 하나님은 이것을 부여, 보장, 허락하시는 분이시다. 바탕된 근본은 영원히 거해야 할 처소이므로 근본을 제대로 찾아야 영원할 수 있다. 영존자인 하나님이 계실진대, 삶의 가치는 여기에 초

점을 맞추어야 겉돌지 않는다. 진리→정의→근본적인 가치 추구를 통해 하나님께 올인해야 한다. 근본에서 난 생명은 근본으로 돌아가 안주해야 생명력이 영원하다. 영원한 생명을 줄 수 없는 길은 길이 아니요, 영속할 세계를 줄 수 없는 세계는 세계가 아니다. 이 것이 세속 가치와 구분된 본질적 가치, 곧 영원한 가치성이다. 아무것이나 영생을 보장하는 것이 아니듯, 아무나 영원한 생명을 부여할 수는 없다. 영원한 실존자란 다름 아닌 우리에게 영속할 생명을 주신 분이기 때문에 유일하다. 그래서 성경에서는 유일 실존자에 대한 영생의 부여 권한을 명백하게 밝혔다.

"성령이 죽을 몸도 살리다."470) "하나님이 세상을 이처럼 사랑하사 독생자를 주셨으니, 이는 저를 믿는 자마다 멸망치 않고 영생을 얻게 하려 하심이니라."471) "예수를 죽은 자 가운데서 살리신 이의 영이 너희 안에 거하시면 그리스도 예수를 죽은 자 가운데서 살리신 이가 너희 안에 거하시는 그의 영으로 말미암아 너희 죽을 몸도 살리시리라."472)

영생을 주는 분은 하나님이시요 영원한 실존자이시며 본체적인 의지이시다. 그 같은 하나님이 세상을 사랑하시고 믿는 자를 영원하게 할 뜻을 가지셨는데, 인간이 추구로서 그 길을 마다할 이유는 없다. 다만 영생은 하나님이 발의하신 뜻에 대해 선택적, 조건적일 뿐이다. 그래서 하나님의 뜻을 자각하고 믿고 추구해야 한다. 영생과 불멸은 본질적인 상태이므로 우리는 주어진 생명의 분열 과정을 통해서 본질과 함께할 믿음의 기대를 쌓아 영적 터전을 마련

---

470) 로마서, 8장 1절.
471) 요한복음, 3장 16절.
472) 로마서, 8장 11절.

해야 한다. 믿음은 영혼을 고무하는 본질이라 그 믿음이 무엇을 위해 헌신하고 어떻게 쌓았는가에 따라 존재의 승화 여부가 결정된다.

하나님은 존재에 내일을 보장하지 않았다. 단지 생명이 있음은 내리신 기회이고 현실이 있음은 주어진 기회다. 무엇을 어떻게 판단하고 헌신하고 추구했는가에 따라 영생이란 보장 대가를 지불받을 뿐이다. 영생의 문은 하늘에 있지만 열쇠는 우리가 쥐고 있다. 영원한 가치는 하늘에 있지만 영원할 수 있는 가치는 인간이 지닌다. 영생의 道는 보편타당한 하늘로부터 부여된 객관적 원리이되 그것을 깨닫고 이루는 것은 인간이다. 진리를 깨달아야 더 이상 세상의 부재자가 아닌 주재자로서, 손길 닿는 모든 곳에서 영속을 이룬다. 유한한 세계로부터 영속할 가치의 수지자이자 파멸될 세계를 건질 권한자가 된다. 이를 위하여 하나님은 일신을 풍미할 부귀와 영화를 금하사 진정 지녀야 할 확신의 靈과 믿음을 주시고 영원의 길을 예비하셨다. 그것이 삼세간을 통해 초월됨이 가능한, 하나님이 보장하시는 영생 가치이다. 그만한 가치를 추구하여 얻은 삶의 내력 결과이다.

영원성을 뒷받침한 본질적 가치는 추구해서 일구어졌고 이룬 작용 결과가 확인된 것이다. 그야말로 생명은 유한한 것이나 결코 지워지지 않을 영원한 추구혼은 있다. 그 마음의 다짐, 의지 추구, 가치 일굼이 세계의 영원한 본질체인 진리와 연계되고 하나님께 상달되어 영속할 생명을 얻게 한다. 참으로 멸망으로 가는 문은 크고 넓어서 드나들기 쉽지만 구원으로 가는 문은 좁아서 찾는 이가 적다. 영원한 생명의 길은 자체 선별된 가치 인식의 과정으로 인간의 영혼을 영원할 수 있는 원리 세계로 인도한다.

그렇다면 영생과 연관된 가치는 무엇인가? "인간이 산다는 것은 어떤 환경 속에서 만나는 여러 가지 대상과 관계되기 마련인데, 대상과 사건들에 반응할 때 우리는 그것들을 그저 인지하는 것이 아니라 좋다 나쁘다, 또는 옳다 옳지 않다 등으로 평가하면서 살고 있다. 가치문제는 의식적으로 자각하지 않더라도 인류의 탄생과 더불어 추구되어 왔다."[473] 존재는 그냥 존재하는 것이 아니라 인간의 목적적인 분별 인식에 의해 재정립되는 것이다.[474][475] 설사 "모든 존재가 善(스콜라 철학자)"[476]이라 할지라도 그중에서 가치는 가치 자체로서 선별된 기준이 있게 되는데, 그것이 영생을 이룰 가치이다. "가치는 인간 욕망의 발동과 더불어 성립한다든지"[477] "인간의 만족을 최대화하는 것(객관적 상대주의)"[478]이란 주장도 있지만, 가치는 결국 신념과 연관되어야[479] 영생을 위한 추구 의지를 발동시켜 항구적인 본질 기대를 쌓게 된다.

참된 가치는 인생 본질을 승화시키고 고무하는 작용이 있다. 영생의 관건은 본질적 가치, 즉 영원한 궁극 가치의 획득 여부에 달려 있다.[480] 그래서 본질적인 가치는 보다 항구적인 추구 에너지를 발동해 보다 영원할 본업을 남겼다. 生滅 가운데서도 영원할 수 있는 본업을 生을 산화해서 남긴 것, 그것이 영생이다. 그 가치가

---

473) 『가치론의 문제와 역사』, 이대희 엮음, 정림사, 2001, p.10.
474) "자연은 단순히 물질세계에 불과한 것이 아니라 목적과 가치를 포함함." -『인간 본성에 관한 10가지 철학적 성찰』, 로저 트리그 저, 최용철 역, 자작나무, 1996, p.186.
475) 인간에게는 이미 주어진 가치에 대한 척도가 있음.
476) 『가치론의 문제와 역사』, 앞의 책, p.14.
477) 위의 책, p.22.
478) 위의 책, p.82.
479) 『가치·태도 교육의 이론과 실제』, 정세구 저, 배영사, 1989, p.13.
480) 생각은 가치로운 것임에 존재는 그렇게 해서 판단, 선택, 추구된 가치로서 대변된다.

무엇인가? 영원한 본업을 쌓고 지키고 일구고자 한 수행 의지와 자체 본질성을 간직한 진리, 그리고 거기에 이르고자 한 믿음 같은 것이 그것이다.

수행의 목적은 인격이 아닌 본질로서 心을 다해 天을 아는 것인데, 天은 동양인이 수행을 통해 얻고자 했던 하나님의 창조 뜻이었다. 존재 본질을 세계 의지 가운데서 바르게 세우려는 노력이 수행이라, 수행인들은 세계 의지와의 투합을 통해 세계의 영원성에 참여하기 위해 불멸의 혼을 불태웠다. 그 노력, 그 정열이 어디에 있는가? 진리로 승화되어 깨달은 자의 본질 위에 영구히 살아 있다. 각성할 때마다 생명력으로 부활된다. 참으로 가치로서 인식된 진리는 세계의 영원성을 규정짓지 않는가? 진리는 영원하며 세계의 영원성을 지탱한다. 진리는 항구적인 본질성을 함유해 어디서도 가치로서 빛난다. 왜 인간은 인생을 바쳐 진리를 구하고 그것을 얻으려 하였던가? 진리는 본질로서 生을 영원히 살리는 작용력(道, 원리, 길)을 갖추었다. 당연히 生의 길을 찾지 못한다면 인생 삶은 무가치한 허무로 귀착될 것이다. 진리를 구하면 영생하리니 과학적 진리는 만물을 존재하게 한 원리이고 본질적 진리는 생명을 영원하게 한다. 나아가 만물은 있지만 그 만물을 영원히 존재하게 하고, 존재하지만 영생하게 하는 것은 이 모든 것을 사랑하신 하나님의 구원 의지이다.

흔히 우리는 믿어야 구원을 얻는다 혹은 구원을 얻어야 믿을 수 있다는 문제로 논란을 일으키는데, 결론은 선행된 믿음의 작용이 영원성에 대한 가치를 인식하게 하며 영원한 생명의 세계로 인도하는 향도 역할을 담당한다. 어차피 분열하는 현실적 존재와 항구적인 본질 세계와는 차원적인 갭이 있으므로, 그 갭을 메우는 것이 믿음을 통해 항구적인 가치를 일깨우는 작업이다.

영원성에 대한 가치 인식과 독백과 신념은 모두 한계에 처한 존재를 영속의 길로 인도하는 보이지 않는 믿음이 이룬 실체 근거들이다. 믿음에 대한 가치 인식이 기대-機臺가 되었기에 우리는 그 같은 믿음이 현실화된 진리 세계 속에서 지금 거하고 있다. 명예를 바랐는가? 지위를 구했는가? 재물을 탐했는가? 구한 것은 오직 그렇게 추구한 길이 영속할 세계의 생명력이다. 그 바람과 믿음대로 정말 영원한 길은 주어졌다. 이 길은 인간의 존재적인 生滅과는 상관이 없다. 설사 죽어도 영원함을 바란 가치 인식은 길을 영원하게 한 작용 원리의 실존 근거 자체로서 영원하리라.

"내가 복음을 부끄러워하지 아니하노니, 이 복음은 모든 믿는 자에게 구원을 주시는 하나님의 능력이 됨이라."[482] 선행된 믿음의 작용은 뭇 영혼을 영원한 생명의 길로 인도하는 확실한 본질 가치이다. 두드려라. 그리하면 열릴 것이다. 그러나 두드리지 않는 자에게는 문이 열리지 않는다. 믿음은 영혼이 영원한 하나님의 성에 이를 수 있는 영혼의 길로서 믿음을 통해서 반드시 구원의 길을 얻을 수 있다. 영혼이 영원할 수 있는 것은 영혼이 영원한 하나님과 함께하는 것이고, 영혼이 영원할 수 있는 믿음이 영혼을 영속의 길로 인도한다. 보라, 영혼이 영원할 수 있는 길은 어디에 있는가? 믿음은 보이지 않는 영속한 실체이니 살아생전에 믿음을 통하여 응집한 강력한 구원 에너지의 생성이 없다면 어디에도 영혼의 구원이 없다.

믿음은 가치 인식 작용을 통하여 무한한 공간대에 하나의 의지력을 형성한다. 무한한 본질 생성을 촉진한다고나 할까? 영속할 에너지대를 구축한다. 영원한 하나님의 성에 이르는 것이 믿음이며 그 영원성에 안주하면 영원하다. 하나님은 길을 구하는 인류에게 영원한 세계를 주심은 물론이고 영원할 수 있는 원리성을 간파할 지혜도 함께 내리셨다. 왜 우리는 하나님을 의뢰하면 구원되는가? 그것은 믿음이 존재 바탕을 이룬 의지력을 응집시켜 영속할 에너지대를 형성하는 때문이다. 그 결속 에너지대가 분열된 현상 세계를 초월해 영원의 세계로 나가게 하는, 보이지 않는 믿음의 기대이다. 믿음과 구원은 영혼이 하나님의 성에 도달할 수 있도록 구

---

481) 『길을 위하여(Ⅰ)』, 졸저, 아가페, 1985, p.407, 391.
482) 로마서, 1장 16절.

축한 氣의 형성대이다. 믿음이 이룬 작용은 확고하고도 분명하다. 믿음은 영원하지 못한 인간을 영원한 차원의 강을 건너게 하는 나룻배이다. 믿음이 있는 한 우리는 영원할 수 있는 가능성을 가진 존재이라, 영원성을 추구한 믿음을 담보로 해서 영원할 수 있다.[483] 그러므로 영혼이 살아생전에 믿음을 쌓지 못하면 죽어영혼이 갈 길을 잃어버림이다. 살아영혼은 영원할 수 있는 가능 인자이고 믿음은 이것을 영원하게 하는 생성 인자이다.

세계는 영원함을 위하여 믿음으로 산화한 뭇 선현들의 투혼을 필요로 했다. 그들이 추구한 가치와 바친 정열이 세계를 영원하게 할 굳건한 기대를 형성했다. "그들의 믿음은 결코 진멸되지 않았나니, 세계의 영원성에 대한 본질 구축이 완수되는 그날, 다시 부활할 것이다."[484] 하나님의 영광을 위하여, 시온의 영광을 위하여, 너와 내가 희구했던 영원성과 종말로부터의 구원을 위하여…….

3. 세계의 영원성 획득을 위한 방법

인간은 끊임없이 욕구하지만 영원한 한계의 끝점에서 결국 막을 내린다. 인생은 유한한 것이고, 삶의 허무로 말할 것 같으면 참으로 고통스럽다. 인간은 과연 이 모든 세계적 요인을 초월해 영원할 수 있을 것인가? 허무한 인생 삶과 고통을 극복하기 위해 佛陀

---

483) 영원한 믿음의 추구로 영원할 수 있는 의지의 응집이 이루어짐.
484) 『세계통합론』, 졸저, 다짐, 1995, p.490.

는 출가를 결심했고, 중국의 도교는 영생불사-永生不死를 종교적 캐치프레이즈로 내세웠다. 만약 인간이 不死할 길이 있다면 그것은 무엇이며, 어떻게 하는 것이 영원할 수 있는 길인가? 선현들이 방법을 제시하지 않은 것은 아니지만 문제는 타당한 원리성이다. "성자는 그의 영원한 실존 형태가 형극을 감내한 가치 속에서 드러나고",[485] 佛陀는 "中道가 완성되고 연기를 깨달으면 열반에 들게 되며 生老病死 등 모든 괴로움에서 벗어나게 된다고 했다."[486] "실존주의 철학의 목표는 바로 허무주의를 극복하는 것이다. '실존'이란 불변적인 본질(神이나 초월자)에 대응하여 인식의 주체자로 나선 가능한 존재를 의미한다."[487] 결국 한계성이 분명한 세계 내에서 유한성을 극복하는 경지는 하나님이 내리시는 극리-克理이다. 어떤 경우라도 당연한, 실효성 있는 하나님의 구원 의지에 대한 천명과 영원성에 대한 보장 약속이 없으리라 보는가? 그런데도 우리는 어떻게 하면 영원할 수 있는 것인지에 대해서 납득할 만한 원리성을 접하지 못했다. 약속도, 보장도, 깨달음도 있어야 하겠지만, 문제는 왜 어떻게 해서 유한성이 극복될 수 있는가 하는 것이다.

성 어거스틴은 "평화가 전적으로 이루어지는 곳은 어디까지나 천상 도성이며, 그곳에서 완전한 질서와 조화를 유지하면서 하나님 안에서 서로 향유하는 경지가 이루어질 것이라고 했다. 그래서 지상에서의 인간은 잘못된 욕망을 절제하고 존재의 본질이며 최고선이신 하나님께로 나아가는 길을 걸을 때 주께서 약속하신 평화를

---

485) 영원은 한없는 정신 극복에 있음.
486) 『인도철학사상』, 원의범 저, 집문당, 1988, p.249.
487) 『세계관이란 무엇인가』, 실존주의, p.인터넷자료.

얻게 된다. 평화는 모든 개별적인 삶을 포함한 하나님 나라의 목표이다.”[488] 인간이 지상에서 고난을 감내해야 하는 순례자적인 삶의 당연한 이유를 하나님 앞에서의 안식과 천상 도성에서의 평화를 통해 내세웠다. 선택의 여지가 없다. 어느 하늘 아래서도 인간이 하나님을 찾아나서는 것은 유한성을 극복하는 유일한 길이다. 그런데도 삶의 여정에서 감내해야 할 온갖 질곡은 믿음의 표현 형태일 뿐, 구원의 원리를 직접 도출해 놓은 상태가 아니다. 결코 지친 육신 그대로 우리가 천상 도성에 도달하여 안식을 얻는 것은 아니다. 삶의 허무를 벗어날 영생에 대한 보장이 하나님으로부터 주어지므로 그 한량없는 은혜와 사랑을 인류는 거부할 수 없다.

그렇다면 선결 과제는 영원성의 획득 방법에 대한 원리적 인식이다. 왜 우리에게는 지상에서의 성결과 믿음과 진리를 위한 완전한 헌신이 요구되는가? 그것은 앞에서 밝힌바, 믿음은 고도한 정신 작용이 본질 바탕에 기대를 형성하여, 이것이 현실의 온갖 제약 상태를 극복한 세계에 이르게 하기 때문이다. 하나님의 품 안과 천상 도성은 우리가 거한 세계와는 차원이 다르다. 따라서 우리는 지상에서 온갖 질곡을 겪는 과정을 통하여 영원한 세계를 바라고 추구하고 극복해야 그것이 보이지 않은 신념의 에너지대를 형성하여 영원한 차원 본질과 함께할 수 있는 본질적 승화를 북돋운다.[489] 현존하고 있는 존재는 그것이 지금 있다고 해서 영원할 수는 없다. 시공을 열어가는 믿음과 의지의 형성으로 영속을 위한 바

---

488) 「어거스틴의 윤리학 연구」, 최낙현 저, 샌프란시스코 기독교대학 기독교교육학 박사학위논문, 2002, p.138.
489) 「세계통합론」, 앞의 책, p.239.

탕 본질을 생성해 나가지 않으면 유한성을 벗어날 수 없다. 존재는 존재하되 生의 여정을 통하여 부여된 존재 본질을 완전히 산화시켜야 한다. 그리해야 차원을 달리한 영속의 세계 속에 진입할 에너지를 충당할 수 있다. 그것은 결코 불가능하지 않다. 우리는 그 化된 본질 에너지를 바탕으로 하여 세상에 탄생했다. 生의 에너지를 소진시키지 않고 온전히 근본을 향해 쌓는다면, 인간은 다시 차원을 달리한 천상 도성(근본)에 환귀할 수 있는 에너지를 얻는다. 化는 차원 시스템을 달리하는 것이라 존재가 분열을 극하면 化한다. 다만 어떻게 化할 것인가 하는 것이 문제인데, 化의 순간 영속할 세계를 획득하기 위해서는 生을 통한 분열 시스템이 온당해야 한다.

그것이 진리를 구하는 삶이고 믿음을 쌓는 삶이며 참된 가치를 일구는 삶이다. 진리가 세계 형성의 근간이 된다는 사실은 당연시하면서 인생 본질이 진리에 따른 의지 생성에 의해 규정된다는 사실을 이해하지 못해서는 안 된다. 인간은 엄연한 원리에 의해 태어났듯, 세계 형성이란 원리의 영향 아래 있는 존재자로서 生의 바탕에 어떤 근본을 형성할 것인가 하는 것은 중요한 과제이다. 여기서 우주의 氣에 生의 목적의식이 合一할 때, 우주의 생성이 영원한 것처럼 生의 과정을 통하여 일군 진리도 영원한 본질을 획득한다. 우리가 진리의 세계를 구축하려는 것은 그 같은 진리가 그 같은 본질을 생성해 인생 본질을 그 같은 진리체로 이루기 때문이다.[490] 그런 만큼 우리가 진리를 구하고 진리와 함께한다는 것은 부여된 生의 본질을 우주의 氣에 合一시키기 위한 일대 노력이다. 영원하신 하나님의 품성을 느껴 깨닫는다. "대우주의 질서와

---

490) 『세계본질론』, 졸저, 청학사, 1997, p.221.

의지를 진리로서 자각하여 받아들이면 그 같은 가치를 인식하여 믿은 목적의식이 하나의 有的 실체를 이루어, 영원한 본체 질서에 合一해 의지의 영원성을 획득하게 한다.”[491] 天人合一의 목적은 영원성을 획득하려는 데 있고, 天人合一 자체는 유한한 생명을 영원하게 하는 길이고 원리이다. 이에 진리와 믿음의 추구는 존재 본질을 고무하는 촉매 역할을 담당한다.

존재는 본질과 함께하고 맞닿아 있어 언젠가는 영속할 궁극 본체에 도달하고 일치할 가능성을 지녔다. 곧 영원할 수 있는 길이 트여 있다. 우리의 생명은 유한하더라도 영원한 믿음의 추구와 진리 인식으로 하나님의 의지에 편승하고 合一하고 함께하면, 영원할 수 있다. 서울로 가는 버스를 타면 서울로 가고 미국으로 가는 비행기를 타면 미국으로 가듯, 믿음과 진리 위에서 편승하면 함께하여 合一하는 길로 나아간다. 영원성의 획득은 하나님과의 의지 투합으로 하나님의 뜻과 일치할 때 실현된다.

“기록한바, 저가 흩어 가난한 자들에게 주었으니 그의 義가 영원토록 있느니라 함과 같으니라.”[492]

동서양을 불문하고 天과 合一될 길을 트고자 한 것은 공통된 의지였다. 이르고자 한 목적지가 같을진대 방법이 다르다고 해서 결과까지 다를 수는 없다. 영생에 이르는 원리는 같다. 인간 삶의 최종 목표가 동양인에 있어서는 天人合一이고 그리스도인에게 있어서는 하나님과 하나 되는 것이지만, 合一은 영원한 실존 본체와

---

491) 『세계통합론』, 앞의 책, p.36.
492) 고린도 후서, 9장 8절-9절.

함께 거할 방법으로서 유한한 생명이 영원성을 획득하는 원리이다. 이것을 동양인은 수행을 통하여 길을 열었듯, 기독교인은 기도와 믿음을 통해서 가까이 다가섰다. 하나가 된다는 것은 자기 生의 의지를 완전하게 분열시켜 본질화한다는 것이고, 우주의 氣(영원한 본체)와 인생 의지가 合一해 영생의 본질을 형성한다. 근본에서 난 자 근본자의 질서 궤도에 부합하지 않으면 天人合一의 원리성에 의거한 영원한 의지력을 형성할 수 없다.

근본자의 본체 의지는 시공의 질서와 함께하고 있다. 우리는 의식된 믿음이 우주의 질서와 함께함으로써 의지의 合一을 이룬다. 인간의 재능이 아무리 뛰어나도 대우주의 의지력을 믿음으로 수용하고 진리로서 일구지 못하면 잠시 명멸해 버릴 유성과도 같이 가없는 허공을 맴돌다 사라져 버린다. 인생의 끝없는 허무감은, 대우주의 영원할 수 있는 질서 궤도에 영혼을 맞물리지 못함으로써, 존재된 생성 에너지가 영원한 생명력을 부여받지 못하고 소멸되어 버리는, 맞물리지 못한 톱니바퀴와도 같다. 길이 추구한 유한성을 극복하고자 한 生의 노력이 이 같은 원리성을 시사한다. '길'은 한 인간의 이성적인 판단과 소명에 대한 인식과 믿음에 대한 소망이 어떻게 하여 온전하게 하나님의 뜻과 合一할 수 있은 것인가에 대한 일대 증거로서, 감히 인간이 하나님의 뜻과 合一된 영생에 대한 원리 인식이다.

이를 통해 길은 비로소 단명한 땅의 가치와 영속할 하늘의 가치를 구분할 수 있게 되었나니, 이것을 구분해서 추구할 수 있다면 적어도 이 땅에서 영속할 세계 건설은 차치하고라도 임박한 세계관적 종말성만큼은 막을 수 있으리라.

4. 소멸될 땅의 가치 추구

인간은 보다 영원한 바탕, 근본, 본질 세계가 있다는 것을 보지 못하는 것도 문제지만 세상이 지닌 한계, 소멸, 허무를 보지 못하는 것도 문제이다. 아무리 성인이 앞서서 경고하고 경계했어도 인생은 겪어 보아야 하고, 세계가 파멸에 직면했는데도 징조를 느끼지 못한다. 진리를 볼 수 없는 자에게 있어서 길은 멀기만 하니, 이렇게 나가면 결국 세계는 멸망될 수밖에 없는 것인가?

어떤 결과에는 반드시 원인이 있다. 義를 저버린 배신은 욕망의 무절제에서 비롯되듯, 파멸은 자기 상실에 대한 무책임에서 주어진다. 원인이 분명한 것인데도 반복한다는 것이 어리석음이다. 반복되는데도 원인을 깨닫지 못하는 것, 그것이 무지이다. 이유는 보다 근원적인 곳에 있을 것이나 무지, 허무, 어리석음은 인생을 고통스럽게 하고 세계를 어둡게 한다. 결과가 명확한 것인데도 저곳에서 저지른 잘못이 이곳에서 반복되고 어제에 겪은 역사적 과오가 오늘 또다시 반복될진대, 인간의 지성은 개오되었어도 세계적 무지는 극복되지 않았다.

세상에는 어디에도 가치를 판단할 제대로 성립된 기준이 없다. 다 아전인수격으로 세워지다 보니 인류가 보편적으로 수용할 세계관이 아니다. "무엇을 하라 혹은 하지 말라. 神은 인간에게 善을 행할 것을 요구하고, 깨어서 잠잘 때까지, 연초부터 연말까지, 요람에서 무덤까지, 계명을 지킴으로 성스러운 삶을 가꾸도록 요구하지만",493) 神조차도 왜 그 같은 계명을 따라야 하는 것인지, 명확

---

493) 『삶의 문제에 대한 제 종교의 해답』, G. 체스니 편, 강대석 역, 이문출판사, 1983, p.39.

한 근거를 밝히지 않았다. 계시되었으되 근본을 밝히지 않았고, 실천 여부는 전적으로 자의적인 판단에 맡겼다. 불은 뜨겁고 얼음은 차가워 우리는 그 성질을 고려해서 대처할 수 있다. 하지만 세계관이 불미된 가치는 그렇지 못하다. 가치가 본질의 생성과 형성에 지대한 영향을 미친다는 사실을 알지 못하면 가치가 이룰 작용 결과에 대해서도 무지할 수밖에 없다. 그러니까 군의－軍醫였던 라메트리(1709～1751)는 "정신적인 것은 미망－迷妄이요, 향락이야말로 인생의 최고 목표이다. 하나님을 믿는다는 것은 아무런 근거도 없는 것이고, 無神論이 보급되지 않으면 세상은 불행한 것이다. 혼은 육체의 일부이고 죽음과 함께 사라진다. 이기와 향락이 최고의 도덕 원리이다."494)라고까지 주장할 수 있었다.

이 같은 결과는 세계적 진실과 진리와 정의가 불명확한 것과도 연관이 있다. 세계의 기원과 바탕과 근본을 밝힌 선행 작업을 거쳐야 비로소 인생과 세계의 본질을 성멸케 한 땅의 가치와 하늘의 가치를 구분할 수 있다. 그중에서도 인간은 바탕된 본질이 있어서(창조로 인함) 근본을 이탈한 일체 가치는 항구성이 보장될 수 없다. 일시적인 가치이고 언젠가는 소멸해 버릴 허무가 예견되므로 땅의 가치라 일컫는다. 근본을 이탈한 반가치가 이룰 성멸의 결과는 정확하다.

그렇다면 인간과 세상을 이룬 근본은 과연 무엇인가? 그것은 보다 보편적으로 만물을 구성한 바탕체인 창조적인 것, 본질적인 것, 하나님적인 것이다. 세계의 생성에 영향을 미친 이 같은 바탕성에 근거해서 일체 현상은 소정의 결과를 드러낸다. 어떤 가치관을 택하건 그것은 선택이나, 그 가치가 이룰 결과는 허무한 것과 참된

---

494) 『서양윤리사상사』, 최재희 저, 서울대학교출판부, 1981, p.148.

것, 열매를 맺는 것과 그렇지 못한 차이가 있다. 근본에 바탕을 두지 못한 가치의 벽은 영원성을 두고라도 규합될 수 없는 것이니, 너와 내가 창조되지 않았다면 그런 원칙벽은 아예 없다.

왜 우리는 세계성을 간직해야 하는가? 우리는 존재된 바탕이 있고 근원된 뿌리가 있다. 죄악과 불신앙이 영혼의 길을 가로막을 것은 義와 믿음 없는 자의 영혼이 영원의 성에 이를 수 없는, 본질 바탕에 기대를 쌓지 못해서이다. 분명한 이유가 눈에 보인다. 빛의 이면에는 그늘이 있고 사상의 이면에는 염세주의와 神의 부정이 있듯, 가치의 이면에는 고통과 허무를 안기는 땅의 가치가 있다. 인생무상이란 허무 사상은 神의 인식이 도래하지 않은 세계에서 필연적으로 느낄 수밖에 없는 부재 역사이다. 불교적 세계관이 그렇다고는 하지만, 그렇기 때문에 불교는 오히려 허무한 세계적 진실을 직시하여 이를 극복하기 위한 항구적인 궁극 본체성을 찾아 나섰다. 누가 불교를 無神論的 종교라 하였던가? 불교는 가장 창조적인, 어제도 계셨고 오늘도 계시고 내일도 계실 하나님의 지상강림 역사를 초월적인 본체 세계관으로서 예비한 주역이다. 땅에 근본을 둔 것은 결국 종말과 함께 사라질 것이요, 땅으로부터 쌓여진 것은 결국 허물어짐이 있다. 하지만 진리는 그렇지 않다.

그러므로 퇴락하는 인간들이여! 그들에게는 고통과 파멸과 죽음이 있을 뿐이다. 땅의 가치가 몰고 올 종말성을 직시하라. 아집, 집착, 무지, 방황, 유락은 인생의 덫이다. 욕망이 인생길을 바르게 인도할 리 만무하다. 인생을 영위할 정신을 잃어버리면 남는 것은 썩어질 육체뿐, 육에서는 제 아무리 파도 육밖에 없다. 물질의 풍요는 오히려 정신 집중을 해체시킨다. 권력과 지위와 명예는 인간이 사회적으로 성취할 목표는 될 수 있을지언정 항구적으로 지켜 나갈 가치는 아니다. 그것은 한껏 붙들고 있다가 놓쳐버리면 공전되어 버릴 땅의 가치이다. 조선의 유교사회에서는 죽은 자의 묘비에 벼슬 이름이 새겨졌듯, 한국 사회는 지위를 지향하는 사회라고 했는데,[495] 대통령이라고 해도 천국문이 절로 열리는 것은 아니다. 역사는 오직 참된 가치가 참된 역사를 이루었다. 그래서 진리가 필요하였고, 무엇을 위해 살았는가 하는 가치 기준은 역사의 심판성 여부를 좌우한다.

인류는 제반 가치 기준에 대해서 과연 의연할 수 있는가? 어렵고 부족한 여건 가운데서도 믿음을 끝까지 지켜 나가지 못하고 神과의 의절을 분명하게 한 상황에서 인생 가치는 결국 일체개고ー一切皆苦, 즉 비극적인 한계에 도달할 수밖에 없고, 결과도 땅의 가치가 초래한 종말적인 파멸뿐이다. 이 같은 도상에서 현존하는 가치 체제들은 다양하고 극대화된 세계를 융화할 힘을 잃어가고 있으며, 역사의 대분기점에서 단지 자체의 체제만을 유지하고 있을 뿐이다. 벗어나고자 한 시도라는 것이 정복과 파괴와 힘을 동원한 수단이라, 종말을 자초한 멸망의 가치관이 되고 말았다. 그들이 어떤 힘과 권력을 동원해서 세계를 지배하려고 해도 하나님의 뜻이 머물지 않은 행위는 역사 위에서 숱하게도 시도되었던바 비극적인 결과를 낳고 말았다. 일찍이 소크라테스는 경고했다.

"가능한 많은 부의 축적과 명예와 권력을 추구하는 너 자신이 부끄럽지 않는가? 어찌하여 그와 반대로 통찰과 진리를 얻으려 하거나, 되도록이면 자신의 영혼이 뽐해지려고 노력하며 심사숙고하지 않는가?"[496]

---

495) 『길은 길을 따라 끝이 없고』, 김흥균·윤구병 엮음, 한샘, 1993, p.197.
496) 『그림으로 읽는 철학사』, 페트 쿤츠만·프란츠·페트 부카르트·프란츠 비트만 저, 홍기

인간이 하늘로부터 받은 은혜를 거부하고 땅의 가치만 구하려 할진대 거기에는 결단코 하나님의 뜻이 없다. 역사가 바르게 향도되고 추진되기 위해서는 오늘날 이 땅에 강림한 하나님의 본의를 깨닫는 것이 중요하다. 하나님이 인류를 하나 되게 할 의지를 천명하고 공영의 가치관을 제시한 것은 종말에 처한 인류를 구원하고 세계를 영원하게 할 차원 세계를 건설하기 위해서이다. 이 같은 가치와 본의에 입각할진대, 어두운 땅의 가치들이 판을 친 혼돈은 종막을 고하고 세계는 더 이상 땅의 그늘에 머물지 않으리라. 빛만 있는 세계 속에서 하나님의 영광을 온몸으로 맞이하리라.

5. 영원한 하늘의 가치 추구

"헤라클레이토스는 만물은 유전하여 항상 변화하지만, 그 변화 가운데서도 불변하는 원리가 존재하는 것을 일컬어 로고스(Logos)라고 하였다."[497] 한편 "플라톤은 진정한 지식의 대상은 감각계의 부단히 변화하는 사실이 아니고 영원불변한 초감각적 대상이라고 생각하였으며, 이것을 이데아(Idea)라고 하였다."[498] 즉 "우리가 지각하는 사물들로써 된 감각계는 가변적이고 일시적이며 불완전하지만, 이데아계는 불변이고 영원한 것이라서 절대적으로 완전한 세계이자 의미와 가치가 유감없이 충만하여 있는 곳이다."[499] 그래서

수·이정숙 역, 예경, 2000, p.37.
497) 『법철학 개론』, 이항녕 저, 박영사, 1992, p.103.
498) 『세계사상대계(사상의 여명)』, 박종오 감수자 외 2인, 신태양사, 1968, p.28.

니체는 "만물이 항상 변화한다는 헤라클레이토스의 개념에 더 매혹하여 현상 세계에서 변화하지 않는 것이란 없으며, 불변하는 기준의 원천이 되는 제2의 세계는 존재하지 않는다."[500]고 했다. 이렇게 보았건 저렇게 보았건 두 세계를 상정 – 想定해서 이원적으로 대비시킨 것은 전통적인 관점이다.

성경에서도 구약은 "이 땅에서 고난받는 사람들에게 삶의 의지를 북돋아주는 다산, 장수, 권력, 명예, 건강과 같은 현세적인 복들에 대한 약속들로 이루어져 있는데, 신약은 이들에 상대된 천국의 영생을 약속한다."[501] 하나님은 무소부재 – 無所不在하시므로 어느 곳에도 손길 닿지 않는 곳이 없고 거하지 않은 곳이 없지만, 주로 상주하여 계신 거룩한 처소는 따로 마련되어 있지 않겠는가? 先天에서는 항구적인 본체를 드러내지 못해 한계적인 인식에 처하기는 하였지만, 니체처럼 끝까지 기다려 보지도 않고 불변하는 기준의 원천이 되는 제2의 세계가 존재하지 않는다고 독단해서는 안 된다. 천지 만물이 창조되었고 하나님이 살아 계시며 태초 이래로 뭇 성상이 생멸하는 가운데서도 바탕된 본질이 생성하고 있는데 불변한 원리, 불변한 존재, 불변한 세계를 의심해서는 안 된다.

인간이 추구하는 가치도 마찬가지다. 항구적인 본체에 속한 하늘의 가치가 있고 그렇지 못한 땅의 가치를 구분하는 것이 문제이지 그 이상은 없다. 내가 존재하기 전에도 세계는 영원하였고 죽고 나서도 영원할 것이니, 자신의 존재 여부와 무관한 세계의 영

---

499) 『서양윤리사상사』, 앞의 책, p.40.

500) 『인간본성에 관한 10가지 철학적 성찰』, 앞의 책, p.95.

501) 『종교적 믿음에 대한 몇 가지 철학적 성찰』, 이태하 저, 책세상, 2003, p.93.

원함을 자각해야 한다. 지상의 행복은 언젠가는 끝나는 행복이므로
성 어거스틴은 "인간이 진정으로 행복을 찾으려면 현세에서 끝나
는 행복이 아니라 영원으로 이어지는 행복을 추구해야 한다."[502]고
했다. 정말 현세만으로 끝나지 않는 행복과 생명을 얻을 수 있는
길이 있다니! 그 가능성을 실현할 수 있는 길, 곧 영원할 수 있는
길은 살아생전에 만난을 헤치고 하나님이 거하여 계신 곳을 찾아
나서는 것이고, 하나님의 뜻을 깨달아 말씀을 받드는 것이다. 그것
을 종말에 처한 인류에게 한마디로 요약해서 말한다면 "위에 것을
찾으라."[503] 좀 더 자세하게 설명한다면 "위에 것을 생각하고 땅에
것을 생각지 말라."[504]이다. 위에 것은 하늘의 가치이고 영원한 가
치이며 땅에 것은 소멸될 가치이고 유한한 가치이다. 왜 우리는
위에 것을 찾고 하늘의 가치를 구해야 하는가? 하나님이 어디에
계시는가? 위는 하늘이고 하나님이 계신 곳이다.[505] 그러므로 위에
것을 찾는 것은 그 같은 구함이 하나님께로 인도된다는 것이다.
위에 것을 찾아야 하나님의 품 안에 이를 것은 당연하다.

　위의 반대는 아래인데, 땅은 음란과 부정과 사욕과 惡한 정욕과
탐심이 범람한 곳이라,[506] 이런 가치로서는 도저히 영원한 나라에
이를 수 없다. 그래서 예수는 "너희는 먼저 그의 나라와 그의 義
를 구하라."[507] "귀신들이 너희에게 항복하는 것으로 기뻐하지 말

---

502) 「어거스틴의 윤리학 연구」, 앞의 논문, p.182.

503) 골로새서, 3장 1절.

504) 골로새서, 3장 2절.

505) 거기는(위) 그리스도께서 하나님 우편에 앉아 계심. ─ 골로새서, 3장 1절.

506) 골로새서, 3장 5절.

507) 마태복음, 6장 33절.

고, 너희 이름이 하늘에 기록된 것으로 기뻐하라."[508]고 했다. 그의 나라와 義를 먼저 구하고 아무 이득도 없는, 단지 이름이 하늘에 기록된 것만으로 기뻐할진대, 위에 것을 위해 헌신하면 하나님이 영생과 천국을 보장하신다. 위에 것을 구함은 하나님이 마련하신 구원 시스템이고 하늘의 가치를 추구하는 것은 영원성을 보장하는 메커니즘이다.[509] 왜 그런가? 인간은 본래 창조된 존재자로서, 하늘이 곧 인간이 거해야 할 영원한 본향이다. 위로부터 말미암은 인간은 위를 바라보고 살아야 하는 존재이다. 당연히 위에 것의 가치 양식을 획득해야만 영원한 천국, 영원한 생명을 보장받는다. 위에 것을 추구하게 된 본성을 깨닫고 본성대로 살아야(추구하고 헌신함) 하나님의 구원이 있다. 이것은 유한한 인간이 영원할 수 있는 길이기 이전에 인류가 正道로서 확립해야 하는 원칙이다. 인간의 본성 자체가 하늘에 바탕되어 있고 하늘을 향하도록 되어 있을진대, 이 같은 본성을 깨달아야 만인이 위에 것을 찾아 나서는 구도자가 될 수 있다.[510]

그렇다면 우리는 어떻게 해서 위에 것을 찾으면 영생을 보장받을 수 있는 것인지, 확실한 선택과 안목을 틔우는 작업에 착수해야 한다. 우리는 무슨 문제가 생기면 먼저 물질로써 해결하려 한다. 예수가 그를 따르다 빈 들에서 배가 고파진 오천여 명을 먹일 수 있었던 것은 이백 데나리온이란 재화가 아니었다. "너희가 먹을

---

508) 누가복음, 10장 20절.

509) 위에 것은 차원적인 가치임.

510) 인간은 하나님과 교통하고 교감하며 하나님의 품 안에 이를 수 있도록 창조되었다. 그만큼 영적 존재요 하늘에 속한 고귀한 존재이다. 이 같은 대창조의 황금 루트를 확인하기 위해 인간은 위에 것을 추구하고 善한 본성을 간직하며 기도해야 한다.

것을 주라.”고 했던 것은 가진 그대로의 조그만 헌신을 요구한 것이다. 그리하면 하나님은 위대한 기적을 이루신다. 인류는 참으로 아는가? 모르니까 땅의 가치(물질적 가치)로써 모든 문제를 해결하려 든다. 인류가 조그만 義를 바칠진대 하나님은 상상을 초월한 영생을 보장하심을 아직도 모르는가? 떡 다섯 개와 물고기 두 마리로 오천여 명을 배불리 먹이셨듯,[511] 너와 내가 조그만 것을 바치면 그것이 바로 모든 인류의 영적 굶주림 문제를 해결할 하나님 나라의 생명줄이 된다. 인류 최대의 향연은 위에 것을 위해 작은 정성을 바치는 헌신이 기본적인 토대이다. 아무리 귀한 것이라도 그것이 지상의 한정된 가치인 한, 위에 것에 속한 가치와는 차원이 다르다. 위에 것은 영생이 보장된 차원 가치이다.[512] 무엇과도 비견할 수 없다. 땅 위에서는 오히려 고난과 희생으로 세상에서 귀히 여기는 모든 것을 바쳐라. 그리하면 주어지는 것이 곧 구원과 천국이다. 하늘의 가치를 인식하여 위에 것을 찾는 삶, 그것이 영원으로 나가는 영적 삶이다.

사도 바울은 그리스도를 얻기 위하여 모든 것을 잃어버리고 배설물로 여겼다[513]고 했다. 나사로는 영원한 것을 얻으려고(천국) 끝까지 믿음을 지키다 순교의 이슬로 사라졌다. 모든 것을 다 잃어도 믿음을 얻는 것, 그것이 위에 것을 구하는 삶이다. 영원한 것을 위해 모든 것을 버림에 영안이 어두운 세인들은 이 같은 처사를 이해하지 못한다. 세상적인 것을 잃지 않으려 한다. 하지만 그

---

511) 마가복음, 6장 44절.
512) 위에 것은 하늘의 가치이고 하늘의 가치는 결국 영원한 가치, 영생이 보장되는 가치이다.
513) 빌립보서, 3장 8절.

렇게 하면 세상에서는 좋았으나 죽어 음부에 던져진다. 그만큼 위에 것을 찾는 것은 영생을 약속받는 만큼이나 결코 쉬운 일이 아니다. 세상일은 공식처럼 결과가 분명하지 않다. 믿음과 판단에 대한 결단이 요구된다. 빛을 위해서는 어둠을 버려야 하는데, 언제나 그런 것처럼 어둠은 유혹이고 빛은 고난이다. 삶의 터전은 "하늘의 이치와 인간의 욕망이 엇갈려 싸우는 전쟁터이다."514)

儒家가 "명천리멸인욕 - 明天理滅人欲"하고자 했던 것은 동양식으로 하늘의 가치를 밝히고 땅의 가치를 멸하려 한 대캐치프레이즈다.515) 기독교에 나사로의 순교가 있었다면 정이천은 이른바 "굶어 죽는 것은 극히 작은 일이고, 절개를 잃는 것은 극히 큰일이다."516)라고 했다. 동양적인 측면에서 땅의 가치를 버리고 하늘의 가치를 구하고자 한 예이다. 왜 그리해야 하는가? 보다 영원한 생명을 얻기 위해서이다. "보물을 땅에 쌓아두지 말라. 오직 너희를 위하여 보물을 하늘에 쌓아 두라."517)518) 하늘에 德을 쌓아라. 하늘에 속한 가치는 존재를 살리고 영원히 생성시킨다. 영욕으로 존재하는 것은 끝내 소멸될 가치이고 영혼으로 존재하는 것은 끊임없이 생성되는 가치이다. 하나의 욕이 팽배될 때 우리의 영육은 부패하고 하나의 善이 지속될 때 그 영혼은 정화되나니, 마음에 빛나는 정신과 善과 지혜의 성을 쌓는 것이 이 땅에 억만금의 재

---

514) 『주자학과 양명학』, 시마다 겐지 저, 김석근·이근우 역, 까치, 1993, p.114.

515) "天理는 도덕 행위의 궁극 목표요 최고의 가치인 것이며(所當然之理), 인욕은 惡의 내원이 됨." - 「주자철학에 있어서 공맹 천인관의 승수와 전개」, 최영찬 저, 충남대학교대학원 철학과 동양철학전공 박사학위논문, 1990, p.191.

516) 『주자학과 양명학』, 앞의 책, p.115.

517) 마태복음, 6장 19절 - 21절.

518) 하늘에 근본을 쌓아라. 하늘에 德을 쌓는 자만이 온전하리라.

보를 축적하는 것보다 낫다. 참된 것을 따라 참된 신념으로 살면 生과 혼은 영속하지만 허망한 것과 망령된 것을 따르면 生과 혼은 멸한다. 이 이치를 인류는 알아야 한다.

> "우리가 알거니와 우리 옛사람이 예수와 함께 십자가에 못 박힌 것은 저의 몸이 멸하여 다시는 우리가 죄에게 종노릇하지 아니하려 함이니, 이는 죽은 자가 죄에서 벗어나 의롭다 하심을 얻었음이니라."[519]

우리 옛사람은 육신의 사람이고 땅의 가치를 추구한 사람이나 예수로 인해 하늘의 가치를 추구한 결과 다시는 죄에서 종노릇하지 않게 되었다는 형벌에서 구원되었다는 증거, 영생을 얻었다는 증거가 바로 십자가의 道이다. 예수는 위에 것을 위해 희생된 후 부활한 영생의 대표적인 本이다.[520] 길의 추구 역시 쌓고자 했던 인생 목적이 하늘에 있은 만큼, 만약 하늘에 살아 계신 하나님이 존재하시지 않았더라면 그렇게 해서 추구했던 모든 가치는 결국 소실되고 말았을 것이다. 위에 것을 찾고 하늘의 가치를 구한 결과에 대한 이치는 명확하다. 하나님이 말세에 인류로 하여금 위에 것을 찾으라 하시는데, 그 이유도 모른 채 고난만 감내할 각오를 해서는 안 된다. 하나님이 위에 것을 명확히 하신 만큼 인류도 땅의 것, 속된 것, 가변적인 것, 허무한 것, 惡한 것, 세상에 속한 것을 구분해야 한다.

하늘에 속한 가치와 땅에 속한 가치를 확실하게 구분한다는 것

---

519) 로마서, 6장 6절 - 7절.

520) "그리스도께서 죽은 자 가운데서 사셨으매, 다시 죽지 아니하시고 사망이 다시 그를 주장(主掌)하지 못할 줄을 앎이로라." - 로마서, 6장 9절.

은, 장차 하나님이 이루실 종말 심판 사역을 위한 전초 작업이다.
영원히 살릴 자를 살리고 벌줄 자를 벌주기 위해[521] 하나님은 인
류로 하여금 위에 것을 찾을 하늘의 가치를 최대한 선도하시고 심
판이 있기까지 땅의 가치와 분간할 소정에 걸친 단계적 역사 시한
을 두셨다.

---

521) 심판과 영생은 하나님이 주관하시는 문제임.

제6장

인간의 선악 본질

1. 선악의 문제

神, 진리, 인간의 본성이 무엇인가 하는 것은 인간이 세계와 연관하여 삶의 의미를 궁금하게 여긴 이래 끊임없이 제기되어 왔다. 그리고 이런 의문이 대두될 때마다 늘 함께하게 되는 것 가운데 하나가 善惡이란 개념이다. 善惡을 외면한 神의 존재성은 거론할 수 없다. 善惡은 어떡하든 神으로 인해 발원되었고 언젠가는 규정되리란 믿음이 기독교인들에게는 전통적으로 있다. 善惡의 근간은 오랜 세월 동안 종교들이 가장 투명하게 근거 지어 보려고 했던 주제이기도 하다. 진리는 眞·善·美란 가치 개념과 더불어 惡하지 않은 善이 이룬 바탕이고 옳음일진대, 善한 본질 바탕이 생성하여 도달한 좋은 결과를 진리, 곧 옳음이라고 일컫는다.

인간의 본성은 전통적으로 양성된 뭇 개념 중에서도 오직 善惡에 의해서 양분될 정도로 본성을 갈래 짓는 핵심 개념이다. 본성뿐이겠는가? 세계성도 동일한 여건이다. 善惡에 관한 문제가 세계적인 영역으로까지 확대됨은 물론이고 우주의 본질까지 파고들어,

지금까지 그러하였거니와 앞으로도 끊임없이 제기될 문제인 것이 틀림없다. 전능하신 하나님도 창조란 본업을 완수하신 순간 매우 흡족해 하셨는데(善), 예기치 못하게 惡이란 문제의 발생으로 스트레스를 받고 계시다. 평화와 존귀함 자체이신 하나님도 고민거리가 있다면 바로 善惡에 관한 문제이다. 하늘이 그러한데, 하물며 이 땅, 이 사회, 이 인간의 실존 상황에 있어서랴? 어떤 상황에서의 세계, 사회, 인간이라도 善惡의 문제로부터 자유로운 것은 없다. 인간이 만들어 낸 법, 도덕, 윤리, 규범, 관습 등은 결국 善惡의 문제에서 출발하여 善惡의 문제를 해결하기 위해 존재한다고 할 수 있다.[522] 善惡은 인류가 현실의 문제를 헤쳐 나가는 데 있어서 보편적으로 첨예화된 개념이다. 그만큼 개연화되었고 드러난 개념인데도 정작 善惡이 무엇인가라고 물으면 대답이 주먹구구식이다. 善惡이 무엇인가에 대해 모르는 사람은 없지만 정작 물으면, 지성사적으로 논란은 있었어도 제대로 본질성을 파헤쳐 놓은 성과가 없다.

종교가 대답하려는 영원한 질문 중에서 어려운 것은 惡의 존재에 관련된 문제였다. 행복이 삶의 의미를 주는 것이라면 행복을 파괴하려 하는 나쁜 힘은 어디서 나오는가? 惡은 왜 존재하는가? 어째서 신체적 고통과 질병, 죽음이 있는가? 징벌인가? 그렇다면 착한 사람은 왜 고통받는가? 惡이 몸 안에 있는 것인가? 善惡은 세상에서 누리는 복락과는 아무 상관이 없는 것이 아닌가? 善惡은 주관적인 판단에 의한 규정인 것인가?[523] 佛陀는 인간의 마음속에

---

522) 『선과 악』, 안네마리 피퍼 저, 이재황 저, 이끌리오, 2002, p.193.

523) 기독교 측에서 볼 때, "10 – 13세기의 십자군 원정은 惡으로 여긴 이슬람교에 대항한 기독교도의 신성한 전투였다(세계의 종교 이야기』, 폴 발타 외 저, 엘리자베트 보가르트 외 그린이, 윤정임 역, 윤이흠 감수, 미래, 1999)." 그러나……

있는 욕망을 온갖 고통을 일으키는 죄악의 근원으로 보고 그 뿌리를 없앨 것을 설파했다. 기독교인은 하나님의 아들인 예수가 세상을 구원했으며, 惡과 죽음을 물리쳤다고 했다.[524] 그런데도 인류는 욕망을 근절했는가? 惡을 퇴치했는가? 그렇다면 善惡은 인류 앞에 가로놓인 숙제가 될 수 없다. 하지만 지금도 세상은 여전히 악순환이 반복될 뿐이다. 오히려 악화되어 종말을 맞이한 지경이다. 인류 중 누가 善惡의 문제를 해결하였는가? 어떤 진리관도 善惡의 바탕을 확실하게 추적하거나 구분하지 못했다.

주자학이라고 하면 엄격한 도덕주의를 연상하고 惡에 대한 격렬한 증오와 극복 의지를 떠올리는데, 파고들어가 보면 惡에 대한 이론이 덤덤하기만 하다. 情이 움직여 과도하게 되었을 때, 그것이 욕심이며 나쁜 것이란 정도다.[525] 맹자는 仁·義·禮·智란 四端의 단서는 밝혔어도 善·惡의 단서는 밝혀내지 못했다.[526] "중국적 사유에서는 절대적인 善이나 惡은 없으며, 단지 지나침과 모자람이 있을 뿐이다."[527] "대승불교에서도 惡의 근거는 반드시 명백하지 않았으며, 『대승기신론』에서는 홀연히 생각이 떠오르는 것을 이름 붙여 無明이다."[528]고 한 정도이다. "맹자가 性善說을 주장한 이래 순자의 性惡說, 양웅 – 揚雄의 性善惡混說, 한유 – 韓愈의 性三品說 등을 거쳐 宋儒의 本然·氣質之性에 이르기까지"[529]

---

524) 위의 책, pp.52 – 53.

525) "모든 것이 중정을 얻은 상태라면 그것은 좋은 것이며, 중정을 일탈하여 지나침 혹은 미치지 못함의 상태에 빠져버린 상태가 나쁜 것이다." – 『주자학과 양명학』, 시마다 겐지 저, 김석근·이근우 역, 까치, 1993, p.113.

526) 惻隱之心(仁), 羞惡之心(義), 辭讓之心(禮), 是非之心(智).

527) 『동양철학은 물질문명의 대안인가』, 김교빈 외 13인 저, 웅진출판, 1999, p.117.

528) 위의 책, p.113.

많은 설이 있었지만, 인성 문제를 善惡 개념에 의해 판단했다고 해서 善惡의 본질 문제까지 해결한 것은 아니다. 중국 人性論은 인간의 본성을 논하기 위해 이미 善惡 개념을 전제해 버렸다. 초점이 빗나갔다. 陽明의 四言敎를 둘러싼 논쟁에서도 善惡 개념이 이미 전제되어 있은 것은 마찬가지다.

> "마음의 본체에는 원래 善·惡이 없으나, 인간에게는 습관적인 것이 있어 義에는 분명히 善惡이 존재한다. 격물, 치지, 성의, 정심, 수신은 어느 것이나 惡을 제거하고 善을 행하여 性의 본체로 복귀하려는 실천에 불과하다. 만약 전혀 善·惡이 없다면 절대로 실천이라는 것이 성립될 수 없을 것이다."[530]

"서양에서는 옛날부터 神을 善한 존재, 至善의 능력자로 표현했다. 플라톤이 善의 이데아를 말했을 때 거기에는 神的인 요소가 가미되어 있었다. 구약의 종교지도자들이 의로운 분으로서 神을 강조한 데도 그 義의 근저에는 善하기 때문에 義로우며, 야훼신은 善과 義를 갖춘 존재로 여겼다. 善은 바람직스러운 것이며, 惡은 버림받아야 하듯이 義는 神의 뜻이고 불의는 神을 배반하는 것이다."[531] 하지만 그들이 아무리 神을 善의 바탕 근거로 세웠어도 神 자체가 세계 내에서 존재성이 불분명한 바에는 善惡이란 개념도 같은 운명이다.

우리는 상식적인 선에서 善은 모두가 좋아하는 것이고 惡은 싫어하는 것, 善惡은 상대적인 개념인 것으로 여기지만,[532] 왜 상대적인 것인지 본질 바탕까지 파헤친 적은 없다. 극 대 극으로 양분

---

529) 『동양철학의 본체론과 인성론』, 한국동양철학회 편, 연세대학교출판부, 2003, p.343.
530) 『전습록 하』, p.116 - 『주자학과 양명학』, 앞의 책, pp.178 - 179.
531) 『종교의 철학적 이해』, 김형석 저, 철학과현실사, 1992, p.46.
532) 『인간의 종교』, 박병규 저, 아트 스페이스, 1993, p.296.

된 것이라면 거기에는 작용된 본질 근거가 있어야 한다. 善惡이 어디에서 오는 것인가에 대한 물음에 대해, 만약 善惡이 옷의 더러움을 씻고 빨아 청결하게 된 상태와 같은 것이라면[533] 善惡은 가상의 관념상에만 존재하는 것일 뿐 굳이 본질적이라고까지 할 수는 없다.[534] 사전적인 개념에서도 "惡은 도덕적 기준에 맞지 않은 의지나 나쁜 행위이고 善은 착하고 올바르고 어질고 좋음"[535]으로 되어 있어, 어디서도 善惡의 실체를 찾을 수 없다.

어떤 문제가 있다면 그것은 단계를 거쳐서 해결되어야 한다. 善惡의 본질 규정도 사실상 영원한 문제인 만큼이나 세계사적인 난제인 것이 틀림없다. 그렇다고 해서 인류가 이 문제를 해결하지 못할진대, 다음 단계로의 진척이 이루어지지 못한다면 어떻게 되겠는가? "자유는 칸트의 전체 철학 체계를 마무리 짓고 떠받치는 마감돌이며, 자유를 바탕으로 해서 인류의 진보는 희망될 수 있다고 보았다. 그런데 문제는 惡이 걸림돌이다. 칸트 역시 惡의 문제를 극복하지 못하고서는 인간의 진보가 불가능하다."[536]고 보았다. 마찬가지로 장차 인류가 이 땅에 구현할 正道와 정의를 위해, 더 나아가서는 인류 심판과 지상천국 건설을 위해 善惡의 문제는 해결되어야 한다. 그리해야 파란만장한 先天의 분열 질서를 마감하고 새로운 역사의 장을 펼칠 수 있다. 새로운 시대 차원인 지상천국으로 진입하기 위해서 반드시 풀어내어야 할 난제이다. 그런데도

---

533) 『신유학 사상의 전개(2)』, Carsun Chang 저, 이진표 역, 형설출판사, 1998, p.365.

534) 이때의 善(청결)과 惡(더러움)은 가변된 본체(옷)의 현상(상태)일 뿐, 본체는 항구적이게 됨.

535) "善은 도덕적 생활의 최고 이상인데, 이에 반대인 惡을 불교에서는 남이나 자기에 대하여, 현세나 내세에 좋지 않은 결과를 가져올 성질을 지닌 바탕이라고 함." - 『새우리말 큰 사전』, 신기철·신용철 편저자, 삼성출판사, 1985, p.1847.

536) 『칸트철학에서의 악의 문제』, 문성준 저, 서강대학교대학원 철학과 석사학위논문, 2004, p.iv.

先天에서 끝내 해결하지 못했던 것은 우리가 판단한 善惡에는 한계가 분명하므로 하나님이 최종적으로 역사하실 문제였기 때문이다. 善惡에 하나님이 관계되는 이유는 하나님이 기준이 됨으로써이며, 하나님이 원인, 기원, 바탕, 본성, 실체를 밝히면 善惡의 본질은 백일하에 드러난다.

2. 선악의 기원

善惡의 본질을 파헤치기 위해서는 善惡의 기원을 추적해 들어가는 것이 기본적인 순서이다. 인간이 존재하는 것이라면 존재할 수 있게 된 바탕 터전과 기원 역사는 반드시 있다. 관념으로서건, 실체로서건, 인성·인격으로서건, 善惡의 존재성 자체에 대해서는 거의 인정하고 있다고 해도 과언이 아니다. 이렇듯 존재하는 것이라면 그것이 발생하게 된 원인과 기원이 밝혀져야 하는 것이 마땅하다. 그런데도 만연된 惡에 대해서 혹은 도달해야 할 善의 이데아에 대해서, 기원 추적이 어려웠던 것은 善惡을 규정할 바탕된 우주관이 확증되지 못해서이다. 최초의 출발에 대한 기준이 없는 바에는 누구도 확실하게 확정할 수 없었다. 善惡은 어디에서 온 것이고 발생된 것인가? 人性인가? 사고적인 지식의 문제인가? 神인가? 여기에 대한 확증이 없으니까 분분한 설은 있어도 본질에 대한 규명은 없다.

"知와 德의 合一 내지 知와 德의 일치를 믿었던 소크라테스는,

누구나 참으로 알면서 惡을 결심하지는 않는다. 모든 惡은 불충분한 지식에서 온다."537)고 했다. 眞知→德→행복이란 루트가 善을 실현하는 원천이 된다. 善은 지식(眞知)에서, 惡은 무지에서 나온다는 말이다.538) 소크라테스의 이 같은 견해는 善惡의 발생 요인에 있어서 작용된 원인은 될지 몰라도 원천된 기원설로서는 부족하다. 중국에서는 "인간 행위의 善惡 원인을 곧바로 인성 속에서 찾으려 한 오랜 전통이 있는데, 결론은 인간 본성을 性惡으로 보았건 性善으로 보았건 수양과 교육에 의한 가변성과 가망성을 인정하였다는 데 있다."539) 善惡에 있어 인간의 의지를 결부시킨 강력한 도덕관의 탄생이다. 그래서 인간의 본성에 비친 善惡의 결정성을 시사하는 점은 있지만 그렇다고 해서 발생 기원 자체를 본성 가운데서 찾을 수 있는 것은 아니다. 먼저 善惡이 무엇이라는 것을 밝혀야만, 동양 人性論은 그때야 善惡의 본질이 인간의 본성 가운데서 작용된 진리성을 얼마나 치열하게 간파하였는가를 확인하게 되리라. 어떻게 절대적인 善惡이 인간의 의지 수양에 따라 좌우되는 것인가? 그것은 보다 선행된 善惡의 창조 기원을 밝혀야 가늠할 수 있다.

　세계와 善惡과 인간의 관계는 미묘한데, 지금까지도 살펴보았거니와 인간과 세계 자체에 바탕을 둔 기원설은 부차성을 면하지 못한다. 기원은 보다 形而上學的인 본질 바탕으로부터 출발해야 하는 것이라, 그 근원을 많은 의미를 보탠 창조라고 일컫는다. 창조

<hr>

537) 『서양윤리사상사』, 최재희 저, 서울대학교출판부, 1981, p.33.
538) 『서양의 지혜』, B. 러셀 저, 이명숙·곽강제 역, 서광사, 1990, p.372.
539) 『중국철학 산고(2)』, 김중열 저, 온누리, 1994, p.177.

의 본의란 일단 차원적인 것인데, 이것을 이해하지 못한 지성들이 先天에서 힘겨운 진리 탐구 여정을 겪어야 했다. 기원의 문제를 풀 열쇠고리는 창조된 본의를 밝히는 데 있은 것인데도 한결같이 단도직입적으로 전능한 神에게로만 직결시켜 버리게 되니까 급기야 인류는 지성사적으로 대創造論을 포기하는 결과까지 낳고 말았다. 神과 관련한 고전적인 문제들이 해결될 기미를 보이지 않았다. 세계에는 질서 있고 善하며 이성적인 많은 증거들이 있다. 善하신 하나님이 善한 세상만을 창조하셨다면 누가 의문을 품겠는가? 하지만 문제는 모든 것에 스며 있는 惡에 대한 더욱 강력한 증거들이 있다는 것이다. 기근, 지진, 자연적 재앙과 惡이 있고 고통, 질병, 죽음과 같은 불행, 그리고 불의, 죄악, 사악성 같은 도덕적 惡이 있다. 이것들이 뒤엉켜 아수라장이 된 전쟁의 참화는 인간이 창출한 죄악의 극치이다. 惡이 세상 위에서 실감된다는 것은 神이 도대체 존재하는가에 대해 회의를 품게 한다. 만일 神이 세계악을 막지 못한다면 전능하지 않은 것처럼 보이고, 만일 막으려 하지 않는다면 완전하게 善하지 못다.[540] 神이 惡에 의해 도매금으로 넘어갈 판이다. 이유야 어떻든 神은 항상 惡 때문에 권능성에 심대한 타격을 입고 있다. 절대성, 전능성, 善한 본성, 창조성이 위협받을 정도이다. 惡의 위세가 무섭기는 무섭다. 문제의 관건은 이것이다. 태초에 하나님이 우주를 善한 방향으로 완벽하게 창조하셨다면, 인간에게는 타락이란 현상이 아예 있을 수 없고 惡은 존재할 수 없어야 마땅한 것인데,[541] 드러난 실상은 그렇지 않다. 神과

---

540) 『철학의 의미』, 조셉 G. 브렌 넌 저, 곽강제 역, 학문사, 1977, p.310.
541) 『세계관이란 무엇인가』, 기독교 세계관과 현대사상, p.인터넷자료.

세계가 무관하다는 말이 나올 만하다.[542]

　神의 전능성과 세계 질서에 따른 惡의 실재 여부는 예부터 거론된 어려운 문제이다. 神은 재채기를 하지 않지만 그러나 재채기를 하는 피조물을 만들었다는[543] 대답은 궁색하기만 하다. 재채기는 몸의 건강을 위해 꼭 필요한 생리 현상이다. 그렇다면 惡도 그렇단 말인가? 惡은 도대체 세상의 무엇을 위해 존재할 수밖에 없는 것인가? 그렇다면 善惡은 생각 이상으로 예사로운 문제가 아니다. 창조의 본의와 작용, 그렇게 해서 구성된 세계의 본질 구조가 밝혀져야 한다. 善惡은 神의 창조 의지나 인간의 행위 의지를 떠나 아예 창조 시 결정된 구조이다. 이것을 모르니까 자꾸 죄악 문제를 하나님의 전능성과 연관 짓는다. 정말 하나님은 惡을 방치하고 계신 것인가? 그것은 하나님과 창조를 이해할 세계관을 제대로 갖추지 못한 데서 온 절대 오해이다.

　신실한 우리들의 믿음처럼 하나님은 惡을 창조치 않았다. 하나님으로부터 근원되지도 않았다. 하나님은 사랑하는 만상을 위하여 하나의 원칙적인 법칙만을 세우셨다. 그 법칙은 세계의 有한 근본과 생성하는 실상을 이루는 것이다. 이것은 창조를 성사시키기 위한 어쩔 수 없는 원칙이다. 뜻하지 않았다면 모를까 성사시키려는 한, 원리에 입각한 법칙은 세워져야 한다. 만상이 존재하기 위한

---

542) "神이 존재한다는 우주에 대한 기독교적 근본 주장에 대한 반론: 세상에 惡이 존재하는 것을 미루어 볼 때, 하나님의 존재는 부정되는 것처럼 보인다. 만일 하나님이 전능하시다면 그분은 惡에 대해서 알고 있어야만 할 것이요, 만일 전능하시다면 그 惡을 제거할 수 있어야 하며, 완전한 자비를 지닌 분이라면 왜 그렇게 행해 주시지 않는가? 특히 온 세상에 늘려 있는 수많은 고통을 들어주십사 하는 신도들의 기도에 응답하시지 않는가?" - 『인간의 본질에 관한 7가지 이론』, 레즐리 스티븐슨 저, 임철규 역, 1995, p.17.

543) 『종교란 무엇인가』, 니시타니 게이이치 저, 정병조 옮김, 대원정사, 1993, p.80.

원칙적인 법칙인 동시에 대립을 야기케 한 구조적인 문제이다. 하나님은 惡을 창조하지 않았지만 그 창조로 인해 상대적인 대립 요소가 구조적으로 발생한 것이다. 이것은 비단 善惡에 관계된 문제만이 아니다. 원칙적인 질서에 의해 일체 존재계에 적용된 본질적인 구조이다. 하나님은 善한 이데아의 본체자로서 사랑을 창조 원리로서 이법화시켰고, 이를 만상 위에서 구현하심에 모든 것이 "보시기에 좋았더라."544) 하나님은 최선을 다한 지혜를 동원하시사 본래 善한 본체성을 창조로써 구현하셨다. 그런데 문제는 창조가 실현된 이후이다.

창조는 하나님의 뜻에 의해 구축되고 지속된 거대한 작위 시스템이다. 빛 가운데 있는 한 그림자는 생기기 마련이다. 창조를 성사시키기 위한 일차적인 목표는 달성되었지만, 그렇게 해서 존재하게 된 만상이 그렇게 해서 결정된 법칙 질서 위에 노출되어 버린 것이다. 善惡의 대립 구조와 기원은 이렇게 해서 발생했다. 그래서 굳이 근원을 따지자면 善은 창조 뜻에 바탕된 창조 자체이고 惡은 거기에 위배된 무질서 상태이다. 원칙과 법칙과 실상은 하나인데, 분열하는 세계에서 正本인 바탕성으로 작용하게 되니까 그렇지 못한 요소가 惡이란 대립체로서 등단하게 되었다. 창조로 말미암아 하나님과 연관된 일체가 善惡을 가름하는 기준이 되어 버린다. 문제 요지를 좀 더 자세하게 파고든다면 善惡의 발생 기원은 아이러니컬하게도 하나님이 천지를 창조하신 바탕 자체가 善으로서 단장된 데 있다. 좀 더 축약한다면 惡은 善이 세워짐으로 인해 그 善으로 말미암아 발생하였다. 그것이 사실이라면 혹자는 세상에서 惡

<hr>

544) 창세기, 1장 12절.

을 제거할 최적 방법도 동시에 발견할 것이다. 작대기를 없애면 그림자가 없어지듯 善을 없애면 惡도 없어지지 않겠는가? 하지만 창조로써 실현된 것이 善인 한, 그것은 불가능하다. 전지전능하신 하나님은 바로 이 점을 감안하셨다.

"惡은 神의 자기실현 과정에서 나타난 의도하지 않은 부수효과 이거나 神의 내재적 진화 과정에서 발생한 예기치 못한 과실"[545] 이 아니다. 씨를 뿌린 농부는 뿌린 것만으로 가만히 앉아 있지 않다. 싹을 틔워 늘 가까이서 가꾼다. 하나님도 마찬가지다. 하나님 은 만상을 창조하신 어버이시다. 어버이가 된 순간부터 창조로 인 해서 발생한 일체 결과를 감수할 각오를 다지셨다. 이미 발생된 善惡이란 대립 구도는 하나님도 어쩔 수 없다. 창조 원칙에 의해 서 결정된 세계 구조이다. 그래서 하나님은 善으로 세워진 창조 원칙을 바탕으로 해서 지고한 善이 세상 惡을 물리치는 방식으로 이 땅에서 제이의 창조 목적을 실현하길 원하셨다. 이 같은 목적 을 위해서 하나님이 감내하신 세월이 언제부터이던가? 바퀴가 온 갖 험지를 내달리듯, 하나님은 혼신을 다해 인류를 최고선－最高 善에 이르도록 섭리하셨다.

그런데 현재의 실상은 어떠한가? 善惡의 기원과 본질은 밝혀지 지 못했는데 이제는 구분할 수 있어야 한다. 인류 사회의 최대 걸 림돌인 惡은 과연 어디서 나온 것인가? 천지가 창조되고 거기에 따른 법칙이 세워졌기 때문에 이에 어긋난 죄악도 덩달아 생겼다. 그러므로 惡은 어디서도 실상으로서는 존재하지 않는다. 이것이 참으로 모호하고 어려운 문제이다. 그런데도 惡은 인간의 마음과

---

545) 『선과 악』, 앞의 책 p.101.

행위의 어디서도 발견되고, 인류의 실존 역사와 함께하고 있다. 善이 있게 됨으로써 존재하게 된 결과물이다. 神은 惡을 창조하지 않았다고 하듯, 惡은 마음속에 비친 허상일 수도 있다. 또한 인간성으로부터 비롯된 가치 판단의 형태일 수 있다. 정말 善惡은 창조로 인해 설정된 절대 구조인 것이지 실체는 아니다. 그런데도 불구하고 善이 실상인 것에 대해 惡이 허상인 것은 惡의 근거를 피할 수 없게 한다.

善惡의 발생 기원과 근원이 이러하므로, 이 같은 구조 위에서 인류에게 원래 계획된 창조 목적이 이루어지기 위해서는 먼저 창조의 본의를 파악하여 그 뜻을 깨닫고 세상 가운데 가로놓인 善惡의 물줄기를 헤쳐 나가는 것이다. 그런데 본의에 대해 무지하고 구분할 수 없다면? 惡의 발생 온상이 인간의 판단과 행위에 머물게 된다. 인간 죄악은 다른 데 있는 것이 아니다. "하나님이 세우신 법칙에 대해 이에 위배된 현상이 있게 되었고, 특히 인간은 사고로써 이치를 가늠하는 존재라 어떤 이유에서건 이 법칙을 거스르게 된 결과는 죄악이 된다. 그런데도 이 같은 뜻을 간파하지 못한 데서 초래된 결과는? 현재 처한 선의지적 상태는? 천하가 죄악으로 뒤덮여 있다는 것을 처처에서 발견할 수 있다."[546]

결과가 이러할진대, 우리는 처처에서 자행되고 있는 죄악의 실상을 정확하게 판단해야 한다. 죄는 근본적으로 육신이 지닌 본능적인 욕구라기보다는 뜻에 대해 무지하고, 인위적인 뜻을 주장한 결과 쌓이게 된 비본질적 업이다.[547] 善은 왜 神의 뜻인가? 창조

---

546) 『세계창조론』, 제3편 조물론, 졸저, 완본, 1998, p.426.
547) 『인간본질에 관한 7가지 이론』, 앞의 책, p.63.

자체가 그 기준이기 때문인데, 하나님을 떠난 인간은 이 같은 정
본 법칙을 벗어나 있다. 곧 이탈되고 위배된 그것이 죄인 것이지
지닌 본능 그 자체가 죄악의 단서인 것은 아니다. 창조된 본성은
善한데 세상을 헤쳐 나가는 험로 위에서는 이것을 뒤흔드는 마음
의 판단 작용이 있다.

 "기독교 인간관은 惡이 인간 의지의 산물이라고 했는데",[548] 이
같은 규정이 죄악의 문제에 대해서 전격적으로 인간에게 책임이
전가된 양상인 것은 아니다. 하나님이 善으로 인간을 창조하셨는
데 이것을 깨닫지 못하면 이 땅에서 善한 창조 본성을 실현할 길
이 없다. 교만, 이기심이 온갖 유혹에서 벗어나지 못하게 했다. 무
엇이건 "하나님으로부터 떠나 있음 자체가 惡이다."[549] 인간이 어
떤 앎의 상태로 혹은 가치 상태로 혹은 믿음 상태로 있는가 하는
자체가 善惡을 발생시킨 근원이다. 사악이란 무엇인가? 사악은 실
체가 아니고 하나님의 창조 법칙과 뜻을 벗어난 인간 의지의 왜곡
자체이다.[550] 어떤 형태로건 인류는 하나님의 뜻을 헤아리는 데 善
이 있고, 거스르는 데 惡이 있다. 善惡의 절대 기준은 만유 위에
공통된 바탕인 하나님의 뜻에 대해서이다. 그 창조 원칙을 기독교
인들은 그들의 믿음과 신앙 내에서만 작용하는 것으로 알았지만,
그 원칙은 보편적인 법칙으로서 포괄성을 지닌다. "본래 인간의 마
음은 理이고 善이지만 사욕이 생기는 것에 의해 본심이 어두워지
고 비뚤어져 惡이 되는 것이다."[551]라고 했을 때의 사욕이란 창조

---

548) 『기독교 윤리의 입장에서 본 존 롤즈의 정의론 연구』, 박성희 저, 이화여자대학교 신학대
　　학원 기독교윤리전공 석사학위논문, 2002, p.41.
549) 『성 어거스틴의 고백록』, 어거스틴 저, 선한용 역, 대한기독교서회, 1993, p.220.
550) 위의 책, p.220.

법칙에 위배된 마음의 작용이 惡을 발생시켰다는 것이다. 하나님을 믿지 않은 것이 죄이고 惡을 발생시킨 근거인 이유이다. 先天의 한계로 세계 내에서는 하나님을 지향한 간접적인 믿음의 형태가 상존하였는데, 이제는 그 초점이 창조주 하나님에게로 모아져야 한다.

초기 그리스도 교회 최대의 사상가로서 교부철학의 대성자인 성 어거스틴(354~430)은 "惡이란 善의 결핍으로서 그 자체는 존재하지 않는 것(비존재)이라는"552) 견해를 그의 『고백록』에서 밝혔는데, 이것은 善惡이 하나님의 창조에 근원을 둔 기원이라고 한 이 연구관점과 관련하여 논의를 보다 명확히 한다.

"영원하신 하나님이 어떻게 惡의 기원이 될 수 있는가? 惡은 참된 존재를 갖지 아니하므로 神은 결코 惡의 기원이 될 수 없다. 惡이란 단지 인간의 의지에 있어서와 마찬가지로 善의 결여이며 있을 수 있는 타락이다. 전부가 아니라 피조물의 극히 일부분만이 善의 상실인 惡에 관여할 뿐이다."553)

성 어거스틴이 "하나님은 善의 존재 자체이며, 지고선이므로 그 속에서 惡은 찾아볼 수 없다. 당연히 창조주는 惡을 만들지 않았다."고 한 것은, 善 그것이 창조를 이룬 바탕이고 세워진 법칙이라는 말과 같다. 그러므로 惡은 본질로부터 일탈하여 존재가 아닌 존재(비존재)로 향하는 것이다. 惡의 실체가 밝혀지는 순간이다. 세워진 창조 법칙에 위배된 일체 반대 요소가 惡이란 말과 같다. 그러므로 하나님은 善하시지만 惡의 원인은 불변의 善을 외면한 인간 의지이다.554) "모든 피조물은 근원적으로 善하다. 惡은 피조물

---

551) 『중국사상사』, 森三樹三郎 저, 임병덕 역, 온누리, 1990, p.235.
552) 『성 어거스틴의 고백록』, 앞의 책, p.85.
553) 『고백록』-『세계사상대계(명랑의 회랑)』, 박종오 외 2인 감수자, 신태양사, 1968, p.77.

에 본래적이지 않다. 惡은 능동적인 실체가 아니라 결핍된 존재상의 상태"[555]라고 한 것은 惡의 허상과 허상인 실상을 엿본 것이다. 되풀이되는데, "惡은 하나님과 관계없이 있는 적극적 원리가 아니다. 자체로서 권리를 가지고 존재하는 실물들이 아니라, 善의 부재 혹은 결핍"이라고 하는 것은, 惡이 능동성이 아니라 부수된 그림자란 뜻이다. 오직 본질인 기준은 善 하나밖에 없다. 그런데 그 善이 세상 위에서는 결핍될 수 있다는 것, 그래서 惡이란 존재는 분명한 것이고, 惡의 발생은 마음의 작용과 굳게 연결되어 버린다. 하나님의 창조 뜻과 의지와 법칙 원리와 믿음이 결여되면, 어긋나면, 즉각 하나님의 선의가 결여된 善의 부정자, 곧 惡이 도사리게 된다.[556] "거기에 있어야 하는 질서가 결여된 것이다. 죄는 영혼에 있어야 할 적절한 영적인 질서의 부족이듯 혹은 눈이 먼 상태란 정상적으로 시력을 가능하게 할 생리학적인 질서의 교란이듯,"[557] 다시 말해 "惡은 불완전한 善의 상태이다."[558]

그러므로 맹자가 性善說을 주장한 것은 인간 본성이 창조된 원본 상태를 직시한 것과 같다. 性善은 창조의 출발 상태이고 순수 본질인 상태이다. 바탕된 善은 하나님을 향한 정통 루트이다. 그런데 그 루트가 단절된다면 어떻게 되겠는가? 사악하게 될 것은 기정사실이다. 이것을 막기 위해 하나님은 천지 사방에 세워둔 법칙

---

554) 『어거스틴의 윤리학 연구』, 앞의 논문, p.41.

555) 『신국론』, 성 어거스틴 저, 조호연 역, 현대지성사, 1997, p.71.

556) 『어거스틴의 윤리학 연구』, 앞의 논문, p.42.

557) 『철학의 의미』, 앞의 책, p.311.

558) "맹자의 性善說에 대립한 순자의 性惡說도 인간에게 근원적인 죄악이 있다고 하지는 않는다." - 『중국사상사』, 앞의 책, p.28.

인 진리로서 인간 본성을 견고하게 치장하셨다. 하나님은 창조자요 주재자로서 빈틈이 없다. 그런데도 "가능한 한 최선의 방식으로 구성되고 매 순간 빈틈없이 통제되는 우주 속에서 도대체 어떻게 惡이란 것이 존재할 수 있는 것인가?"[559] 하나님은 빈틈이 없는데 그 틈이 바로 인간에게 있다. 그래서 하나님이 先天이 다하도록 외친 메시지가 무엇이던가? 하나님이 사랑하신 만상과 진리를 위하여, 이것을 허물어뜨리려 한 惡의 세력을 물리치기 위해 얼마나 노력하셨던가? 惡은 실상이 없으되, 인간이 자행하고 대립을 서슴지 않으면 그것이 의지화된 惡의 세력이 된다. 이것이 곧 용서받을 수 없는 죄악이다. 잘못은 깨달을 수 있지만, 사악의 의지적 단행은 심판받는다. 이 같은 惡의 실체를 구분하기 위해 善惡의 본질 기원은 밝혀져야 한다.

3. 선악의 바탕

"노자는 善人의 반대되는 사람을 不善人으로 보았다. 惡人이 아니라는 말이다."[560] 그렇다면 세상 위에 惡의 바탕은 어디에 있는가? 神은 惡을 창조치 않았고, 세상은 善한 바탕이 기준을 이루고 있다는 노자의 말도 일리는 있다. 통상 善惡은 상대되고 대립된 개념인 것으로 알고 있는데, 惡의 바탕이 실종되어 버리다니!

---

559) 『선과 악』, 앞의 책, p.102.
560) 『인간교육이론』, 김수동 저, 책사랑, 2000, p.322.

바탕이 분명해야 우리는 삶의 한가운데서 善惡을 분별해서 권선징악－勸善懲惡할 수 있을 텐데, 종적이 모호한 것이 문제이다. 하지만 알고 보면 惡은 본래 바탕이 없다는 그것이 惡을 이룬 바탕이다. 善惡의 본질성을 추적하면 창조된 특성이 적나라하게 드러난다. 그런 만큼 우리는 善惡이란 개념을 통해서 천지 만상이 창조된 것을 확인할 수 있고 창조가 배경이 됨으로써 善惡은 비로소 바탕된 색깔이 노출된다. 바탕이 분명해지면 세상 삶 가운데서도 善惡이 갈래 지어지리라. 천지가 창조됨으로써 창조되지 않은 것은 세상에 있을 수 없다. 그리고 하나님은 뜻을 담은 가장 이상적이고도 완전한 창조를 실현시키셨는데, 그 바탕이 곧 善이다. 하나님이 창조를 실현시킨 것이 善을 이루었다.

神은 惡을 창조하지 않았다. 창조될 수 없다. 그리고 창조되지 않은 한 惡은 어디에도 없다. 無다. 그런데도 惡이 有하다면? 그것은 창조된 세계 내에서 善을 존재하게 하기 위한 성립 요건으로서이다. 善도 알고 보면 창조 이전에는 존재된 바탕이 無다. 善惡이란 개념 구분 자체가 아예 없다. 그런데 창조는 있게 되었고, 그로 인해 善이 일체 존재의 正本 기준으로 설정되고 보니, 세상에서는 그렇게 창조된 것 자체를 직감적으로 본래적인 것, 바른 것, 正道, 正義, 진리, 善이라고 하였다. 아울러 이에 역행된 일체 행위, 작용, 결과를 惡이라고 규정짓게 되었다. 그러므로 善惡 자체는 善을 창조함으로 인한 분명한 결과물이고, 그 기준된 善에 대해 역행하는 실체가 있게 되어 惡이 존재하게 된 것은 분명하다. 그래서 善惡은 개념적으로 대립되어 있다 하더라도 문제는 善惡 자체의 본질이다. 세상 어디서도 正本인 善의 본질이 확실하게 드러나지 못한 先天에서는 동일한 요건으로서 惡의 정체 또한 분명하게 밝혀질 수 없었다. 그런 만큼 때가 되어 正本으로서 성립된 善과 그 근거가 된 창조 특성이 분명하게 실인되면 惡을 이룬 바탕 정체, 곧 하나님의 뜻에 어긋난 일체 행위, 사상, 의지적 실체들이 惡이었다는 것이 구분된다.

善惡이 창조로 인해서 발생된 개념이라는 것은 창조를 이룬 특성인 한, 한 통속을 이룬 본질을 통해 두드러진다. 창조는 하나인 통합 바탕으로부터 비롯되었다. 그렇다면 당연히 진리와 인간이 만 가지 모습으로 특징짓더라도 근본인 본질은 하나이다. 善惡도 마찬가지다. 善惡은 창조로 인해 동시에 발생했다. 논리상으로는 하나님이 창조로써 존재 바탕을 구축하게 되니까 그것이 善이 되었고, 이에 대립된 惡이 덩달아 성립하게 된 것이지만, 근본을 따지면 善惡은 바탕 뿌리가 밀접하게 연관되어서 불가분한 통속을 이루고 있다. 그렇다고 善惡이 같은 본질을 공유했다는 뜻은 아니다. 善이 세워진 연유로 惡도 세워졌다. 그래서 善惡이 동시 개념이다. 순서로는 善이 있어 惡이 있게 된 것인데도, 결국은 惡이 있어 善도 善일 수 있다. 만약 세상천지가 온통 善뿐이라면 어떻게 되겠는가? 善이 善으로서 분간될 수 없을뿐더러 善뿐인 세계에서는 善이 오히려 무가치하다. 하지만 그럴 걱정은 없다. 세계는 항상 극이 양극으로 분립됨으로써 존재성이 성립된다. 가상해 보았듯이 善 하나뿐인 통극 상태에서는 善이란 존재 가치가 성립될 수 없다. 그래서 善惡은 존재 성립을 위한 절대 구조이고, 善은 언제라도 惡과 대비된 상태에서 지고한 가치를 발할 수밖에 없다.

이런 의미에서 본다면 善에 대한 의지가 확고할진대 세계는 오히려 惡이 존재함으로써 善에 대한 본질성이 더욱 공고히 구축될 수 있다. 그야말로 惡이 허상인 실체성을 찾고 善이 참상인 실체성을 찾아 대립 구도가 극명화될 때야 비로소 세계의 正本 본질성이 100% 구현된다. 문제는 구분이 안 된 혼돈 상태인데, 대립 구도가 확실한 것만큼이나 세상 가운데서도 善惡이 100% 선명하게 투영되는 것이 이상적인 목표이다. 그런데 혼돈이 극명화되었다면 그것이 곧 종말을 맞이한 상태이다. 그만큼 善惡은 마치 흰 바탕 위에 쓴 검은 글씨와 검은 바탕 위에 쓴 흰 글씨처럼 서로가 존립을 위한 조건을 필요로 한다. 오르막길이 없는 내리막길은 생각할 수 없는 것과[561] 같은 동시 성립 조건이고 한 통속인 본질이라, 善이 있어 惡이 있고, 惡이 있어 善이 유가치한 특성을 드러낸다.

따라서 善惡에 대해서 오직 절대적인 위치를 점한 분은 이 같은 대립 구도를 초월한 하나님이시다. 분열된 세계에서는 善이 惡에 대해 상대적인 가치성을 면할 수 없지만, 하나님은 그렇지 않다. 그래서 하나님은 善惡에 대해 절대 객관자인 동시에 인류 전체의 善惡을 심판할 수 있는 자격 권한을 가지신다. 神은 고뇌하지 않는 것이 스스로 참이기 때문이며 神은 의혹하지 않는 것이 자체가 곧 진리이시다. 이런 절대 권한을 지니셨기 때문에 惡에 대립된 善은 온갖 의혹 가운데서도 惡을 두려워하지 않으며, 惡으로 인해 소멸되지 않는다. 진리는 이와 같다. 진리는 이런 것이다. 善은 언제라도 하나님과 연결된 본질의 뒷받침이 철저한 정통 루트이다.

그러므로 우리는 善惡의 창조성, 한 바탕인 통속성, 개념 발생의 동시성, 그리고 철저하게 상대적인 대립 구도를 일괄해서 볼 수

---

561) 『서양의 지혜』, 앞의 책, p.39.

있어야 善의 본질 바탕을 굳게 세울 수 있다. 그 최적 상태가 곧 善이 惡을 물리치고 극복하는 것이다. 대립된 惡의 실체를 인지하고 善惡의 바탕을 공고히 해야 惡에 대비된 善의 본질을 온전하게 구축할 수 있다. 고난, 수행, 기도가 필요한 이유이다. 善惡의 바탕이 그러하므로, 善惡은 세상 위에서 개념적으로는 대립되어 있더라도, 본질적으로는 구분이 없는 한 통속이다. 불교에서는 不二論的 관점에서 "더럽고 깨끗한 것은 둘이 아니고 善과 惡도 둘이 아니다."[562]고 했고, 원효는 "깨끗한 것과 더러운 것, 착한 것과 惡한 것의 구별은 밖에 있는 것이 아니라 마음에서 우러나온다."[563]고 했다. 혼돈을 조장하는 것 같기도 하고, 제한성이 농후한 생각인 것 같지만, 창조된 관점에서 보면 일리가 있다. 그래서 우리가 善惡을 정확하게 판단하려면 善惡의 바탕성과 현상성, 절대성과 상대성, 특수성과 보편성을 동시에 볼 수 있어야 한다. 先天에서 善惡에 대한 본질 바탕이 불분명했던 이유를 안다. 善惡이 불가분한 관계에 있어 창조적으로는 명확하면서도 정작 세상 위에서는 분간이 안 되었다. 그 이유가 善이 창조를 이룬 바탕인데도 神의 존재 바탕으로서 완전하게 분열하지 못한 상태이다 보니까 惡도 실상이 드러나지 못한 것인데, 이제는 상황이 달라졌다. 善惡이 창조에 의해 명확해진 것이다. 그렇다면 남는 것은 세상 위에서 善惡을 확실하게 판단해서 구분 짓는 작업이다.

　"천하의 理는 그것이 시작하는 근원을 캐면 여태껏 善하지 않은 것이라고는 없었다. 일체의 본성인 性, 즉 理는 그것의 근원에 있

---

562) 『대승경전의 비밀』, 송지홍 엮음, 우리출판사, 1993, p.62.
563) 『한국의 역사』, 최석진 감수, 최지영 글, 이범수 그림, 삼성출판사, 1996, p.78.

어서는 善(이천)"564)이라고 했는데, 이것은 善惡의 창조 본성 상태를 거의 직시한 것이다. 그 善을 바탕으로 해서 인간이 창조되었다. 그런데 문제는 창조된 순간 본성이 惡의 상대성 위에 노출된 것이다. 그래서 고려해야 할 것은, 존재는 생성이란 엄연한 과정이 있다는 것이다. 당연히 본성은 생성이 완료되기 전까지는 善한 본성을 이룰 수 있는 가능성만으로서 존재한다. 善한 바탕을 가졌기 때문에 善을 완성할 수 있는 충분한 가능성이다. 하지만 뭇 과정이 그러하듯 "어떤 것으로 정해져 있다(아리스토텔레스) 혹은 사물이 이데아와 같이 되려고 하는 경향을 지니고 있다."565) 할지라도, 善惡이란 대립성 위에 노출된 뭇 존재의 생성 일정은 꼭 그 가능성을 달성하리란 보장이 없다. 그렇다면? "善은 하나님의 말씀을 상고 – 詳考함으로써 있다."566) 善은 善을 이룰 가능 바탕일 뿐, 善을 이루기 위해서는 온전하게 이끌 생성 조건과 노선이 필요하다. 말씀을 상고하지 않는데 善이 달성될 리 만무하다. 하물며 善의 본성 위에 서려는 노력과 善惡 자체에 대한 구분을 잘못한다면, 가능성이 실현될 리 만무하다.

그래서 창조는 이미 모든 것을 결정하였으되, 결과는 생성된 과정을 통해 이루어지는 것이다. 상대 가운데서도 절대 선의지가 필요한 이유이다. 善은 본성의 유지 상태인데 이것이 분열하는 과정에서 문제가 발생한다. 그래서 주자학은 理는 가능한 한 本然之性으로서 仁·義·禮·智·信을 달성하는 절대 바탕선으로 설정해

---

564) 『퇴계사상의 연구』, 전두하 저, 일지사, 1978, p.113.
565) 『철학의 흐름과 문제들』, N. 하르트만 저, 강성위 역, 서광사, 1989, p.182.
566) 베드로 전서, 1장 11절.

놓고, 본성이 분열함으로써 노출된 상대성, 대립성, 가변성을 氣質
之性으로 분간해, 氣質을 淸하게 하면 善이 되고 濁하게 하면 惡
이 된다고 했다.567)

　그러므로 부차적인 결론이기는 하지만, 지고한 善의 바탕은 일
체 가능성을 열어주신 하나님에게 있고, 惡의 바탕은 일체 가능성
을 짓밟아 버리고 호랑방탕한 인간에게 있다. 분명 惡의 근원은
하나님의 지고한 뜻을 상고하지 않은 인간의 오만과 탐욕성에 근
거되어 있는 것이 분명하다. 인간은 욕구하는 존재이지만 하나님의
善하시고 기뻐하시고 온전하신 뜻이 무엇인지를 상고할진대,568)
얼마든지 惡의 근거는 지워버릴 수 있다. 본래 惡의 바탕은 없다.
그런데도 惡을 붙들고 있다면, 그것은 자신이 떨쳐버리지 못한 욕
망과 탐욕 때문이다. 이것이 현실적인 惡의 근원이다. 온갖 죄악은
善을 상고하지 않은 욕망의 무절제에서 발생한다. 그런 만큼 善惡
의 본질을 구분 짓는 것은 先·後天이란 시대 본질을 구분 짓는
절차이자, 인류를 죄악으로부터 구원하기 위한 단계 절차이며, 종
국에는 善하신 하나님께로 인도될 준비이다. 善惡이 확실하게 구
분될진대 인류가 열망했던 이상 가치 역시 그 열매를 확실하게 거
두리라.

---

567) 「주자철학에 있어서 공맹 천인관의 승수와 전개」, 최영찬 저, 충남대학교대학원 철학과 동
　　양철학전공 박사학위논문, 1990, p.70.

568) "너희는 이 세대를 본받지 말고 오직 마음을 새롭게 함으로 변화를 받아 하나님의 善하시
　　고 기뻐하시고 온전하신 뜻이 무엇인지 분별하도록 하라." - 로마서, 12장 2절.

4. 선악의 본성

천지가 창조된 결정성에 근거해서 善惡의 본질은 밝혀졌다. 善惡이 무엇인가에 대해 개념적으로 혼돈을 일으킬 자는 이제 없다. 그런데도 정작 삶의 현실 위에서는 善惡에 대한 상황적 판단이 철저하지 못하고 인간으로서 善한 본성 위에 서 있는 자가 적은 것은 善惡이 창조에 연루된 본질을 제대로 파악하지 못해서이다. 창조는 시간을 초월해서 일체의 존재 바탕을 구유하고 결정하였다. 이 같은 창조 바탕을 통합성 혹은 본체라고 하였거니와 시간을 앞서서 존재하고, 결정되어 드러나게 된 것이 철저한 인과 법칙에 따른 생성 과정이다. 그래서 분열에 의해 본체가 드러나게 되면 비로소 생성을 이룬 목적성이 완수된다.

이 같은 통합성에 의한 생성을 인간 본성에 대입하게 되면, 인간이 태어나는 순간, 비록 본성은 善하다 하더라도, 미처 선의지의 분열이 완수되지 못한 상태에서는 본성의 善惡 결정이 미지수이다. 참으로 善한 인간인지 惡한 인간인지, 아니면 善하게 될 것인지 惡하게 될 것인지를 장담할 수 없다. 인생의 생성 경과를 물음표로 남겨 둔 때문이다. 하나님이 본의에 바탕을 두어 善하게 창조하셨다면, 그렇게 본성을 결정하셨다면, 인간은 善한 방향으로 나아가야 마땅하지 않겠는가? 그런데도 정작 인간이 주어진 인생 위에서 선의지를 제대로 분열시키지 않는다면 어떻게 본성을 완성할 수 있겠는가? 깨끗한 옷도 간수를 못 하면 더러워진다. 세상은 창조로 인해서 존재 성립을 위한 구조가 극명하게 대립되어 있다고 했다.

벗어날 수 없는 구조 특성 위에서 인류가 선의지를 구현할 수 있기 위해서는 善한 본성 바탕을 바르게 분열시키는 방법, 즉 天→道→眞理→仁→正義와 같은 가치를 의지적으로 개척해 나가야 한다. 세상 이치가 그러하듯 창조된 존재가 처음부터 탁하거나 惡할 수는 없다. 善한 자는 구태여 물어볼 것도 없이 하나님 곁에 가까이 다가설 수 있는 제일 적격자이다. 하지만 우리는 반드시 본성을 분열시켜야 하므로 부여받은 본성을 제대로 발양하고 지키고 쌓아 나갈 生의 추구 시스템을 필요로 한다. 이것이 없을진대, 바탕된 善한 본성은 더 이상 보장될 수 없다. 비록 창조 자체가 善을 실현하기 위한 목적이었다 하더라도 善惡이란 대립 구도가 결정되어 있는 이상 뭇 존재 현상은 이 같은 결정 구조를 따라야 한다. 따라서 善惡의 구조는 결정되어 있되 生의 한가운데서 호흡하고 있는 인간의 善惡 본성은 결정되지 않았다. 그 여부는 오직 생성 경과에 근거한다. 그러므로 이후로 인간은 본성적으로 惡하다든지 善하다는 말을 할 수 없다. 삶을 영위하는 과정에서 善惡에 대한 성향이 갈라질 뿐이다.

처음 아담과 이브는 낙원인 에덴동산에서 거하였는데 하나님은 왜 이곳에 금단의 열매를 두셨는가? 여기에 대해 신앙인들은 나름대로의 믿음을 피력했다. 性的인 것이라느니, 인간의 한계성이라느니…….[569] 유혹을 못 이겨 열매를 따 먹은 결과, 하나님의 말씀을 어긴 시조의 죄가 후손들에게도 전해져 인류는 태어난 순간부터 죄인이고 惡의 성향을 갖게 되었다는 원죄설 등.[570] 하지만 선조

---

569) 『민중신학이야기』, 안병무 저, 한국신학연구소, 1988, p.202.
570) 『선과 악』, 앞의 책, p.131.

의 죄를 물려받는다는 설보다는, 우리는 시조가 그러했던 것처럼 아무리 좋은 여건 속에서도 惡을 저지를 수 있는 가능성, 즉 善惡에 대한 본성의 비결정성을 교훈삼는 것이 더 합리적인 판단이다. 인류의 시조가 중대한 시행착오를 겪었으므로, 항상 죄를 저지를 수 있는 가능성을 자각한다면 인류는 조상이 남긴 악업을 끊어 정말 이상적인 에덴동산을 건설할 수 있을 것이다. 그래서 알고 보면 인간이 거할 수 있도록 마련된 낙원에 굳이 금단의 열매 영역이 설정된 것은 다름 아닌 창조된 결정 구조로 인한 惡의 발생 때문이다. 세상은 善에 대립된 惡이 있기 때문에 그것을 금단의 열매로서 지정했다. 이래저래 금단의 열매는 상징적이다. 열매를 따기 위해서는 사전에 경고된 말씀을 어겨야 하므로, 에덴동산에서도 惡의 실체는 열매 자체가 아니라 하나님의 말씀을 어긴 인간 의지의 결정 방향이다. 善惡의 결정 구조는 에덴동산부터 실체가 아니라 상징적으로 설정된 것이다.

그러므로 神의 절대 금기 기준이 보다 본질적이어야 할 과제가 요청되더라도 "善한 것이란 神을 기쁘게 하는 것이고 惡한 것은 노하게 하는 것 혹은 도덕적인 善을 神의 의지로서 정의하려 한 시도 같은 것은, 철학적으로 많은 논란이 있어 왔음에도 불구하고"[571] 언젠가는 그렇게 되어야 할 세계 의지의 바른 추진 방향이다.[572] 본성 가운데서는 善惡을 판단할 기준이 없고, 비결정적이다. "윤리적인 善은 본성에 알맞은 것이며, 惡은 본성을 거스르는

---

571) 『종교적 믿음에 대한 몇 가지 철학적 성찰』, 이태하 저, 책세상, 2003, p.82.
572) 하나님의 뜻이 善惡을 결정하는 기준일진대, 뭇 존재는 그 틀에 의해 善惡의 본성이 갈라질 뿐임.

것이다."[573]란 정의처럼 애매모호한 기준도 없다. 善惡의 기준은 본성 가운데서는 구분 지을 수 없으니, 惡을 행하는 자신이 善을 행했던 자신이다. 善惡은 언제 어디서 변형된 모습으로 나타날 자신의 모습일지 알 수 없기 때문에, 善惡은 자기 본질의 궁극적인 작용에 의해 대립성을 초월한다. 본성은 生의 분열이 완수될 때까지 비결정적이다. 따라서 惡이 될 수도 있고 善이 될 수도 있는 본성을 오직 善의 본질 위에 세우기 위해서는 하나님의 살아 계신 뜻이 무엇인지를 확인하는 과정을 거쳐야 한다. 만유에 근본된 자의 뜻을 알기 전에는 누구에게도 영속될 기준의 선이 설정될 수 없으며, 끝없는 고뇌 행각으로 배회하는 방황만 있을 뿐이다.

인간은 누구나 자기 안에 천사와 악마를 가지고 있다고 했다. 이탈리아의 유명한 화가인 레오나르도 다빈치는 최후의 만찬을 그리기 위해 처음에는 예수의 모델을 구했고 나중에는 가롯 유다의 모델을 찾았는데, 나중에 알고 보니 처음 예수의 모델이었던 그 청년이 가롯 유다의 모델과 동일인이었다는 일화가 있다.[574] 본성은 善하다 할지라도 그 善에 참여하지 못하는 자가 있어, 惡은 惡人의 것만이 아니고 善한 사람도 그 善을 버리면 결국 惡人이 되고 만다. 善惡이 본성을 성멸케 한다. 이렇게도 될 수 있고 저렇게도 될 수 있으므로 善惡은 본성 가운데서 구분 지을 수 없다. 자각이 없는 한 인간 본성은 언제라도 유동적이다.[575] 세상에는 절대 惡人도 없고 절대 善人도 없다는 말이 이것이다. 태어났을 때는

573) 『가치론』, J. 헤센 저, 진교훈 역, 서광사, 1992, p.197.
574) 『묵시록의 대예언』, 강봉수 저, 민성사, 1999, pp.170 - 171.
575) 『세계통합론』, 졸저, 다짐, 1995, p.473.

善人, 惡人에 대한 구분이 없었다. 그런데도 나중에 善人, 惡人으로 나뉘어졌다면 그것은 인간이 분열시킨 본성의 지향 방향이 원인이다. 어차피 "세계는 至善이 존립하기 위해 至惡이 구조적으로 대립되어 있다. 이 같은 결정 구조에 의해 아무리 善한 자라도 그의 生이 다하기까지는 至善이 완성될 수 없고, 惡한 자라도 生의 마지막 순간까지 至惡이 결정될 수 없다. 끝까지 수행을 필요로 하고 끝내 구원의 가능성이 전제된 이유이다."576)

인간이 세상사에서 저지르는 극한 면으로 인하여 심성 깊숙한 곳에는 본래부터 숨겨진 惡性이 있다고 단정하기도 하는데, 비록 극한 측면이 있다 하더라도 그로 인해 숭고한 면까지 그늘지게 해서는 안 된다. 죄악을 저지르게 된 연유 혹은 "惡하게 된 원인은 본래의 본성이 그런 것이라기보다는 善한 본성인데도 그것을 자각지 못하고 내버려 둔 데 있다(放心)."577) 惡人이 惡人인 것은 惡人이 善人이 될 기회가 없었기 때문이라면 어떻게 되는가? 그래서 『논어』에서는 "사람의 본성은 대개 비슷한 것이나, 습관으로 차이가 생긴다(性相近 習相遠)." 즉 후천적으로 익히는 정도에 따라서 나누어지는 것으로 보기도 했다.578) 유교는 왜 善人과 惡人이 존재하는가에 대해 원인을 밝히고자 한 노력이 역력하다. "사람의 받은 바 天性은 無不善한 것이나(天地之性), 다만 사람이 받은 바 각기의 氣에는 편정—偏正이 있어(氣質之性) 善과 惡의 차별이 있게 된다."579) 하지만 본성이 과연 氣의 편정에 의해 善惡으로

---

576) 『세계수행론』, 졸저, 완본, 2004, p.647.
577) 『동양윤리사상』, 김길환 저, 일지사, 1985, p.82.
578) 『인간교육이론』, 앞의 책, p.292.
579) 『중국근세철학사』, 유명종 저, 이문출판사, 1994, p.50.

갈라지는 것인가? 氣는 타고나면서부터 결정된 것이 아니다. 인간 본성이 온통 氣의 요소로서 바탕된 것일진대, 氣質의 편정에 의해 善惡에 차별이 생긴다는 것은, 오히려 본성이 유동적이고 본성 자체가 비결정적이란 뜻이다. 당연히 편정을 결정하는 요소는 다른 데 있다.580) 인간이 지각하고 판단한 의지적 본성의 분열 방향이 그것이다. 본성의 차별이 본성 자체의 氣質性 여부가 아닌 인간 자체의 주체적인 가치 판단과 의지 여부에 달려 있다는 정확한 이유가 밝혀질진대, 이를 근거로 하면 인간은 끝내 하나님으로부터 구원을 받을 수 있는 가능성을 발견한다.

인간은 완전한 하나님으로부터 창조되었는데도 끝까지 본성의 분열이 완료되지 못한 관계로 자기 본성과 세계와 하나님에 대해서 정확한 정보를 제공받지 못하고 있다. 당연히 무지로 인해 죄악을 저지를 수 있고, 반복되는데도 깨닫지 못한다. 가장 확실한 앎은 善한 본성을 깨달아 惡을 알고, 惡한 본성을 깨달아 善을 아는 상태이겠지만, 그 같은 상태 도달이 어려우므로 세상 가운데는 늘 죄악이 상존할 수 있다. 그래서 하나님은 별도로 인간의 죄를 사할 회개와 구원이란 사면 시스템을 구축해 두셨다.

"죄를 범하였을지라도 사하심을 얻으리라."581) "저의 많은 죄가 사하여졌도다."582)

---

580) "이 세상에 惡이 존재하는 것은 무슨 까닭인가? 이것을 생각할 때 순선무악─純善無惡한 理에 대하여 惡으로 흐를 수 있는 경향을 가진 氣를 대립시킬 필요가 있었던 것임(『기란 무엇인가』, 마루야마 도시야끼 저, 정신세계사, 1989, p.59)." 그리고 이것은 유교식 善惡의 본성 추적 방식임.

581) 야고보서, 5장 15절.

582) 누가복음, 7장 47절.

성경 가운데는 인류의 惡과 죄를 사할 약속들이 곳곳에 천명되어 있다. 하나님이 인간을 善하게 창조하셨으므로 끝까지 善하게 될 가능성의 문을 열어두신 것이다. 그런데 정말 善惡이 날 때부터 결정적인 것이라면, 惡人은 惡人으로서 낙인이 찍혀 버려 한 명도 구원 은택을 적용받을 수 없다. "만일 神이 모든 현상의 궁극 원인이라면 神은 인간의 행위 결과에 대해서도 책임을 져야 하겠지만(그렇게 창조하였으므로)"583) "죄는 하나님이 만드신 것이 아니다. 그와 영원히 공존하지 않으며, 인간들이 주어진 자유 의지를 잘못 행사한 데서 발생한 것이다."584) 다만 무지와 실수로 인해 저지른 죄악만큼은 최대한 깨닫고 자각할 역사를 펼치사 본래의 善한 본성을 회복할 기회를 부여하신다.

그런데 문제는 하나님의 뜻을 알면서도 저지르는 반기이다. 죄의 발단은 무엇 때문에 혹은 무엇을 위하여 하나님을 버리고 스스로를 저버린 데 있다. 善惡은 이성과 감각의 요청 본향이기 이전에 보다 자의적이고 의지적인 요소에 의해 결정된다. 그래서 惡은 죄를 의도적으로 자행한 것이다. 의도적으로 자행하면 그것이 惡이 된다. 인간이 악업을 쌓으면 태산도 되리라. 행위 하나하나가 하늘에 대하여 더 이상 義를 회복할 수 없는 지경에 이르렀을 때, 그것을 죄악이라고 한다. 무지로 인한 잘못은 고하고 회개하면 사하여지지만 惡은 그렇지 않다. 심판받는다. 하나님의 본의를 알았더라면 결코 죄악을 저지르지 않았을 것인 만큼, 죄악은 언제라도 벗어날 수 없는 한량없는 업이다. 두려움과 고통의 영원함이 있기

---

583)『현대 도덕철학』, D. D. 라파엘 저, 김영철 · 김우영 저, 서광사, 1987, p.176.
584)『복음주의 입장에서 본 기독교 사상사』, 토니 레인 저, 김응국 역, 나침반사, 1988, p.90.

때문에 하나님은 이것을 극복할 전례 없는 구원의 문을 활짝 열어
善惡의 본성을 깨우치려 하고 계시다. 그런데도 자각하지 못한다
면 어쩔 수 없는 지경인, 정해진 창조 법칙에 의거해 최종 시한을
넘긴 그때, 저지른 죄를 정죄하시리라.

5. 선악의 실체

　분열하는 세계에서 善惡이 대립해서 존재한다는 것은 분명한 사
실이다. 神은 惡을 창조하지 않았고, 비록 惡은 참상을 이루지 못
하는 허상이라 할지라도 하나님이 창조를 이룬 바탕 본질인 善이
있고 참이 있기 때문에 이에 위배된 일체가 惡이란 실상을 구성하
게 된다. 善惡은 善惡을 존재하게 하는 구조 틀인데, 이 같은 틀
안에 그릇된 생각과 나쁜 행업을 담게 되면 그것이 惡이란 실체를
이룬다. 빈껍데기에 알을 채운다고 할까? 본성이 惡한 방향으로
분열을 이루면 그것이 실질적인 본체처럼 되어 버린다. 그리하여
결국 악업의 실체들은 인간의 의지와 똑같은 작용을 이룬다. 선의
지가 주체적이라면 악의지도 마찬가지다. 선업이 영원하다면 악업
도 영원하고 善人이 부활한다면 惡人도 부활한다. 성경에서는 악
마, 사탄, 귀신의 실체를, 그리고 불교에서는 마구니의 존재를 거
론하였는데, 죽음 이후 선혼이 존재한다면 악혼도 같은 이름으로
존재할 수 있다. 다만 이 같은 존재를 우리가 현실 위에서 제대로
확인하고 실감하기가 어렵다는 것이 문제인데, 善惡의 본질이 밝

혀진다면 그들의 실상이 분간될 수 있다.

창조가 있는 한 종말은 있고, 선행 대 악행, 천사 대 악마, 빛 대 어둠이 있다는 것은 헤브라이즘의 전통적인 발상[585]이기 이전에 천지가 창조로 인해 발생된 어쩔 수 없는 구조이다. 善惡의 대립성은 무엇도 거부할 수 없다. 善惡이 분명할진대, 문제는 이것을 세상 위에서 구분하는 일이다. 善惡의 갈림길은 분명한 것이니까 善은 진실 그대로가 善이라 치더라도 문제는 惡도 善을 기준으로 해서 善을 표방하고 있다는 것이다. 존재의 궁극적 판단은 善을 위함에 있고, 궁극적 가치는 그것을 성취함에 있다. 그런데 그렇게 믿은 가치신념이 악마의 교묘한 사주에 의한 판단이었던 것이라면 어떻게 되는가? 반드시 그와 같은 특성을 가진 惡의 실체를 분간할 수 있어야 하지 않겠는가? 善惡은 善惡에 대한 판단을 내리기 이전에 이미 운명적이다. 惡은 항상 善을 가장하고 있으므로, 그 허울을 벗겨낼 수 있는 눈이 있어야 惡이 무엇인가를 꿰뚫을 수 있다. 아무리 생각하는 가치가 전도되어도 善惡 자체에 대한 기본 구도는 변함없는 것일진대, 인류의 영안도 언젠가는 그 기준치에 도달해야 한다.

세상이 종말을 맞이한 데는 여러 가지 요인이 있지만, 한 가지 중요한 가닥은 곧 인류가 객관적으로 善惡의 실상을 분별하지 못한 데도 있다. 惡이 善처럼 활개를 쳐서 남게 된 결과는 종말뿐이다. 우리가 의도적으로 파멸을 조장했겠는가만, 善惡의 실상을 분간하지 못한 것은 큰 원인이다. 무엇이 善이며 무엇이 惡인가? 마음이 가늠하는 바를 따르고 양심을 믿었다 하더라도 그 마음과 양심까지도 악마가 침투하여 가장하였을 수 있다. 그만큼 善惡의 실

---

585) 『노자와 21세기(上)』, 김용옥 저, 통나무, 1999, p.124.

체를 판단하기 위해서는 인간된 본성을 객관성 위에 두려는 치열한 노력과 수행이 뒤따라야 한다. 그렇지 못하면 우려했던 바 인간 실존의 뒤안길에는 항상 죄악이 잠재한다.

본래부터 정해진 악인은 없다. 세상에는 善한 일과 惡한 일이 있는데, 주체인 인간이 善을 행하면 善人이고 惡을 행하면 惡人이 된다는 것은 누워서 떡먹기보다 풀기 쉬운 공식처럼 보이지만, 사실은 그렇지 않다. 살펴보면 善하지 않은 것이 없고 진리라고 주장하지 않은 것이 없다. 추한 것이 惡한 것이다. 혹은 과욕이 심성에 惡의 기운을 싹트게 한 것이라면 善惡의 실체 분간은 간단하다. 하지만 실상이 그렇지 못하기 때문에 역사 위에서 惡의 실상을 선명하게 드러내지 못했다. 사탄의 실체를 분별할 영안과 판단 기준과 본질성을 확립하지 못했다. 그러니까 사탄의 권세가 득세하는 판에서 인류의 이상 실현이 요원했다. 善惡이 대치 관계에 있는 것이 분명할진대 인류는 이것을 확실히 분별할 책무가 있다. 그런데도 하나님의 역사와 사탄의 역사를 분별할 능력이 없다면? 惡에 접근하는 자세와 세계관적 관점부터 달라져야 한다. "惡은 善의 결핍이며"586) 결핍된 善은 하나님의 본질에 어긋난 일체의 세력을 규합해서 극 대 극인 惡의 아성을 구축했다. 악령은 하나님의 뜻에 대적하려 한 어둠의 지배자이나니, 온 인류는 이 악마의 실체를 인정해야 한다. 왜 믿지 않는 것이 죄인지를 따지기 이전에 惡의 실체부터 분별해야 한다. 惡이 애매모호할 수는 없다.587) 惡은 善에 대한 들러리가 아니다. 善惡의 실체를 확실하게

---

586) 「장재 기철학의 천인합일적 인성론 연구」, 함현찬 저, 성균관대학교대학원 유학과 유교철학전공 박사학위논문, 1999, p.65.

구분하는 역사를 이루어야 한다. 惡을 명백한 실존성으로 받아들여야 한다. 그리해야 하나님이 종말 심판을 원활하게 단행하실 수 있다. 惡은 하나님이 세상을 심판할 수 있는 확실한 근거 기준이다. 惡이 명백해야 심판도 명백하다.[588] "인류는 天命을 바탕으로 하여 善惡을 판단하고 시비곡직－是非曲直을 가리고 일체의 존재 이유를 분명히 하고",[589] 나아가서 惡의 세력을 규합한 사탄의 실상까지 밝혀야 한다. 그리해야 아담과 이브가 넘어갔던 사탄의 유혹에 더 이상 부화뇌동하지 않는다.

"모르고 저지르는 죄는 논외로 하더라도 문제는 알면서 저지르는 의도적 惡이며, 善의 가면을 쓴 위선적 惡이다."[590] 의도는 의지가 개입된 것이라 그 실상이 사탄이고 마귀이다. 이 같은 의지 작용이 온갖 교묘한 틈새를 노려 인간을 시험하고 유혹하고 공격한다. 타락, 향락, 물질, 명예, 부귀, 영화, 권세를 미끼로 죄를 짓게 하고 결국 하나님을 배반해서 멸망시키려 한다. 세상의 본질은 분명한 것인데 사탄은 매사에 있어 차지도 덥지도 않아 불확실, 불투명, 불분명하다. 예스, 노를 밝히지 않는다. 신앙에 대해서, 진리에 대해서, 하나님에 대해서도 마찬가지다. 그렇게 해서 끝내 인간의 선의지를 마멸시켜 버리려는 것이 사탄의 술책이다. 우리의 태도가 불분명한 곳에는 항상 사탄이 함께한다. 이것이 유혹의 형태임에, "어둠의 권세에 굴복하지 않고 끝내 하나님의 빛 가운데

---

587) "마음의 활동이 이치에 합하면 善이고 이치에 맞지 않으면 惡이 된다는 등." －「진덕수 심경의 수양론적 분석과 동유의 심경 이해」, 박지현 저, 한국정신문화연구원 한국학대학원 철학・종교전문석사학위논문, 1993, p.22.
588) 심판의 당위성 근거는 善惡의 실체성을 명백히 함으로부터 있다.
589) 『새로운 인간도의 제창』, 松下幸之助 저, KBS 방송연구소 역, 한국방송공사, 1981, p.서문.
590) 『선과 악』, 앞의 책, p.194.

서고 보면, 그 같은 불명확함과 善을 의심하고 거부하고 대적하려 한 행위 일체가 사탄의 실세 작용이었다는 것을 알 수 있다."591)

"하나님의 살아 계심을 부인하는 것은 물론 개개인의 판단에 따른 마음의 작용이겠지만, 알고 보면 하나님에 배반된 惡이란 실체이다. 하나님을 거부하고 안중에도 없는 사상과 제도와 의지와 행위의 주체가 사탄의 실상이다.

하나님의 은혜는 영혼 위에서 감동으로 작용하지만, 사탄은 드러날 수 없기 때문에 가장 깊숙한 심정 뒤에 숨어 교묘한 이치와 논리로써 하나님을 볼 수 있는 길을 차단시켰다. 하나님은 전능한 창조주가 아니며 존재하지 않는 그것이 진리라는 등등. 사탄이 가로막고 있는 것인데도 마치 스스로가 일으킨 마음의 작용인 것처럼 생각하게 한다. 자신의 본마음을 사탄에게 맡겨놓고 그것이 자신의 주체적인 의지인 양 착각하도록 했기 때문에 평생 하나님의 은혜를 모르고 살아도 그것이 큰 죄악인 줄 모른다. 이 같은 교묘한 실체 작용을 분별할 수 없을진대, 인류에게 더 나은 세계는 보장될 수 없다.592)593) 사탄은 하나님의 뜻을 무너뜨리려 한 대적 원수이다. 이토록 惡의 실체가 명백하게 밝혀진 이상은 하나님이 세상을 어떻게 해서 심판하지 않을 수 없는가에 대한 이유도 명백하다. 허상을 무너뜨리고 참상을 세워야 함에 거기에 인류가 바란 아름다운 세계가 펼쳐진다. 善이 온통 본업을 이룬 세계, 그것이 곧 지상천국 세계이다.

---

591) 『세계통합론』, 완본, 앞의 책, p.263.

592) 위의 책, p.207.

593) 겉모습은 똑같이 그럴듯한데 단행된 결과, 善은 실보따리이고 惡은 헛보따리임.

제7장

인간의 내세 비밀

1. 내세 세계관

인간이 인생을 어떻게 영위할 것인가에 대한 보다 본질적인 해답은 죽음 이후의 세계가 어떻게 될 것인가에 대한 내세관이 큰 영향을 끼친다. 그리고 사후 영혼이 소멸할 것인가 불멸할 것인가 하는 것은 내세관을 결정하는 요인이기도 하다. 예를 들어 기독교는 영생을, 불교는 윤회를, 유교는 일정 기간이 지난 후의 혼백 분리와 흩어짐을 주장하는데, 이 같은 생각 여부에 따라 삶의 패턴과 문화가 다르다. "무교의 입장에서 본 생사관, 유교의 입장에서 본 귀신관, 불교의 입장에서 본 내세관, 풍수지리설에 근거한 묘지 선택, 기독교의 입장에서 본 천당지옥관 등이 다 특성을 지닌다."[594] 내세관이 오히려 현세의 삶을 어떻게 영위할 것인가를 결정한다. 孔子는 "제사를 지냄에는 조상이 살아 계신 듯이 하며, 神을 제사함에는 神이 있는 듯이 한다."[595]라고 했다. 가정 – 假定이든지 사실이든지 간에 조상이 살아 있는 듯이

---

594) 『죽음이란 무엇인가』, 김승혜 외 저, 창, 1992, p.283.
595) 『논어』, 팔일 편.

하라고 한 지침에 따라 제사란 문화가 삶의 역사 위에서 형식화되었다. 조상이 살아 있다고 봄으로써 제사는 산 사람(자손)과 죽은 사람(조상)을 연결하는 다리 역할을 한다. 나아가서는 조상과도 연대 의식을 가지게 하고 제사를 열심히 지냄으로써 자신에 대해서도 죽음 이후의 바탕을 마련하는 역할이 된다. 내세관이 그러했기에 이 땅에서 제사란 형식이 구축될 수 있었다.

선조들은 한결같이 "영혼불멸에 대한 사상이 있어 후장－厚葬·순장－旬葬과 같은 풍습을 통해 死人과 함께 생시에 쓰던 생활용구와 귀금속 장식품을 묻었다."596) 현세에 존재하는 어떤 요인보다도 내세관은 세계와 역사를 결정하는 가장 유력한 세계관인 것이다.597) 그런데도 정작 원리적인 면을 파고들면 논리 전개가 합리적이지 못하고 객관적으로 증험이 안 되는 미비점이 있어 세계관으로서의 영향력을 실감하지 못한다. 하지만 先天에서는 세계의 본질이 생성을 다하지 못한 관계로 미비된 상태였을 뿐, 그렇게 해서 구축된 내세관이 진리가 아닌 것은 아니었다. 내세 바탕에 대한 세계관적 보완이 필요하므로, 완비만 되면 내세는 현세를 결정할 절대 영향력을 발휘하리라. 이에 동서양을 막론하고 내세 사상들이 펼쳐졌는데, 각자 주장된 논리가 판이한 것 같지만, 내세의 존재성을 宇宙論에 근거시킨 점에 대해서는 공통점이 있다. 창조된 세계의 결정 구조에 따라 죽음 이후에도 그 존재를 뒷받침한 내세가 존재한다는 진리 인식이 그것이다.

먼저 대표되는 주장 하나가 유교의 理氣論에 의한 宇宙論의 전

---

596) 『오늘의 충효교육』, 조진태 편저, 문종서관, 1977, p.140.
597) 영혼의 불멸 내지 내세 실존 사상이 현세의 추구 가치관과 행위 문화에 절대 영향을 끼침.

개이다. 기독교는 만물을 창조하고 영존하신 하나님이 존재한다고 믿듯, 유교는 만물을 생성한 太極이 있다고 보았다. 太極은 천지와 陰陽이 분화되기 이전의 원기 상태(통합성)로서, 이로부터 양의(兩儀) - 사상 - 팔괘 - 길흉 - 대업이 이루어진다. 太極이 양의된 순간 만물은 생성의 첫 출발을 이루었다고 할 수 있는데, 이렇게 해서 양의된 陰陽은 動靜에 따라 운동하되 動靜 양단이 끊임없이 순환할 뿐, 그침이 없다. "우주의 生滅 변화가 마침이 없는 것은"598) 항구적인 본체 개념인 太極이 극을 나눔으로써이다. 한 극을 나누어(양의) 놓으니까 양의가 하나 되고자 하되(운동) 어디에도 통로가 없다. 우주 본질이 陰陽을 축으로 한 動靜(하나 되고자 한) 운동에 따라 끊임없이 생성하는 有한 본질을 구축하게 된다. 다만 그것이 창조로 인해서 구축된 바탕인 만큼, 生滅은 본질과 현상 간을 넘나드는 차원적인 변화이다. 그러니까 세인들이 이해할 수 없었다. 이 같은 宇宙論의 구조 틀에 의해 내세와 현세는 다만 차원을 달리한 형태로서 현세는 生的 본질을 주관하고 내세는 死的 삶의 본질을 주관한다. 그래서 유교는 기독교가 하나님을 믿은 이상으로 온갖 만물이 有(生)하고 無(死)하는 변화 가운데서도 세계의 항구성을 유지할 바탕 본체가 차원을 달리해 항구적이라고 볼 수 있었다. 세계의 영원성은 보존되는 것이고, 生滅은 오히려 생성을 위한 에너지원 바탕이다.

그런데 서구 사상이 발안했던 변증법적 유물론의 주요 명제인 "양적 변화가 질적 변화를 가져온다."599)고 한 주장은 도대체 이해

---

598) 「주역의 우주론 연구」, 박승구 저, 원광대학교대학원 철학과 석사학위논문, 1995, p.2, 7.
599) 『철학 다이제스트』, 철학연구회 저, 일송정, 1989, p.68.

할 수 없는 문구이다. 질이 변하면 어떻게 될 것인가? 세계의 고유성, 본유성, 항구성이 소멸되어 버린다. 질의 변화 내지 전환은 차원을 달리하는 것인데, 그것이 현세에서 양적 변화로써 가능하다니! 그리고 "질적 변화의 결과 나타난 새로운 질이 다시 양적 변화를 일으킨다니!"[600] 이것은 세계의 항구성 문제를 현상적으로 해결하고자 한 모순의 극대화이다. 이 같은 세계관은 그야말로 세계의 항구 본질성을 파멸시켜 세계적 종말을 조장한 원인이다.

하지만 理氣論에 근거한 유교의 宇宙論은 그렇지 않다. 그들은 기본적으로 본체는 항구적이라고 본다. 그래서 "내가 사람으로 태어나기 전에는 오직 천지의 氣가 있을 뿐이며, 태어남으로 형체의 氣가 있게 되고, 죽으면 다시 천지의 氣로 돌아간다."[601] 본체, 즉 천지의 氣는 변함이 없다. 비슷한 논리로서 장재는 "太虛를 구성하고 있는 氣는 집합에 의해 만물을 형성하고 만물은 흩어져서 원래의 太虛로 돌아간다."[602]고 했다. 이것은 필연적인 법칙이라 무엇도 여기에서 어긋날 수 없다. 氣가 모인 것이 몸이라고 하면, 흩어진 氣도 또한 몸이다. 生死 문제를 한 기운의 집합과 분산으로 이해한 사생관이다.[603]

> "모이는 것 역시 내 몸이고 흩어지는 것 역시 내 몸이니 죽어도 없어지지 않는 것을 아는 자와는 함께 性을 말할 수 있다."[604]

---

600) 위의 책, p.69.

601) 『비교사상론 개관』, 김태창 역, 충북대학교출판부, 1987, p.233.

602) 『중국사상사』, 三森樹三郎 저, 임병덕 역, 온누리, 1990, p.210.

603) 위의 책, p.210.

604) 『정몽』, 태화편 - 『장재』, 함현찬 저, 성균관대학교출판부, 2003, p.72.

죽음으로 흩어진 인간의 정체성은 언젠가는 다시 정결된다. 세계의 영원성을 인지한 순간이다. 왜 그런가? 太虛라고 하는 영원한 본체 때문이다. 太虛는 항상 氣가 충만해 있는 상태이다. 그래서 無, 즉 氣가 존재하지 않은 공간은 없다. 세계는 창조된 有한 본질의 구성체란 뜻이다. 그만큼 "氣가 無 또는 虛에서 생겨날 여지는 더 이상 없다."[605] 그렇다면 당연히 氣가 사라질 門도 없다. 결론은 有함뿐이다. 有함의 상태 변화가 生滅이란 현상이다. "太虛↔氣化↔萬物. 즉 만물은 항상됨이 없지만 氣는 언제나 존재한다."[606] 만물이 太虛에서 생겨나고 다시 太虛로 돌아감에 영원히 순환하는 것이고 太虛란 본체는 항구적이다.[607] 太虛가 이러할진대, 사람 역시 太虛에 바탕된 氣로 구성되어 있지 않은가? 그래서 "사람이 죽으면 형체는 사라지더라도 사람을 구성한 바탕인 氣는 흩어져 太虛로 돌아간다. 그러니까 太虛로서의 氣는 生滅함이 없다. 氣의 취합에 따라 구체적인 형체를 갖고 있던 사물이 흩어져서 太虛로 돌아가면, 비록 太虛 상태의 氣는 감각으로써는 확인할 수 없더라도 없어진 것이 아니다. 우주 만물의 동일한 근원으로서 영원히 존재하고 있다."[608] 사람은 죽어도 없어지지 않고 영원히 존재한다고 본 유교의 우주론적 내세관이다. 이 같은 氣의 운동, 작용,

---

605) 『장재 기철학의 천인합일적 인성론 연구』, 함현찬 저, 성균관대학교 유학과 유교철학전공 박사학위논문, 1999, p.43.

606) "太虛는 형체가 없는 본질의 세계요, 太虛는 氣로 충만해 있으며, 氣가 모이고 흩어지는 작용에 의해 만물로도 되고 또한 만물이 太虛로도 바뀐다." - 위의 논문, p.43.

607) "太虛는 형체도 없고 氣만이 충만되어 있다. 그런데 氣는 모이고 흩어지는 작용을 통하여 만물을 생장, 소멸시키지만 氣의 본체는 덜거나 더해지지 않는다. 장재는 이것을 모든 氣가 지니는 性의 근원이라고 했다." - 『장재』, 앞의 책, p.69.

608) 위의 책, p.102.

변화, 순환성은 창조로 인해 바탕된 有한 본질의 결정 구조에 의해서 뒷받침된 것이다. 이것을 선현들은 미처 간파하지 못했다. 先天의 내세관은 창조의 본의가 밝혀짐과 더불어 일체가 완성되리라.

서구에서는 니체란 철인이 영구회귀(영겁회귀)란 사상을 피력했는데, 이것 역시 만사·만물이 반복하고 회귀한다는 점에 있어서는 우주가 창조된 구조와 연관성이 있다. 모든 것은 영원한 변화인 동시에 이러한 변화는 영원히 되돌아오는 원형의 운동이다. "영원의 길은 굽어 있다."[609]

> "모든 것은 가고 모든 것은 되돌아온다. 존재의 수레바퀴는 영원히 굴러간다. 모든 것은 죽고 모든 것은 또다시 꽃을 피운다. 존재의 연륜은 영원히 달린다. 모든 것은 부서지고 모든 것은 새로이 이루어진다. 존재의 똑같은 집은 영원히 스스로를 세운다. 모든 것은 헤어지고 모든 것은 다시금 서로 만난다. 영원히 스스로에게 충실하게 존재의 연환은 계속된다. 모든 순간에 있어서 존재는 시작된다. 모든 지금의 언저리를 저쪽이라는 공이 굴러간다. 중심은 도처에 있다. 영원의 길이란 곡선으로 되어 있다(『짜라투스트라는 이렇게 말했다』)."[610]

그 사이클이 커서 일관된 정체성을 확인하지 못해서일 뿐, 生도 死도 다시 만남도 역사도 그것은 계속되는 반복일 수 있다. 왜 그런가? 시간과 공간의 구조 자체가 그렇게 되어 있어서이다. 세계 구조가 원환으로 되어 있으니까 "순간은 영원의 현재가 되어 모든 지나간 것들이 다시 이 순간을 통과하게 되고, 순간을 기준으로 영원의 과거가 현재로 끌려 올 수 있다. 마찬가지로 영원의 미래도 순간을 지나야 하므로 현재의 순간에 있어서 영원한 미래도 현

---

609) 「니체의 초인 사상에 대한 연구」, 나상순 저, 원광대학교대학원 철학과 서양철학전공, 1993, p.29.
610) 『니체와 현대철학』, 강대석 저, 한길사, 1988, p.87.

재로 되끌려 온다."611) 연환된 구조에 의해 삼세간에 걸친 시공간
이 현재의 순간에 의해 合一된다. 이렇게 되면 과거가 달리 과거
랄 것도 없는 미래이고 미래가 달리 미래랄 것도 없는 과거이다.
"세계 질서는 불이 꺼지면 없어지지만 켜면 다시 타오르듯 항상
있었으며, 지금도 있고 앞으로도 있게 될 영원히 살아 있는 불이
다."612) 절대적으로 반복되는 만물순환설이라고 할까? "현재의 순
간에 이르기까지의 모든 가능적 변화는 한없이 행해져 왔고, 앞으
로도 또 한없이 행해지는 것이다. 지금의 활동상은 몇 번이고 활
동하여 왔던 것의 되풀이이다."613) 그 반복됨이 확인될 길은 묘연
하다고 하나, 이것 역시 창조된 우주 구조에 근거한 순환 특성을
직시한 통찰이다.

천지가 창조되었으되 알파와 오메가가 봉합되고 이어져 있게 되
면 그것은 영원히 有한 생성 창조물이 된다. 알파와 오메가가 함
께하는 것은 창조된 세계가 결코 소멸될 수 없는 절대 요인이다.
그러므로 영구회귀 사상이나 太虛論은 내세를 뒷받침할 세계관으
로서 나름대로 특징이 있기는 하지만, 창조의 본질적 구조를 직시
한 宇宙論에 근거되었다는 점에 대해서는 동일하다. 영구회귀되는
바탕에서의 生死는 영원히 반복되는 우리의 정체성에 대한 생성
운동이다. 영구회귀가 우주적 세계관으로서 완비되기 위해서는 좀
더 면밀한 통찰에 근거해 영구회귀의 목적성과 원리성과 궁극적인
가치관이 제시되어야 하겠지만, 神이 죽었다고 선언한 니체 본인

---

611) 『서양윤리사상사』, 최재희 저, 서울대학교출판부, 1981, p.297.
612) 『니체의 초인 사상에 대한 연구』, 앞의 논문, p.23.
613) 『서양윤리사상사』, 앞의 책, p.297.

이 세계의 영원성을 다른 측면에서 대체시킨 것은 아이러니이다. 영구회귀의 근원인 神(항구 본체성)을 버린 그에게서 목적성을 겸비한 내세 우주관은 기대할 수 없다.

그러기 위해서는 좀 더 동서양의 내세관이 합작되어야 하는데, 이에 기여할 수 있는 세계관이 불교의 윤회·業 사상이다. "윤회 -輪廻의 원어 '상사라'는 흘러가는 것, 돌고 돌아 만나는 것을 의미한다. 중생이 미망의 세계에 태어나 죽고 태어나고 하는 것이 마치 수레바퀴가 굴러가는 것과 같다고 하는 의미에서 윤회라 번역하였다. 고대 인도 바라문교의 성전인 『리그베다』에서 인간의 육체는 죽음과 함께 없어지지만 영혼은 불멸이라고 하여, 인간은 사후에도 어떠한 형태로든 살아남는다고 하는 관념이 나타났다. 이후 이 관념이 점차 윤회설로 발전해 갔다."[614] "윤회설은 業 사상과 함께 우파니샤드 이후 인도 공통의 사고방식이 되었으며, 불교에서도 이 설을 채용했다. 그러나 불교에서 항상 문제가 되는 것은 무아설-無我說과의 관계였다. 인도의 여러 철학파에서는 개인 존재의 본질은 아트만(我)이나 이것과 유사한 실체로서, 이 실체가 業을 짊어지고 윤회한다고 설했다. 그런데 불교에서는 이 我를 부정한다. 그 때문에 業을 짊어지고 윤회하는 주체와 무아설과의 모순을 밝히는 것이 인도사상사의 큰 테마 중 하나였다."[615] 윤회란 生死가 차원을 달리하여 돌고 도는 것이다. 생사는 분명히 차원이 다른 본체의 변화 상태이다. 장재의 사생관에서 보듯, 나라는 我는 太虛, 즉 본체인 氣가 특정 의지의 결집체로서 모인 것이고, 死는

---

614) 『불교학 개론 강의실(2)』, 장휘옥 저, 장승, 1996, p.183.
615) 위의 책, p.187.

흩어져 다시 太虛로 돌아간 상태이다. 당연히 나의 本我는 전체인 본체로부터 말미암았으므로 궁극적으로 따진다면 我는 無自性이다. 無我로부터 我가 존재하였고, 我가 다시 無한다. 하지만 그렇게 모습만 달라지는 것일 뿐, 전체의 구성 요소인 我는 소멸하지 않는다. 전체 大我에 참여하며, 영원하다. 다만 어떤 본질 상태로 참여하고 존속하고 기여하는가 하는 것이 문제일 뿐, 我의 부정은 다만 창조의 전체 본체성을 正本으로 보았을 때의 인식일 뿐이다. 生死와 상관없이 지금 내가 존재하였듯, 我의 정체성은 영원하다. 끊임없이 반복하는 윤회 전생으로부터의 해탈 노력은[616] 윤회 차원을 달리하고자 한 깨달음 노력이다.

여기서 항구 보존성을 지닌 業의 문제가 대두된다. 氣는 모였다가는 흩어진다고 하는데, 善業이든 惡業이든 業도 쌓인 氣라고 한다면 육체의 소멸과 더불어 흩어져 버리는 것이 아닌가? 하지만 그것은 육신이란 형체가 변화한 것이고 바탕된 존재, 我를 구축한 본질은 항구적이다. 본질은 끊임없이 생성하는데, 생성은 표면화된 존재 삶에 절대적인 영향을 끼친다. 반대인 삶의 분열이 본질의 생성에 절대적인 영향을 끼치는 것과 같다. 선업과 악업은 항구적인 본질 바탕 위에 고스란히 메모리될 뿐만 아니라 악업의 경우, 生을 통한 자각과 개선이 없는 한 항구 본질과 함께 영구히 윤회 전생한다. 전생은 어떤 형태로든 죽음 이후에도 我의 정체성이 生과 차원을 달리한 無한 존재 형태로서 분열을 거듭해 다음 生을 준비하기 때문에 붙인 이름이다. 영구회귀처럼 원환하는 세계에서 순간을 기준으로 할 때 달리 과거와 미래에 대한 구분이 있을 수

---

616) 『세계사상대계(명랑의 회랑)』, 박종오 외 2인 감수자, 신태양사, 1968, p.111.

없듯, "현생의 오온은 전생의 오온이 남긴 업력에 의해 형성된 것이고, 현생의 오온은 다시 전생의 오온이 되어 미래의 오온을 형성한다."617) 창조된 세계에서는 나라는 존재가 분명히 어느 한순간에 출발되었다 해도 일단 완료된 세계에서는 영원히 有함뿐이다. 존재 형태가 삼세간으로서 구분되는 것일 뿐, 현재에 있는 것은 이미 과거에 있었던 것이고 미래에도 있다.618)

業도 마찬가지다. 삼세간에 걸쳐서 존재하되 현생은 존재하는 형태를 질적으로 업그레이드시킬 수 있는 유일한 창구이다. 항구성이 무시된 세계관에서는 "꾼 돈을 죽을 때까지만 갚지 않으면 영원히 갚지 않아도 된다."619)고도 할 수 있지만, 사실은 갚을 때까지는 영원히 지워지지 않는 채무자로 남는다. 언젠가는 갚아야 한다. 業이 시사하는 세계관적 원리가 그렇다. "인생은 단 한 번만 사는 것이 아니다. 앞으로도 수없이 계속된다. 이것이 카르마의 법칙이다."620)621) 그러므로 거듭되는 生을 통해 쌓은 "業은 사후에도 잔존하는 잠재적인 힘"622) 이상이다. 물질이 아닌 행업이 도대체 어디에 존재하여 사라지지 않는가? 바탕된 본질이 있기 때문이다. 컴퓨터가 서양이 개발한 물질적인 메모리 시스템이라면 業은 동양이 구축한 본질적인 메모리 체제이다. 물질이든 본질이든 본체

---

617) 『동서양의 인간 이해』, 한자경 저, 서광사, 2001, p.267.

618) "인도의 학자인 호월논사(護月論師)는 업력이란 새로 조성되는 것이 아니라 본래부터 존재하는 것이라는 本有說을 주장하였다(『법구경』, 김달진 역해, 현암사, 1973, p.171)." 하지만 이것은 이미 결정된 것이라기보다는 業의 바탕이 有하다는 것임.

619) 『인도철학사상』, 원의범 저, 집문당, 1988, p.28.

620) 『보살 예수』, 길희성 저, 현암사, 2004, p.73.

621) 원환 구조는 하나님이 창출한 최고의 창조 구조체임.

622) 『불교학 개론 강의실(2)』, 앞의 책, p.191.

로부터 분열된 것은 소실되어 가는 것이 아니라 형태를 달리해 쌓인다. 바탕은 항상 有하며 본체는 항구적인 業의 엔트로피 법칙이라고 할까? 죄와 業은 없어지지 않으므로 선조가 저지른 죄에 대해서는 자손도 연대 의식을 가져야 한다. 남의 죄가 아니다. 비록 선조가 윤회로 인해 태어난 우리 자신이라고 치더라도 선조는 선조이다. 선조는 일체 본업의 바탕 뿌리이다. 선조와 우리가 연대되는 것은 창조의 영원히 有함 바탕에 근거한다. 아담과 이브가 선악과를 따 먹어 하나님께 죄를 지었다는 것은 그 같은 악업이 그대로 항존하기 때문에 현대인도 하나님의 뜻을 거부하게 된 것이다. 혹은 깨닫지 못하므로 반복된 역사이다. 선조의 業이 소진되지 않고 재현된 것이다.

이 같은 業(죄악)의 연대 고리에 의해 인류는 지금 종말을 맞이하였다.[623] 언젠가는 깨달아야 하고 극복해야 죄업을 씻고 지상천국 세계를 건설할 수 있다. 기독교는 어떻게 하여 인간의 역사가 죄와 함께 비롯되었다고 하였던가? 저질러진 業(죄악)의 항구성이 그 근거이다. 세계의 영속성을 인정한 세계관 때문이다.[624] "이러므로 한 사람으로 말미암아 죄가 세상에 들어오고 죄로 말미암아 사망이 왔나니, 이와 같이 모든 사람이 죄를 지었으므로 사망이 모든 사람에게 이르렀느니라."[625] 어떻게 이 같은 業의 연대성과

---

623) "아담과 이브는 '하나님이 먹지 말라. 먹으면 너희는 죽을 것이다.' 라고 했는데도 불구하고, 그 말을 배반하고 감히 선악과를 먹었다. 그것은 하나님의 명령을 배반한 것이고 그래서 죄가 된다. 아담과 이브는 그 때문에 벌을 받고 에덴동산에서 추방되었고, 이 지상에 떨어졌으며, 거기에서부터 인간의 역사가 시작되었다." -『선과 현대신학』, 아베 마사오 저, 변선환 엮음, 대원정사, 1996, p.316.

624) 기독교도 業을 원리상으로 인정한 것임.

625) 로마서, 5장 12절.

항구성이 가능한가? 이런 면에서 기독교와 불교가 다른 점은 도대체 무엇인가? 한 창조 우주관에 바탕을 둔 내세관이 아닌가? 원죄설과 업설은 결국 동일한 진리관으로써 바탕되어 있다.

전연－前緣과 현연－現緣, 生과 死는 끊을 수 없는 인과 관계에 있다. 한 바탕인 통합성이 꼬리를 물고 서로의 존재를 성립시키기 위해 바탕을 생성시켰는데 어떻게 떨어질 수 있겠는가? 다만 차원을 달리해서 영향을 끼치니까 파악하기가 어렵다. 하지만 전체적으로는 지속성, 항구성을 함유한 有한 본질체일 따름이다. 현세가 기준이든 내세가 기준이든 세계는 철저한 인과 법칙하에 있는데, 인과 법칙이 성립된다는 것은 세계가 한 통속을 이룬 본질체로서 생성을 통해 항구적이라는 사실을 입증하는 것이다. 다만 차원적인 생성 변화가 문제인데, 이에 차원적 化로써 창조된 하나님의 본의가 밝혀져야 했다. 창조는 만상을 이룬 바탕이라, 마땅히 내세를 규정하는 바탕이기도 하다. 그래서 세계를 하나 되게 할 길은 다름 아닌 내세관을 통합하는 것이 관건이었다. 내세는 만유가 천고 이래로 잠적하여 거하였고, 생성한 만유가 빠짐없이 거할 인류의 영원한 본향이다. 인류는 반드시 生을 통해 돌아갈 고향 길을 알아야 한다. 내세는 더 이상 잠적되어서도, 차원성에 가려져서도, 비밀에 휩싸여 있어서도 안 된다. 백일하에 드러나야 한다. 내세는 인류가 참으로 동경하고 준비를 다해 맞이해야 할 제3의 세계이자 최적 이상향이다.

2. 내세 실존

　미라를 보면 이집트인은 인간의 영혼이 불멸이라고 하는 사상을 가진 역사상 드러난 가장 최초의 사람들이 아닌가 하는 생각이 든다. 그런데 영혼이 불멸이라고 하는 것은 영혼이 자연과는 다른 것, 즉 정신이 독립적으로 존재하는 것이라는 것을 의미한다.[626] 영혼이 불멸이라 생각하거나 혹은 아니라고 주장할 수는 있겠지만, 영혼불멸설 – 靈魂不滅說을 입증하기 위해서는 인간 본질의 구조적인 문제를 풀어야 한다. 내세 존재를 우주론적으로 해결해야 하는 문제이다. 영혼불멸 혹은 내세에서의 실존성 여부는 존재 형태가 다르므로 객관적으로 증험하기 어려운 문제가 있다. 이 같은 선결 과제를 고스란히 남겨둔 채, 先天은 영혼불멸의 문제를 後天으로 넘겼다. 영혼의 불멸과 내세 존재, 그리고 영혼의 내세 실존성은 모두 공통된 합작 문제이다. 이것을 불멸, 윤회, 재림, 부활, 영생 등으로 표현하였지만, 어떤 형태로든 내세의 존재가 인정된 연후라야 개개의 정체성 본질이 해명될 수 있다는 데 대해서는 차이가 없다. 없어진다면 모를까 영존하고 있다면 지금 우리가 존재하듯, 다시 존재할 가능성은 얼마든지 있다. 제자인 계로 – 季路가 죽음에 대하여 물었을 때 孔子는, "生도 다 모르는데 어찌 死를 알겠는가."라고 솔직하게 대답한 것뿐인데, 후대의 제자들은 내세가 없다는 쪽으로 몰아붙여 유교가 걸은 큰 조류 역사에서 내세가 삭제되어 버렸다. 나중에 불교의 생사윤회 사상이 들어왔지만 역부족이었다고나 할까?[627]

---

626) 『역사철학강의』, 헤겔 저, 김종호 역, 삼성출판사, 1983, p.328.

하지만 동서양을 막론하고 영혼불멸설과 윤회설을 믿은 사람은
많다. 밝혀진 바 피타고라스, 소크라테스, 플라톤 등이 그 주인공
들이다. 기독교에서는 552년, 로마 수도 콘스탄티노플에서 열린 대
주교 회의에서 다수 결의로 윤회 사상을 이단화했는데도, 이후에
브루노, 라이프니츠, 쉘링, 피히테, 에디슨에 이르기까지 그 사상이
수그러들지 않았다.[628] 영생과 부활을 믿은 기독교가 윤회 사상을
이단시한 것은 내세 실존에 대한 불멸성은 같다 해도 실존 방식의
문제에 있어서 시스템이 틀린 때문이었으리라.[629] 하지만 영존하든
반복해서 태어나든 정체성이 고유하게 보유된다고 본 견해는 동일
하다. 공통점과 차이점이 동시에 상존하므로 이 같은 문제를 해결
하기 위해서는 내세 세계관과 영혼의 불멸성이 합작되어야 한다.
영혼이 내세에서 어떤 형태로 실존하는가가 밝혀져야 한다. "고대
그리스인들이 영혼의 불멸에 대한 믿음을 갖고 있었다면, 기독교는
육체의 부활에 대한 믿음을 갖고 있다. 기독교 교리에서 중요하게
여긴 것은 인간이 죽음을 초월하여 정체성과 개체성이 유지된다는
것인데, 이것이 그리스적 영혼 개념에서는 도저히 생각할 수 없는
것이다."[630] 영육의 분리 문제를 떠나 영혼이 그냥 불멸한다는 것
과 靈이 다시 육신을 얻어서 부활한다고 본 것은 다르다. 하지만
靈의 육적 부활도 결국은 靈의 불멸성이 뒷받침되어야 한다는 점

---

627) 『21세기 문명 동양정신이 만든다』, 오국주 저, 살맛난사람들, 1994, p.90.

628) 위의 책, p.90.

629) "예수는 神의 아들로서 사람으로 태어났다가 산 채로 승천하여 지금도 살아 있다 하고,
석존은 이 세상에 자기 화신을 보내어 도로 회수했다고 함." –『기독교는 과연 진리인가』,
임학산 저, 지성기획, 1987, p.152.

630) 『인간본성에 관한 10가지 철학적 성찰』, 로저 트리그 저, 최용철 역, 자작나무, 1996,
p.226.

에 있어서는 기여된다.

그렇다면 오히려 문제되는 것은 영혼의 불멸성인데, 靈이 존재를 뒷받침한 본질성이었던 것이라면, 靈도 결국은 대책 없이 불멸인 체제가 유지될 수 없다. 끊임없는 변화를 통해 생성되어야 한다. 그러기 위해서는 인간이 태어나게 된 존재 원리가 그러하듯, 영혼의 불멸을 위해서 육의 부활도 기대되어야 한다. 그리해야 다시 生의 에너지를 충전하고 부여된 기회를 통해 하나님의 거룩한 창조 목적을 수행할 수 있다. 惡人은 반드시 滅하고 영원한 무저갱에 가두어진다고 한 것은, 이 같은 생성 시스템이 하나님의 대창조력에 의해 딱지 붙혀진 상태라고나 할까? 생성 동력이 정지된 상태이다. 이에 비해 善人은 그가 쌓은 善業으로 인하여 본질적 靈의 생성 순환이 원활하여 보다 유익한 善業들을 지속해서 쌓을 수 있는 상태에 있다. 그러고 보면 기독교가 육신의 부활을 믿은 것은 불교가 육신의 태어남을 반복한다는 것과 같다. 윤회가 業에 따라 소나 돼지 등 다른 존재로 태어날 길을 열어놓기는 했지만 영↔육이 순환(윤회)한다는 점은 같다. 영혼의 현세와 내세 간에 걸친 실존 시스템을 알아야 先天의 영혼불멸설이 세계관적으로 완성될 수 있다.

눈에 보이는 것만으로 판단한다면 다른 미물들도 사물의 변화를 볼 수 있는 눈은 가지고 있다. 인간은 사고하는 존재이므로 볼 수 없는 것도 볼 수 있는 혜안을 가져야 하는데, 자칫 그 혜안의 미비가 영혼의 소멸론을 정당화했다.

"흘러가는 냇물이 돌아오지 않는 것처럼 사람의 목숨도 한 번 가면 돌아오지 않는다(『법구경』)."631)

인생의 허무감을 절감한 당연한 이치이다. 보이는 현상만으로 세계를 판단해서이다. 유교의 朱子도 소위 영혼불멸을 믿지 않았는데(無靈魂說), 氣의 철학을 역설한 장횡거처럼 죽으면 氣가 흩어져 버린다는 死生觀을 가졌다(我의 정체성 소실).

따라서 氣, 본질, 영혼은 그 관계성이 재정립되어야 한다. 견해가 일치하지 않으니까 神이나 영혼은 믿지 않으면서 조상에게 제사를 지내는 모순성이 생긴다.[632] 靈은 존재의 본질이고 본질은 氣로 구성되어 있다고 할진대, 氣가 불멸인 한 靈도 불멸이다. 하지만 영혼 소멸에 대한 제일 근거는 역시 영혼과 육신이 분리가 불가능한 존재로 본 데 있으리라. 아리스토텔레스는 『영혼에 관하여』란 저서에서 "영혼은 육체와 결합되어 있는 존재로 보았다. 그렇다면 당연히 영혼은 육체가 소멸할 때 함께 소멸하므로 영혼은 육체의 목적인으로서 육신의 현 실태가 된다."[633] 같은 논리로서 "환담은 육체를 떠나 정신이 따로 존재할 수 없음을 초와 촛불과의 관계로서 비유하였다. 촛불은 초가 타버리면 꺼지고 만다. 불이 꺼지면 빛이 사라지듯이 육체가 죽으면 정신 작용도 존재할 수 없다는 설명이다."[634]

그러나 소멸론은 아쉽게도 인간이 어떻게 존재할 수 있게 되었는가를 살피지 않은 현상론적 판단이다. 부분만으로 판단한 것인

---

631) 『불교수행요론』, 박현 저, 바나리, 2001, p.29.

632) "제사를 하는 生者와 死者와는 근친의 관계에 있는 것이므로 양자가 가진 氣도 공통되는 점이 많다. 따라서 산자의 지성의 氣가 死者의 氣에 감응하는 것은 있을 수 있다(『중국사상사』, 앞의 책, p.217)."란 궁색한 논리를 전개했다. 그리고 "방 안의 화롯불이 꺼져도 따뜻한 기운이 방안에 남아 있는 것과 마찬가지로 일단 응결하여 굳어진 氣는 천천히 소멸하는 까닭에(『한국철학사상사』, 주홍성·이홍순·주칠성 저, 김문용·이홍용 역, 예문서원, 1993, p.346) 유교 풍습으로 4대까지는 제사를 지냄.

633) 『아리스토텔레스의 정치철학』, 양창삼 저, 대영사, 1982, p.48.

634) 『동양철학은 물질문명의 대안인가』, 김교빈 외 3인 저, 웅진출판, 1999, p.102.

만큼 오류가 발생할 것은 당연하다. 소멸론이든 불멸론이든 일단 인간을 영혼과 육신으로 분리해서 이해했다는 것은 인간의 창조 바탕이 그렇게 구조적으로 결정적이란 뜻이다. 즉 인간은 본질에 바탕을 두어 현세 간에서 "물질적인 육체와 정신적인 영혼이 결합된 특수 존재(창조)이다."[635] 여기서 본질은 뭇 존재의 근간이 된 창조 바탕이다. 영육이 이유 없이 결합된 것이 아니란 뜻이다. 인간의 바탕된 창조 구조와 존재 시스템이 이와 같을진대, 삼라만상의 존재 방식처럼, 현상은 소멸해도 본체 뿌리는 그대로이다. "인간 영혼은 무형인 정신적 존재이자 영적인 본질 바탕을 가진 존재이라 사후, 즉 물질적 육체의 생명 활동이 정지된 이후에도 영속할 수 있다(마테오리치)."[636] 인간이 바탕인 본질로부터 창조되어서이다. 각도를 달리해서 본다면 현 존재는 보다 항구적인 영적 본체성에 대해 오히려 가합된 존재이다. 참본체는 영혼이다. 不生不滅한 본질이 차원성을 달리한 化로써 질로 변한 형태가 물질이고 육신이다. 그러면서도 바탕인 본질은 不生不滅이므로 가합한 존재와 함께한다.[637] 그래서 "地水火風으로 된 육신은 滅해도 영혼은 절대 불멸이다."[638] 플라톤이 이데아를 참존의 상태로 본 것, "영혼의 소멸이 불가능하며, 죽은 뒤에도 영원히 존재할 것이라고 본 것은 영혼이 우리가 존재하기 전부터 이미 존재하고 있었다는"[639] 전제론에 근거한다.[640] 나의 존재와 무관하게 영혼은 이미

---

635) 『동서철학의 교섭과 동서양 사유방식의 차이』, 송영배 저, 논형, 2004, p.32.

636) 위의 책, p.33.

637) 滅하는 것은 가합된 것이고 본체는 그대로임.

638) 『원불교사상논고』, 김홍철 저, 원광대학교출판국, 1980, p.128.

639) 『인간의 본성에 관한 10가지 이론』, 레슬리 스티븐슨・데이비드 L. 헤이버먼 저, 박중서

있은 것이다. 그러니까 죽고 나서도 존재함 자체에 있어서 변할
것은 하나도 없다.

"죽음은 단지 영혼과 육체의 분리를 뜻할 뿐이며, 육체는 죽음과
더불어 소멸해 가도 영혼은 계속 존속한다. 그리고 육체로부터 분리
된 영혼은 오히려 육체의 구속을 벗어나 자유를 누리게 된다."642)고
본 것이 소크라테스가 인류의 스승으로서 사형이 집행되기 몇 시
간 전에 제자들에게 남긴 마지막 메시지이다. "인생이 죽으면 생전
의 수도신념에 따라 영생불멸의 우주 본원 세계로 환생한다."643)
내세로 환생할뿐더러 다시 현세로 환생할 無的 삶을 분열시키기
시작한다. "인간의 부활은 처음 욥기에 기록되었는데, 구약은 몸은
티끌로 돌아가나 영혼은 하나님께 돌아간다고 했다."644)

"나무는 소망이 있나니 찍힐지라도 다시 움이 나서 연한 가지가 끊이지 아

역, 갈라파고스, 2006, p.143.
640) 위의 책, p.182.
641)『동서양의 인간 이해』, 앞의 책, p.195.
642) 위의 책, pp.195 - 196.
643)『인도 정신』, 한성규 저, 명문당, 1983, p.44.
644)『구약 신학』, 원용국 저, 세신문화사, 1991, p.339.

니하며 …… 사람이 죽으면 어찌 다시 살리이까?"645) "모든 영혼이 다 내게
속한지라, 아비의 영혼이 내게 속함같이 아들의 영혼도 내게 속하였나니, 범죄
하는 그 영혼이 죽으리라."646) "몸은 죽여도 영혼은 능히 죽이지 못하는 자들
을 두려워하지 말고, 오직 몸과 영혼을 능히 지옥에 멸하시는 자를 두려워하
라."647)

영혼이 불변함에 그것은 천지 만물이 창조된 원리로 인함이고,
영혼이 불멸함에 그것은 반드시 하나님의 품 안에서이다. 영혼의
내세 실존은 하나님이 빠짐없이 관장하고 계신 소장 업무이다. 靈
이 하나님의 창조 본질로서 하나님의 본체성 안에 귀속되었다. 영
존하기 때문에 인생과 존재하는 삶이 두려운 것이고, 善한 본업으
로서 실존하는 상태가 이 生에서나 저 生에서나 인류가 향유할 수
있는 최상의 천국이다.

3. 내세 원리

"칸트는 일찍이 윤리의 절대적인 필요조건으로서 인간의 자유
의지, 영혼 불멸(내세), 하나님의 존재(공평한 심판)란 세 가지를 가
정해야 된다고 말했다."648) 특히 영혼의 불멸과 내세와 죽음은 인
간 삶이 해결해야 할 최종적인 문제이다. 오늘날 현대인들은 사후
를 내다볼 시력(영안)이 거의 퇴화되었다고 해도 과언이 아니다.

645) 욥기, 14장 7절, 14절.

646) 에스겔서, 18장 4절.

647) 마태복음, 10장 28절.

648) 『죽음이란 무엇인가』, 앞의 책, p.298.

극히 일부 종교인들만 현세를 내세를 위한 징검다리로 생각할 뿐이다.[649] 서구의 근대정신은 모두 無神論에 기초하고 있다. 神이 존재하지 않는다고 본 바에는 사후 영혼의 존재를 인정할 리 만무하다. 하지만 살아서는 당당하고 자신만만한 자들인데, 정작 죽음에 임박해서조차 아무런 의미를 창출하지 못하는 것은 어찌된 일인가? 죽음에 다다라서도 어디로 가야 할지 몰라 두려움에 떨며 차디찬 몸이 되어 간다. 그러면 혼이 떨어진 육신은 내려오는 풍습에 따라 어떤 곳에서는 묻기도 하고 혹은 태우기도 하고 혹은 새가 쪼아 먹게도 한다.[650] 산 자가 죽은 자에게 대하는 최후의 예이다. 여행으로 치면 너무 단조롭고 재미가 없다. 어떻게 해서 얻은 생명인데, 어느덧 生을 마감해야 하다니! 이 같은 허무감이 있기 때문에 도교에서는 "득도성선 - 得道成仙, 영생불사 - 永生不死를 최고의 종교적 추구 목표로 삼았다."[651] 그러나 장생을 희구하는 것은 자유이나 죽지 않기 위해 산다는 것은 가능한 일이겠는가? 그런데도 不死가 있다면 不死를 가능하게 하는 원리는 무엇인가? 아무리 세상이 개명되었어도 누구라도 맞이하는 죽음의 문제를 해결하지 못하고서는 완성된 세계를 이룰 수 없다. 이 역할을 先天에서는 종교가 담당했는데 해결이 안 된 상태라 언젠가는 타당한 원리로서 해명되어야 했다.

정말 "인간이 죽은 후에는 어떻게 되는가? 유교는 氣의 응집에 의해 생겼기 때문에 죽음은 氣가 흩어진 존재 상태로서 설명한다.

---

649) 위의 책, p.298.
650) 『성현들의 참말씀』, 김린 저, 미래문화사, 1985, p.62.
651) 『중국의 유가와 도교』, 임계유 편저, 권덕주 역, 동아출판사, 1993, p.274.

하지만 흩어진 氣라도 어딘가에 존재하지 않으면 안 되는데",[652] 이것을 수습한 장재는 다시 太虛 상태로 돌아간다고 했다. 하지만 이것은 본질적인 氣로서는 그렇다손 치더라도 육신과의 관계에 있어서는 미비점이 있다. 그렇다고 生死 문제를 육체와 정신의 분리 내지 결합이란 二元的 문제로서 접근해서도 곤란하다. "기독교는 사후 생존을 주장하고 있지만",[653] 어떻게 해서 그렇게 된 것인지에 대한 세계관적 원리를 제공한 바는 없다. "이이(율곡)는 사람이 죽으면 일정한 시간 동안 귀신의 상태로 존재한다는 생각을 버리지 못했는데",[654] 그렇다면 인간의 사후 생존 상태는 귀신이란 말인가? 이것은 인간이 사후 세계를 인지할 수 없는 한계성에 기인한다. 그래서 성현이신 孔子조차도 生을 모르는데 어찌 死를 말하겠는가?[655]라고 하지 않았던가? 하지만 같은 논리로서 死를 모르는데 어찌 生을 알 수 있겠는가? 死를 알아야 死를 이해하고 그를 통해서 生도 안다. 死를 모르면 生의 분열적인 인지 시스템만으로 死를 이해한다. 죽음과 不死의 문제가 원리적으로 해결될 리 없다. 그렇다면? 生死의 문제는 현상의 문제를 벗어나서 시공 차원을 달리한 존재 방식의 문제이다. 生은 분열하는 시공간 안에서는 유한하다. 하지만 죽음은? 그 같은 여지가 단 한순간도 남아 있지 않다. 그래서 죽음은 존재가 당면한 차원성을 인지하고 극복하는 문제이다.

죽음을 시간 내적 존재 상태로서 보면 해결이 안 된다. 유교의

---

652) 『주자학과 양명학』, 시마다 겐지 저, 김석근·이근우 역, 까치, 1993, pp.102 - 103.

653) 『인간본질에 관한 일곱 가지 이론』, 레슬리 스티븐슨 저, 임철규 역, 종로서적, 1995, p.182.

654) 『한국철학사상사』, 앞의 책, p.262.

655) 『논어』, 선진 편.

기산신멸-氣散神滅이 그렇다. 유교는 "氣가 모이면 태어나고 氣가 흩어지면 죽는다고 보았다. 일정한 기운이 소진되면 혼기-魂氣는 하늘로 올라가고 형백-形魄은 땅으로 돌아가서 죽음에 이른다."656) 죽음을 혼백-魂魄의 분리 상태로 이해했다는 것은, 死의 차원성이 아닌 生의 분열 차원으로 死를 보았다는 것이다.657) 분열하는 시공간 내에서 生을 통해서는 분리가 있지만, 죽음은 더 이상 그렇게 될 여지가 없다. 무시간적인 상태에서 변화가 웬 말인가? 물론 본질은 무형인 차원의 존재 상태에서 변화의 극대화로써 천지 만물을 창조한 것이지만, 분열과 시공간상으로서는 無이다. 生滅과 生死는 결국 여지-餘地의 문제이다. 여지가 有한 것이 生이고 無한 것이 死이다. 아무리 본체와 현상은 하나이고 원래 실재가 不生不滅이라고 주장해도 현인들조차 진리적으로 실감하기가 어려웠던 이유가 여기에 있다.

生滅하는 有限 시스템과 生滅이 없는 無限 시스템은 차원이 다르다. 그래서 "절대 본연은 여여한데 여지가 만상을 生滅케 했다. 여지가 生滅의 門이다. 여지가 있으면 生하였고 없으면 死했다."658) 하지만 일체 生滅 여지가 소진되었다고 해서 여여한 본연이 사라지는 것은 아니다. 인간 본연은 바로 시공간이 창조되기 전의 시공간 밖에서 존재해 온 것이다. 창조가 그것이다. 시공간 밖의 무시간적인 세계가 永生不死의 집이다. 영혼 불멸을 가능하게 하는

---

656) 『동서양의 인간 이해』, 앞의 책, p.223.

657) "유교의 죽음 이후에 대한 설명은 복잡하지 않다. 사람이 죽으면 魂과 魄으로 나뉘어 魂은 하늘로 올라가고 魄은 땅으로 흩어진다고 한다. 魂魄은 4대 간 유지되다가 소멸하기 때문에 4대를 제사 지낸다고 한다." - 『동양철학은 물질문명의 대안인가』, 앞의 책, p.101.

658) 『세계섭리론』, 졸저, 인쇄본, 2000, p.5.

근거이고 원리이다. 플라톤의 이데아설은 영혼의 초시간적인 차원 존재 상태에 대한 인지이다. 불교가 말한 윤회로부터의 해탈, 기독교의 천국행은 주어진 生의 분열을 통해 어떻게 하면 보다 나은 차원적 세계를 획득할 수 있을 것인가에 대한 문제였다.

무시간적인 시공간, 즉 내세는 있다. 창조 이전에 하나님이 계셨듯, 그와 같은 형태로 죽으면 육신은 썩어 없어져도 혼은 불멸이다. 그 혼이 새 몸을 받아 태어남에 선혼은 부활이고 악혼은 윤회이다.[659] 불멸한 혼이 生死를 넘나들고 차원을 넘나들 수 있는 것은, 창조 이전의 본래 본체와 현상이 하나인 때문이다. 이것이 창조로 인해 생성하게 되니까 분리된 것인데, 분리되었어도 분리될 수 없는 하나이다. 즉 인과 법칙이란 끈으로 연결되어 있다. 生과 死, 그리고 존재와 본질을 분리해서 생각하지만, 그것은 창조된 시공간 안에서 생성으로 인해 펼쳐져 있는 것일 뿐, 분열이 완료되면 일체이고 하나이다. 나고 죽음이 동전의 앞뒷면과 같다. 인간은 그렇게 무시간적인 차원 바탕으로부터 존재하였고 또 그렇게 돌아가서 존재하리라.

뭇 존재가 그러하듯 인간이 나고 죽는 것은 다반사한 일이다.[660] 궁금했던 것은 개체로서 차원을 달리한 존재성과 정체성이 문제였는데, 이것이 원리적으로 인지되었다면 그 다음은 어떤 선업 상태로 존재하는가 하는 문제만 남았다. 生은 분열이 과제이다. 우리가 죽어 소멸되면 아무것도 남는 것이 없다? 아니다. 엄연히 인생이 生을 분열시킨 것이다. 그것이 고스란히 본질 바탕에 축적되어 다

---

659) 『동서양의 인간 이해』, 앞의 책, p.211.
660) 주역의 계사전에서는 한 번 陰하고 한 번 陽하는 것을 太極의 道라고 했음.

른 生을 위한 영적 에너지로서 발동한다. 혼은 불멸이되 生의 분열이 존재 차원을 변화시킨다. 生이 死를 낳고 死가 生을 낳음에 生死는 결국 동일한 존재 상태이다. 生은 시간이 있는 상태로서의 존재이고 死는 없는 상태로서의 존재일 뿐,[661] 차원이 달라 유한과 무한으로 갈라짐에도 불구하고 生死는 연결되어 있으며, 생성이 완료되면 하나로 돌아간다. 생성 가운데서는 차원의 결정적인 지배를 받지만 완료되면 차원이 무차원이다. 내세는 창조와 연관되어 있어 生滅의 門과 언제나 맞닿아 있다. 그래서 우리는 반드시 무언가 보람 있는 것을 짊어지고 生滅의 門을 넘나들어야 사후의 영적 삶을 풍족하게 할 수 있다.

4. 내세 가치

인간은 역사를 남기고 후세에 이름을 남긴다고 하지만, 죽음과 관련하여 그것이 무슨 의미를 지닐지는 의문이다. 인간에게 공통된 점이 있다면 예외 없이 죽음의 길을 가고 있다는 것이다. 이 생명 다 바쳐 열심히 살아도 남는 것은 한 줌 흙으로 사라져 버리는 것. 아무리 고결한 가치를 창출하였다 하더라도 죽음과 더불어 끝나버린 모든 것이 인생 제일의 슬픔이다. 어떤 누가 죽음을 동경하겠는가? 죽음은 끝내 벗어날 수 없는 영원한 어둠의 늪이다.[662]

---

661) 『세계창조론』, 제2편 창조성론, 졸저, 완본, 1998, p.109.
662) 지금도 인간은 죽어가고 있다. 존재가 판단한 가장 완전한 실체는 그렇게 하여 사라지고 있다.

그래서 선현들은 삶의 허무를 극복하기 위하여 삶을 다시 연장시키고자 한 내세를 설정하였다. 현대인에게 있어 내세는 좀체 믿음이 가지 않는 가설적 세계이지만, 그렇다고 내세를 인정하지 않은 상황에서는 달리 삶의 허무를 극복할 길도 없다. 부여된 生이 아무리 가치롭고 영광되다 하더라도 유한한 生의 한계는 어찌할 수 없다. "유교가 피안 - 彼岸의 행복을 추구하지 않고 현실의 정치, 윤리 생활에 전념한 특성을 지닌 종교인 한"[663] 세계관적 한계는 분명하다. 이에 비해 불교, 도교, 기독교, 이슬람교 등은 너무 내세적 가치에 치중하여 현세적 삶을 등한시하기도 했다. 예를 들어 "업보 사상은 현생의 불행을 전생의 자기 탓, 자기 책임으로 받아들이고, 하나님이나 다른 사람을 원망하지 않고 자신이 저지른 과거의 業을 탓하게 했다."[664] 아무리 내세가 실존한다 해도 내세를 위해 현실 삶을 포기해서야 되겠는가? 내세가 있다면 내세를 위한 현세는 더욱 긍정적이고 적극적이어야 한다. 그렇게 되려면 내세의 실존성 확인은 물론이고 내세와 현세와의 밀접한 관계성을 밝혀야 한다. 여기에 生死 가치관의 코페르니쿠스적인 전회가 필요하다.

지금까지는 生을 위해 生을 산화시킴으로써 허무를 낳은 것이라면, 이후는 내세를 위해 삶을 준비하고 산화해 천국 삶의 기반을 다져야 한다. 현실적 삶이 곧바로 천상 본질 구축의 기초임을 확증할 수 있어야 한다. 이 生이 없는 저 生은 있을 수 없듯, 저 生이 없는 이 生 역시 있을 수 없다. 이 生이 어디로부터 난 것인가? 뿌리 없는 나무가 없듯, 生도 마찬가지다. 이 生의 바탕은 저

663) 『중국의 유가와 도교』, 앞의 책, p.266.
664) 『보살 예수』, 길희성 저, 현암사, 2004, p.71.

生이다. "불교는 삶이 있으니 죽음이 있고 죽음이 있으니 삶이 소중한 것이라 하여, 生과 死를 등가적 – 等價的으로 보았다."665) 生卽死 死卽生이다. 삶이 있는 한 죽음은 없을 수 없다. 죽음은 있다. 生이 엄연한 존재 현상인 만큼 死도 마찬가지다. 生死란 함께 존재하는 것인데 그 형태가 다를 뿐이다. 生死란 본래 한 통속을 이룬 본질체인데, 존재 체제를 유지하기 위한 생성 일환으로서 生滅을 거듭했다.666) 그래서 生 그대로가 死가 되고, 死 그대로가 生이 된다. 보다 정확하게는 生 그대로인 삶이 死에서 전개될 그대로인 死的 삶이라고 보면 틀림이 없다. 사람이 生하였듯 사람은 死하는 것인데, 사실 무엇이 生이고 무엇이 死인지를 구분할 수 없다.

生의 死는 死의 生의 시작이고, 死의 死는 또 다른 生의 시작이다. 生은 死로 연결되고 死는 生으로 연결되어 끊임이 없다. 통상 영생, 영존, 천상 생활이란 死的 차원에서 전개되는 삶이다. 그 세계와 실존이 무시간적이고 본질적이지만 生을 통해 이루었던 분열 에너지를 그대로 보존해서 유지하고 있는 세계이다. 生死가 동일하되 차원이 다르므로 격이 다른 세계라고나 할까? 윤회는 生死가 곧바로 수레바퀴 돌듯 돌아, 죽은 즉시 다른 몸을 받아 환생하는 것처럼 말하는데, 사람은 죽으면 또 다른 死的 삶이 시작된다. 바탕된 본체와 선업은 천상에 영구히 보존되되, 삶은 生的 삶과 死的 삶으로서 지속된다. 그래서 종말은 곧 천국을 위한 기초요 내일 세계에 멸망이 있다 하더라도 오늘 삶의 길은 있다. 이 몸이

---

665) 『인간의 종교』, 박병규 저, 아트 스페이스, 1993, p.68.
666) 나는 영원히 있다. 영원히 있는 것은 변함이 없으되, 단지 生으로서 혹은 死로서 있음의
    형태가 다를 뿐임.

살아 삶은 결코 포기될 수 없는 것이니, 인내를 극복한 자에게 있어서는 종말이 곧 천국이다. 내세가 실존하고 死的 삶이 존재할진대, 죽음은 새로운 영적 삶의 시작이다. 그러므로 자신이 해 보고 싶은 것 다 해 보고 누리고 싶은 것 다 누린 일차원적인 욕구 충족으로서는 새로운 死的 삶의 전개가 온전할 리 없다. 살아 있는 동안 죽어서는 할 수 없는 보다 가치로운 뜻을 이루는 거기에서 새로운 삶의 준비는 갖추어진다.

소크라테스는 "육체에서 해방될 것을 일생 동안 추구한 영혼, 즉 참으로 철학적인 영혼은 항상 죽음을 연습해 온 것이다."667)라고 일파했다. 우리가 살아 있는 것은 새로운 죽음을 준비하기 위해서이다. 산 자는 외롭더라도 죽은 자는 그렇지 않다. 저 세상에는 이 세상보다 더 많은 이웃 형제들과 부모와 조상과 선인들이 살아 계시다. 그런 분들과 함께할 수 있도록 이 生을 깨달음으로 향도해야 한다. 生이 바탕되지 않은 천국은 없다. 마음을 다한 세월이 없으면 천 년을 살아도 헛것이 아닌가? 삶은 영혼을 위해 주어지는 것인데, 삶이 헤프면 죽어서 갈 곳이 없다. 지나온 과거를 순간적으로 생각할 수 있다고 하여 生을 순간으로 떨쳐버리기에는 너무나 허무한 것이 인생이다. 살다가 가는 것이 죽음이라면 그야말로 죽음은 삶의 한 연장일 뿐이다. 인생이 죽음만으로 끝나 버린다면 모를 것이로되 죽음 저쪽에서도 살아야 하기 때문에 우리는 그 세계를 생각하지 않을 수 없다. 준비하면서 죽음을 기다리는 자와 그렇지 못한 자의 심정을 헤아려 보라. 지난 세월의 모든 것은 그로써 끝나 버린다.

---

667) 『동서양의 인간 이해』, 앞의 책, p.196.

그러므로 우리는 그 어떤 生을 위한 목적보다도, 死를 위할 때 비로소 모든 삶의 가치가 완성될 수 있다. 진실로 삶의 목적은 生 자체를 위해 있는 것이 아니라 死를 위해 있다. 이것을 인류는 알아야 한다. 이 같은 生의 목적 가치가 성립되기 위해서는 선행조건으로 반드시 육신을 떠난 영혼과 내세의 실존성이 확증되어야 한다. 그런데 그 내세를 스스로 걸은 生의 과정을 통하여 이미 마련하였다. 우리는 그냥 인생길을 걸은 것이 아니다. 주어진 과정을 통하여 바탕된 인생 본질을 분열시켰다. 이 발자취가 곧 내세를 새롭게 구축할 통합적인 영적 삶의 바탕이다. 세계는 분열하는 힘으로 통합되고 통합된 힘으로 분열한다. 분열이 다하면 통합되고 통합되면 다시 분열한다. 인생은 生의 에너지를 분열시킨 관계로 死는 에너지를 다 소진시킨 상태가 아니라 고스란히 통합시킨 상태이다. 그래서 분열은 生으로서 존재적이게 되었고, 통합은 死로서 본체적이게 되었다. 통합적인 내세를 이미 生의 분열 과정을 통해 마련하였는데, 어디서 또 다른 내세 세계를 찾으려 하는가? 生이 死이고 死가 生이라고 하지 않았던가? 인생은 죽음으로써 끝나는 것이 아니다. 분열과 통합이 生死를 가름하고 차원을 갈라 놓기는 하지만, 生死는 하나이고 떨어질 수 없는 인과 관계이다. 누구도 이 生에서 영광만 바랄 수 없고, 기대해서도 안 되는 이유이다. 먼저 아낌없이 베풀고 펼치는 선업 자체가 중요할 뿐이니, 그렇게 추구하고 달성한 목적 가치는 저 生으로까지 연장된다.

인과 법칙은 철두철미하다. 이 生에서 뿌린 씨는 저 生에서 거둔다. 존재는 끝없이 생성하고 변화를 본질로 하므로, 존재의 진정한 판단은 존재가 생성·소멸한 과정 전체를 포함한다. 그 시점이 곧 생성 분열을 완료한 生의 끝인 동시에 死의 출발 시점이다. 이 판단을 위하여, 이 평가를 위하여, 이 삶의 본질 차원성을 승화시키기 위하여, 인간은 生者必滅하는 법칙 가운데서도 生을 통해 死를 준비할 수 있는 삶의 가치를 발현해야 했다. 즉 生을 통해서는 분열을 온전하게 하고 모든 완성은 死를 통해 달성하고자 한 가치관이다. 이것이 새로운 차원 세계를 보다 적극적으로 맞이하는 최상의 방도이다. 이 몸은 죽어도 길은 영원하리니 누군들 모를 리 있을까만 스스로 고난의 길을 택한 자, 그 길이 곧 생명의 길이다. 이 몸이 다하여 삶은 버려질 수 있나니, 진정한 버림은 체념이 아닌 참다운 구도이다.

정진하는 세계는 빛나고 있다. 내 가진 것 없는 존재로서 보잘 것없는 초라한 그림자를 드리우는 것이냐? 그러나 인간은 가만히 있어도 소멸한다는 존속에 대한 불안 속에서도 가능성에 대한 의지를 확신하고 있는 神의 아들이다. 자칫 고집이라고 생각하기 쉬우나 인간 본질은 生死 간을 넘어서 믿음 속에 사는 神의 아들들이다. 죽음도 모른다 삶도 모른다한 인생무상이 그 무엇인가? 사람은 살아서 살고 삶이 아니라 죽음을 위해 살아야 참다운 삶을 산다. 삶을 위한 모든 것은 죽어 없어질 것이지만 죽음을 위해 산 모든 것은 구원받을 것이다. 生의 가치는 결국 죽음을 위해 있고, 사실도 역시 그러하다. 죽음 이후의 존재 방식을 결정하기 위해서 生의 생성을 북돋웠다. 生을 통해 일군 가치는 고스란히 死的 삶을 영위할 양식이다. 육신은 없어져도 生은 영원한 것이나니, 인생은 향유하다 가는 것이 아니라 고결한 가치를 쌓아 가는 것이다. 존속할 근거가 있어야 존재도 있을 수 있다. 생명은 생각되는 만큼 최대 가치를 이룬다. 탄생에 의해 존재에 희망이 주어지고 죽음에 의해 生의 의미가 이루어지면 생애 최대의 의문과 고통은 영광으로 승화된다. 대개가 삶을 위해 삶을 준비하고 대처할 가치를 지향했지만, 이제는 죽음을 위해 삶을 준비하는 슬기를 발해야 한다. 이전에는 일부 신앙인들만 참여했지만, 이제는 모든 인류가 동참해야 한다. 死를 위할 때 인류는 비로소 生을 통해 최상으로 극대화된 가치를 창출할 수 있다.668)

왜 인간은 쉼 없이 기도하고 끊임없이 수행하며 정진에 정진을 거듭하는가? 그것은 인간에게 부여된 生을 통한 생성 메커니즘을 통해 滅한 이후의 본질 바탕을 양성해서 사후에 거할 명확한 존재 근거를 마련하기 위해서이다. 이것이 일체 신행이자 수행의 원리이고 삶을 추구한 목적이다. 인간은 물질만으로 뒷받침된 존재가 아니다. 시공간의 생성성이 합작된 종합물이다. 당연하게 존재가 맞이할 죽음도 생성성이 함께 고려되어야 하는데 물질인 육신의 소멸만으로 끝난다고 생각해서는 안 된다. 靈도 있고 혼, 의지, 신념, 믿음, 마음 씀과 같은 形而上學的인 본질체도 있다. 이 같은 존재 혼이 영원을 향해 生의 의지를 분열시킬진대, 그를 통해 영원한 가치를 향유할 것은 오히려 死的 삶이다.669) 죽음의 의미는 다하여 없어짐이 아니라 生을 통해서 부여된 에너지를 풂이다. 生의 일정은 존재 본질에 대한 생성 결과를 낱낱이 남긴다. 마땅히 다 풀어내야 허무하지 않다. 있음은 결코 없어질 수 없다. 형태를 달

---

668) 세계가 존재함으로 세계는 어떤 형태로든 존속한다. 존속이 없다면 존재도 없다. 역사, 신앙, 추모, 제사, 기억 등에 의한 존속 형태도 모두 여기에 속한다.

669) 生을 통해 쌓아 올린 지극한 믿음과 정성이 生의 의지를 산화시켜(본질을 완전 분열시킴) 영원할 수 있는 길을 엶.

리할 뿐인데, 그것이 내세이고 死的 세계의 펼쳐짐이다.

그런 만큼 인간이 살아서 죽음을 생각하게 되는 것은 죽음이 인간 본연에 더 가까운 때문이고, 죽음은 본연으로 돌아가게 되는 것이므로 꿈과 희망에 겨워야 한다. 다만 걸림돌이 있다면 인간이 어떻게 살았는가 하는 발자취가 문제이다. 그 삶이 善한 것이라면 근본에 대한 본연적 귀의가 될 것이고 죄악은 지극한 방해 물질이다. "모든 것을 버릴 수 있고 모든 것을 불태울 수 있고 또한 정진할 수 있다면 그것은 일차적으로 구원이 보장된 삶이다. 베짱이는 겨울을 생각하지 않았기 때문에 여름 한나절을 즐겼고, 개미는 있다고 한 생각으로 땀 흘려 양식을 쌓았다. 삶은 그쳐도 존재는 영원하다. 죽으면 새로운 차원生이 열린다. 生이 존재했기에 반드시 맞이하게 되는 것이 천국과도 같은 삶이고 지옥과도 같은 결과 인생이다."670) 죽음을 위하고 내세를 위하여 온 삶을 바쳐 헌신함은 그 가치, 그 진리에 대한 인식이 고스란히 새로운 삶의 세계를 열 디딤돌이다.

5. 내세 믿음

원불교의 창시자인 소태산-少太山은 "나이가 40이 넘으면 죽어가는 보따리를 챙기라고 가르쳤다."671) 하지만 여행 보따리를 챙기라고 한다면 할 수 있겠는데, 죽음을 위한 보따리는 어떻게 챙

---

670) 『세계수행론』, 앞의 책, p.71.
671) 『원불교사상논고』, 김홍철 저, 원광대학교출판국, 1980, p.284.

긴단 말인가? 선현들이 아무리 노력했어도 神의 문제, 영혼의 문제, 사후 문제 같은 것들은 인식의 장애로 인해 한계성이 농후했다. 아무리 과학이 발달하고 지성이 개명되었어도 죽음과 내세 문제가 해결될 수 있을 것 같지는 않다. 현대인은 삶 자체의 문제에 대해서는 관심을 쏟지만 生死에 대해서는 아예 안중에 없다. 전통적으로는 종교가 내세관을 가지고 죽음의 문제를 전담하여 왔지만, 지금은 산 자에게는 근거 없는 믿음과 죽은 자에게는 썩어가는 육신을 무덤으로 인도하는 형식적인 장례식만 주도하는 데 관심이 깊다.

인생은 어차피 이래도 한세상 저래도 한세월이다. 그러나……. 우리에게는 분명 태어나 존재할 수 있게 된 비밀이 있을진대, 죽음에 대한 비밀도 함재되어 있다. 죽음에 이르기까지 죽음의 문제를 다 풀지 못한 상태에서도 때가 되면 맞이하게 되는 것이 죽음이다. 그래서 죽음만큼은 반드시 내세에 대한 선행된 믿음을 요한다. 그것도 내세가 존재한다는 긍정적인 측면에서 말이다. "만약 인간이 그럴 만한 이유나 조건 없이 어느 날 홀연히 태어나서 되는 대로 살다 가는 것으로 끝나 버린다면 세상에서 사람답게 살아야 한다는 도덕적 가치는 힘주어 강조할 수 없게 된다."[672] 내세에 대한 믿음이 분명해야 현세적 삶이 방황하지 않는다. 우리는 내일에 장구한 영원의 세계가 있다. 삶은 유한한데 죽음은 오히려 영원하다. 살아서는 생명이 있다. 그러나 죽어서는 神이 있지 않은가? 살아생전에 함께하신 하나님은 죽어서도 함께해 주시지 않겠는가?

"나는 험난한 삶의 여로와 위기에 선 실존의 고뇌 가운데서도 하늘을 우러

672) 『반야심경의 세계』, 성열 저, 1990, p.78.

러 기도함으로 하나님의 도우심과 은혜주심을 느꼈나니, 생전에 함께하신 구원의 은혜가 어찌 죽음의 저쪽에서도 함께하지 않겠는가? 生의 한가운데서 온갖 어려움으로부터 구원해 주신 하나님은 인간 실존의 가장 적막한 죽음의 순간에도 함께하셔서 영원한 복락의 세계로 인도하시리라."673)

그 믿음, 그 추구 가치가 내세적 삶을 보장한다. 불교의 업보 사상은 과거에 因을 둔 결과가 현세적 삶이라고 본 과거지향적인 사상성이 농후하지만, 믿음은 향후에 맞이할 내세를 보장한다. 당연히 그렇게 되어야 하는 것임에 믿음은 미래 보장적이다. 왜 보장적인가? 믿음은 아직 이루어지지는 않았지만 生의 본질을 그와 같은 목적 체제로 분열할 수 있게 하는 향도 역할을 한다. 그러므로 결과는 결국 같다. 분열하는 시공간상에서는 단지 이루어지고 이루어지지 않은 차이일 뿐, 그래서 믿음은 믿음대로 이루어진다고 하지 않았던가? 믿음대로 믿음을 추구하다 "인생이 죽으면 생전의 修道 신념에 따라 생명은 생명대로 혈통을 따라 자손에게 계승되고, 정신은 정신대로 업적에 따라 후세에 영존하고, 영혼은 영혼대로 善惡의 과보에 따라 윤회, 환생, 滅하거나 영존한다."674)

천지가 창조됨으로 인해 본질 바탕으로부터 化된 존재 구조는 불변이다. 존재는 존재대로, 현상은 현상대로, 본질은 본질대로, 각자 차원적인 영역을 분명히 한다. 결정된 구조틀을 명확하게 하면서도 생성하고 분열하는 변화로써 차원성을 교감한다. 生滅에도, 生死에도 항상 본질성은 뒷받침된다. 그래서 뭇 존재는 生滅 현상을 통해 차원성을 넘나들지만, 전체 본질은 有함 자체로서 변함이

---

673) 『길을 위하여(Ⅲ)』, 졸저, 인쇄본, 1990, p.102.

674) 『인도 정신』, 한성규 저, 명문당, 1983, p.44.

없다. "형체를 잃은 존재(죽음)는 보이지 않더라도 완전히 없어지는 것이 아니라 영원 속에 잠재해 있어 無極의 세계를 구축하고, 이것이 또 다른 존재 탄생의 장을 여는 불가시권을 형성하므로 無極과 太極은 영원무궁토록 지속될 존재 활동의 陰陽 표리 관계를 이룬다."675) 생성하고 변하되 혼은 여여하고 有하기만 하다.

우리가 믿음대로 추구하여 생성을 완료하면 도달하게 되는 곳이 궁극이다. 인간 존재는 본래 궁극인 통합 본체로부터 존재하기 위해 극이 나뉜 관계로 생성을 거듭하여 生을 이루었지만, 이 생성이 분열을 다하면 다시 하나인 통극 상태인 차원성에 접한다. 그래서 "궁극 실재는 말 그대로 궁극에 달한 실체를 말한다. 化된 존재가 변화를 다하고 생성을 다한 창생의 궁극, 시공의 극이 다해 合一을 이룬 그곳에서 현세와 내세는 차원을 달리하여 갈라진다. 生死란 門이 그것이다. 죽음은 生의 본질이 분열을 다하여 나뉘었던 극이 다시 하나로 合一해 버린 상태이다."677) 여기에 生死를 가름하는 門이 있었고 비밀이 있었다. 하나 되어 통합되면 死 혹은 無이고, 나뉘면 生 혹은 有이다. 그리고 이 같은 生滅도 전체적으로는 세계의 영원성을 유지하기 위한 생성 일환이다. 생성→

---

675) 『주역이 밝힌 21세기 대예언』, 정숙 저, 교문사, 1998, p.26.
676) 『돈황단경본』, 성철 편역, 장경각, 1990, p.259.
677) 『세계유신론』, 졸저, 인쇄본, 2000, p.162.

合—→영존할 내세 길이 열리는 순간이다. 生의 본질이 분열하고 있는 동안은 한계가 분명하지만 죽으면 시공과 본질과 영혼이 일체이다. 그것은 분명 분열을 다해 하나 된 合— 상태이고, 無로서 영속할 내세 세계이다. 왜 하나님은 우리와 같이 공존하는가? 왜 과거의 역사를 오늘 인식할 수 있는가? 죽으면 뭇 조상과 성현과 부모 형제와 함께할 수 있는가? 그것은 지나온 역사와 인생 삶과 시공이 분열 즉시 현존과 하나 되기 때문이다. 그래서 현존의 끊임없는 정진과 믿음의 추구와 시공의 진입을 통해 영존된 하나님과의 만남이 이루어진다.[678] 죽음 이후에 펼쳐질 내세도 이와 같다. 천국과 영원할 수 있는 길은 멀리 있지 않다. 마음을 다하고 정성을 다하고 믿음을 다하면 의지가 분열을 극한 그 合— 지점에 하나님이 계시다. 하나님이 계실진대 천국은 반드시 있다. 그래서 生의 생성이 다하면 현상적으로는 죽음을 맞이하지만 본질적으로는 극이 통합된(하나 된) 내세적인 삶의 길이 열린다. 그 삶이 생성을 완료한 통극 상태로 되어 있어 현상적으로는 無인 상태와도 같다. 그래서 아무런 제한성이 없는 영적 삶이 가능하다(무한 자유).

우리는 無에서 有했고 그 有가 다시 無할 것은 명백하지만(죽음) 참으로 알진대, 無가 有하고 有가 無하는 있고 없음의 궁극적 귀결은 永이다. 영원한 생성이다.[679] "영원한 것은 생성이 완료된 통합적 無이다."[680] 영원의 뒤에는 무엇이 있을 것인가? 통합, 合—, 無, 영존, 끝없는 생성이다. 본래인 영적 본체가 존재하면서 뭇

---

678) 분열 이전과 이후의 삼세간이 현존에 의해 하나 됨. 하나인데 분열에 의해 나누어짐.
679) 『세계본질론』, 졸저, 청학사, 1997, p.354.
680) 그러면서도 생성이 끝이 없는 것, 아니 이 같은 구분 자체가 없는 상태이다.

존재가 생성으로 드러난 상태이다. 따라서 우리는 언제라도 수없이 가고 오는 차원적 生滅 현상에 더 이상 현혹되어서는 안 된다. 태초 이전부터 없는 곳에서도 없는 상태로 존재하였는데, 하물며 이미 존재하고 있는 우리가 죽었다고 해서 존재하지 않을 리 만무하다. 존재하지 않은 차원 상태로, 즉 생성을 다한 융합 상태로 존재한다.[681] 무시간적인 시공간은 분명히 있다. 우리가 태어나기 이전과 죽고 나서의 영존 상태가 그것이다.[682] 시간이 없는 상태인 영존은 무의미하다고 말할지 모르지만, 영존은 있음 자체가 중요하다. 滅한 상태로 존재한다면 어떻게 되겠는가? "죽음은 탄생, 성장과 함께하는 無한 존재성의 한 양식일 뿐이다."[683]

生의 내세 실존 상태가 이러할진대 내세의 천국 본질 상태도 가늠해 볼 수 있지 않겠는가? 가톨릭은 사후의 인간이 가야 할 곳으로서 천당, 지옥과 함께 중간 단계인 연옥을 따로 지정하였는데,[684] 生의 분열을 완료한 결과에 대한 평가가 내세의 실존 상태를 결정할 것은 분명하다. 그리고 그 상태는 우리가 현생에서 겪는 삶의 정서와 무관하지 않다. 인생의 기쁨 그것은 그대로 천국이고 불안, 공포 그리고 죄악은 지옥이다. 정감에 따라서는 연옥뿐만 아니라 더 세분화될 수도 있겠지만, 내세에 대한 존재 초점은 역시 현세를 위한 바탕으로서 내세가 본질체로서 작용하고 생성하고 있다는 것이다. 그래서 내세는 "영원한 생성만 있을 뿐 소멸이 없으며, 생성성 내지 항구 바탕성이 뭇 세계를 영원한 有를 이루

---

681) 창조 이전에도 하나님은 존재하셨으니, 그 같은 차원에서의 나의 존재 형태가 靈的 존재이다.
682) 靈은 우리가 없는 가운데서도 有할 수 있는 존재 형태임.
683) 『창 나는 어떤 인간인가』, 이영호 저, 한양대학교출판원, 1995, p.42.
684) 『신지학』, 루돌프 슈타이너 저, 양억관 역, 다카하시 이와오 역, 물병자리, 2006, p.100.

게 한 근간이다."[685] 이것을 뚜렷하게 구분한다면, 현존 이전은 존재와 인식이 분열하지 않은 상태, 원인의 상태, 생성과 운행이 출발하지 않은 상태, 色空이 분리되지 않아 인식할 수 없는 상태이다. 현존은 인식과 존재가 공존하는 창조체, 원인은 결과를 낳고 결과는 다시 원인을 낳는 세계, 色과 空이 존재하기 위해 분열하는 생성 세계이자 종국에 융합, 合一을 지향한 상태이다. 그리고 현존 이후, 죽음 이후는 존재와 인식이 분열을 완료함으로써 본질이 융합한 영원의 차원, 존재 없이 인식할 수 있고 인식 없이 존재할 수 있는 초월의 차원, 色과 空이 하나 된 合一 차원이다. 이 같은 내세 바탕이 결국은 삼라만상 존재의 生滅과 생성을 주관한다.

그런데 그 같은 내세 바탕이 무엇에 의해 마련된 것이던가? 내세에 대한 굳센 믿음이 生의 의지성을 분열시킨 것이 아니던가? 믿음을 향해 나아가는 곳에는 반드시 결실이 있다. 내세에 대한 확신으로 방황하는 뭇 인류가 궁극의 차원 세계로 인도되리라.

---

685) 『세계본질론』, 앞의 책, p.180.

인간의 심판 원리

1. 초월적 심판 원리

인류의 미래는 불확실하고 인간은 한 치 앞도 예측하지 못하는 존재라고 하지만 실감하고 기다리지 않아도 확실하게 알 수 있는 것이 한 가지 있다. 우리에게 生의 과정이 있은 것인 한 死는 분명한 것이듯, 내가 존재하기 전에 알파는 주어졌고 이제 남은 것은 종말이 있을 뿐이다. 무엇을 망설이는가? 무엇에 미련을 두는가? 이 인생 삶과 인류의 역사 앞에 심판이 없을 것 같은가? 한 인간이 生을 마감하면 그로써 인생 보따리가 꾸려지는 것이듯, 인류 역사도 마찬가지다. 종말은 모호하게 오는 것이 아니다. 만인이 통곡하여 마지않을 때, 마치 善人이 자신의 신념을 의심치 않듯, 惡人이 죄업을 자인─自認한 상태에서 종말은 확실하게 이 시공간상에서 매듭을 이룬다.

시종─始終은 항시 함께하는 실과 바늘이다. 시작이 없는 현존은 있을 수 없다. 마찬가지로 종말이 없는 현존은 없다. 단지 어떻게 결과 지어질 것인가 하는 것이 문제일 뿐. 인류 역사가 어떻게 결실을 이루고 심판받을 것인가 하는 것은 사실은 창조 이래의 우주적인 정보를 총괄적으로 집적하고 제공받아야만 알 수 있다. 따라서 인간된 인지 능력으로서는 가늠이 어렵다. 하지만 인지하지 못하더라도 종말이 없고 심판을 받지 않는 것은 아니니, 바탕된 세계로서는 이미 우주적 결산을 준비했다. 세계의 초월적인 본질 생성이 그것이다. 이것을 인류가 제대로 파악하고 이해할 수 있어야 종말 심판에 대비할 수 있다. 종말과 심판은 참으로 두려운 바인데, 이것을 아무 대책 없이 맞이할 수는 없다. 어떻게 해서 심판이 이루어지는 것인지, 가능한 것인지, 그 원리를 알아야 한다.

칸트는 "인간의 인식은 현상계(경험계)에 한하여 성립한다. 감성에 의하여 직관되지 않는 초감성계는 사유될 수는 있지만 인식할 수 없다."[686]고 했다. 실체성과 무관하게 사유에만 국한했으므로 觀念論에 머물고 말았는데, 따지고 보면 초감성계가 실재하지 않는다는 말은 아니었다. 존재하되 단지 인식이 안 되는 이유가 있은 것인데, 그것을 밝힐 수 있어야 했다. 이것을 무시한 채 결단을 내린다면 세계관에 큰 오류가 생긴다. 카시러는 "과학은 인간의 정신 발달에 있어서 마지막 단계요, 또 인간 문화의 최고의 가장 특징적인 성취로 볼 수 있다."[687]고 했다. 과학은 세계적 질서를 명석하게 판명하는 과제를 안고 있었는데, 그렇게 하여 목표에 도달했다 하더라도 그것이 최고의 문명 단계일 수는 없다. 그 위에는 또다시 철저하게 질서 지어질 세계를 초월해야 하는 과제를 가지며, 그곳에 정말 궁극적인 본성이 있다. 세계가 구성되기 위해서는 일체가 빈틈없이 조직적이고 결정적이고 질서가 정연해야 하지만,

---

686) 『도덕과 종교(칸트와 마리땡을 중심으로)』, 배석원 저, 이문출판사, 1993, pp.34-35.
687) 『방법서설·성찰·데카르트 연구』, 최명관 저, 서광사, 1987, p.191.

그렇게 해서 구성된 바탕 전체는 정작 초월성에 휩싸여 있다. 명석 판명한 논리 분석으로서는 한계에 부딪힐 것이 분명하다.

그래서 불교에서는 분열하는 시공간 내에서의 인식과 현상 작용을 초월한 바탕체인 본체성을 볼 수 있는 능력을 일구었는데, 그것이 반야란 지혜였다. "반야는 불교의 제일 으뜸가는 지혜로서, 모든 존재의 무한한 당체성 – 當體性을 직관하고 유한한 상대적인 세계를 초월하여 무한한 법열의 세계와 合—되는 근원적인 직관지 – 直觀智이다."[688] 이성은 사물 세계의 구조와 분열하는 이치를 파악할 수 있는 능력인 데 대해, 반야는 직관을 통해 전체로 구성된 바탕 본체를 통찰하는 능력이다. 시공간상의 생성 역사와 삶의 과정을 겪은 분열이 있는 한 바탕은 있다. 바탕으로부터 말미암지 않은 단독적인 분열 현상은 없다. 이 같은 바탕성을 통상 본체라고 하며, 본질은 본체를 이룬 구성 요소이다. 그래서 시공간상 초월성이 성립되는 것은 본체의 분명한 존재성과 근거에 의해서이다. 물론 본체는 形而上學的인 궁극 실체로서 현상계에 드러난 존재가 아니다. 보고 만지고 감성계로서 확인이 가능한 물질적, 결정적인 존재가 아니다. 그러면서도 본체는 천지 만상을 구축한 바탕체로서 전체성을 이룬다. 세계의 초월성은 이 전체인 바탕성으로부터 발생했다. 그것도 부분인 개체에 대해……. 전체인 본체로서는 초월이랄 것도 없지만 개체에 대해서만큼은 다르다.

그러므로 초월성에 대한 감지는 우주가 전체성에 바탕되었다는 구조 사실을 드러낸다. 초월은 개체가 전체에 대하여 국한된 한계성과 전체가 개체에 대하여 발휘되는 존재 작용으로서 확인된다.

---

688) 『정의의 철학』, 김태길 외 저, 대화출판사, 1977, p.178.

이 같은 본체 존재성을 覺者들이 애써 설명하였지만 이해하지 못하고 진리로 받아들이지 않았다. 대한민국에 살고 있는 사람이 미국으로 가기 위해서는 수십 시간에 걸친 비행 과정이 필요하지만 지구란 땅덩어리 자체가 그러한 것은 아니다. 나는 이 시공간 내에서 한국에 있는 동시에 미국에 있을 수 없지만 지구 자체로서는 가능하다. 그것이 부분이고 개체인 나와, 전체이고 본체인 지구가 지닌 절대 차이이다. 본체는 나라는 개체에 대해 시간상 초월직이다. 시간상으로뿐만이겠는가? 공간, 인생, 만물, 우주적 생성에 이르기까지이고, 분열하는 존재는 모두 마찬가지다.

이에 만상을 구축한 바탕체는 본질로 구성되어 있어 충분히 객관적인데, 한편으로는 의지적인 요소도 개입되어 있어, 전체인 바탕체로서는 충분히 하나님이라고도 할 수 있다. 이것이 하나님이 천지 만물을 이룬 근간으로서 삼세간을 초월해 우주적인 정보를 결집하고 마무리할 수 있는 심판 근거이다. 우리는 아득한 태초의 과거를 모르고 도래하지도 않은 미래도 알 길 없지만, 일체 역사를 주관한 본체자이신 하나님은 과거에 대한 잊음이나 시공간이 분열하지 않아 미래를 알지 못하는 한계성이 없다. 본체 자체는 생성 분열과 무관하다. 하나님은 그와 같은 초월 본체자로서 존재하신다.

하나님의 세계에 대한 절대 바탕이 이러할진대, 이것이 하나님이 세상의 善惡에 대하여, 義에 대하여, 믿음에 대하여, 보상과 징벌을 입체적으로 내릴 수 있는 심판의 대원리적 근거이다. 先天에서는 다방면에 걸쳐 神의 존재를 요청하였는데 後天에서는 확증적이다. 인간의 도덕적 행위가 현세에서뿐만 아니라 내세로까지 이어져, 거기에 상응하는 상벌을 받게끔 구성되어 있다는 생각이 先天

에서는 믿음으로써 전제되고, 불가능한 일이라고 생각했는데,[689] 지금은 가능하다. 그리해야 심판이 성사된다. 심판의 원리 제시는 하나님의 우주적 실체성과 권능성을 확증해야 하는 두려운 작업이다. 부도난 보증수표처럼 하나님의 실체성이 밝혀지지 않으면 사후 보장 체제가 믿음에 의존될 수밖에 없는 불완전한 진리 상태이다. 내생이 있어야 현생에 대한 심판 원리 적용이 완벽해진다. 자신이 자신을 평가할 수는 없듯, 현생 가운데서 현생에 대한 심판은 온 전할 수 없다. 내생이 있어야 현생에서 쌓은 행위에 따라 내적 삶의 유형이 결정되는 것,[690] 곧 심판이 있을 수 있는 기본적인 요건이 성립된다. 창조 과정에서 이미 심판 절차가 확정되었었다는 것은 창조의 목적을 실현하기 위한 필연 조건이었다.

만약 인류 역사에 심판 과정이 설정되어 있지 않았다면? 이 순간, 이 시기만 넘기면 된다는 나태에 빠지리라. 선업을 쌓아도 보상이 없다면? 그래서 하나님은 길과 행적과 믿음을 쌓음에 대하여 상응한 심판과 구원의 은혜·역정을 설정하셨다.[691] 하늘이 이 道를 버리실 리 있느냐(孔子)? 하나님이 이 길을 버리실 리 만무하다란 믿음 위에서 하늘은, 아니 하나님은 분명하게 응답하셨다.

善業이 쌓이고 惡業이 쌓이는 것은 본업이 어떤 방향으로 분열했는가에 대한 경과를 통해 알 수 있다. 그런데 보이지 않는 본질 작용인 본성의 분열 본업이 재물이 쌓이듯 쌓인다면 어떻게 쌓인단 말인가? 분열을 낳은 바탕 본체 위에서이다. 온갖 행업이 시공

---

689) 『보살 예수』, 길희성 저, 현암사, 2004, p.83.

690) 『반야심경의 세계』, 성열 저, 진영사, 1990, p.78.

691) 인간이 도덕적 판단을 하고 선의를 행함과 불의를 자행함에 있어서는 반드시 하나님의 보상과 심판이 있다는 것을 논증해야 했음.

간을 초월한 본체 바탕에 쌓인다. 근거가 남아 있어야 심판 적용이 가능한데, 이것이 초월적인 바탕 본체에 의해 뒷받침된다.[692] 세상 가운데서 적용되는 인과 역시 본체에 대해서는 초월적이다. 인과는 시공간 내에서만 적용되는 법칙이 아니다. 삼세간에 걸친다.[693] 그리해야 법칙으로써 완성되고 창조 시공을 질서 지을 수 있다. 성경은 무엇보다도 삼세간에 걸친 인간 행위의 절대 가치, 보상, 심판, 은혜, 영광을 상세하게 펼쳤는데, 우리는 현세만을 보고 있으니까 이해할 수 없다. 한 생애에 대한 평가와 보증은 이生만으로 끝나지 않는다. 현생만으로는 기독교의 계시 진리가 확인될 수 없다. 사망, 심판, 지옥, 불못, 부활, 영생 등등. 하나님은 산 자뿐만 아니라 죽은 자까지도 심판하시는[694] 초월 본체자이시다. 삼세간 전체를 본체로 해서 삼세간에 걸쳐 영원히, 그리고 동시에 거하신 창조자이시다.[695] 하나님이 펼치실, 영혼과 삶을 구원하고 징벌할 심판 원리는 삼세간에 걸쳐 적용될 영원하고 초월, 입체적인 것이다. 하늘을 손바닥으로 가릴 수는 없듯 하늘 아래 있는 자, 산 자와 죽은 자, 설사 善한 자라도 하나님의 심판을 피할 길은 없다. 심판 후 구원되리라.

---

692) 윤리적 질서의 근거인 도덕적 행위에 대한 보장 체제를 밝히기 위해서는 존재 이면에 있는 본체성에 대한 근거가 밝혀져야 함.

693) 죽음 이후에도 적용됨.

694) 요한계시록, 20장 11절 - 15절.

695) 先天에서는 이데아·본체·神의 존재성이 불분명했지만, 後天은 이것의 확고한 규명에 의해 인간의 제 덕행이 보장된다.

2. 인과적 심판 원리

　　인과는 '원인과 결과'란 뜻인데, 제 사물의 현상 간에서 일어나는 일들을 사고적으로 이치를 가늠하여 상관성을 규정짓는 것이다. 그래서 인과 관계는 "한 사물 현상은 다른 사물 현상의 원인이 되고 다른 사물 현상은 먼저 사물 현상의 결과가 되는 관계이다."[696] 오늘 주어진 결과는 먼저 있은 원인에 의해서이고 오늘 뿌린 씨는 내일에 맺어질 열매의 원인이다. 인과율-因果律(인과 법칙)은 일체의 사물은 원인이 있어 생기며, 원인 없이는 아무것도 생기지 않는다는 법칙이다. 법칙인 만큼 인과율을 벗어난 현상은 없다. 일체 드러난 현상은 원인을 가진다. "우연이란 존재하지 않는다. 우연으로 보이는 사건의 실제 원인을 우리가 알지 못하였을 뿐이다(흄)."[697] 삼라만상은 원인에 의해 존재한다. 설이 분분하기는 하지만 원인이 있은 것만은 분명하다. 세계가 원인을 부인 못 할 처지일진대, 지금의 결과가 원인을 가진다는 것은 곧 인과 법칙이 우주의 엄청난 비밀을 함재하고 있다는 뜻이다. 인과 법칙은 당연, 단순하지 않다. 우주를 결정한 구조를 나타낸다. 그중에서도 인과성은 "둘 내지 그 이상의 존재 사이에 원인 및 결과로서 맺어지는 관계가 있는 것"[698]이므로, 그런 性, 律, 法則이 성립한다는 사실을 예사롭게 여겨서는 안 된다. 인과 법칙만큼 하나님의 천지 창조 사실을 확실하게 근거 짓는 요인도 없다. 이 중대한 사실을 인

---

696) 『새우리말 큰사전』, 신기철·신용철 편저자, 삼성출판사, 1985, p.2710.
697) 『데이비드 흄』, 김혜숙 저, 고려원, 1996, p.251.
698) 『새우리말 큰사전』, 앞의 사전, p.2710.

류가 간과했다. 세계관이 여물지 못한 탓이다.

만약 인과 법칙이 없는 경우를 한번 생각해 보자. 각자 독립된 개체와 현상들은 관련될 이유가 없다. 그런데 굳이 관련을 지으려 하는가? 우연 같은 만남들이 비일비재한데 말이다. 하지만 엄연히 결과와 존재는 있다. 문제는 이것이다. 가정해 볼 수 있는 한 가지는 어떤 결과가 없을 경우에 원인은 당연히 존재할 필요가 없다. 하지만 핵심은 바로 이 결과를 피할 수 없다는 것이다. 자신은 아무런 원인 행위를 제공하지 않았는데, 불행한 사고를 당하고 벌을 받는다. 혹은 나와는 아무런 상관이 없는데 법적으로 책임을 져야 하는 일이 발생한다면 어떻게 하겠는가? 그것을 우리는 억울한 일이라고 하지 않는가?

그러므로 인과율은 결코 부인할 수 없는 상식인데, 상식이기 때문에 당연하게 여겨 버린다. 그저 그렇게 받아들일 뿐, 그 속에 있는 대우주적인 끈을 찾으려 하지 않았다. 리이드는 "인체의 움직임을 포함한 모든 물질세계의 사건은 그 배후에 충분한 인과적 관련이 있다는 것이 자명하지만, 인과 관계의 본질은 신비스러울 뿐이라고 생각했다."[699] 자명한데 왜 그렇게 되는 것인지 원인은 알 수 없다? 정말 사물과 현상 간에 가로놓인 인과의 상관성 자체에 대해서는 객관적인 학적 인증이 이루어지고 있다. 그런데 문제는 여전히 왜 그렇게 결정적인 것인가에 대한 이유이다. 서양 과학이 사물의 인과 법칙을 철저하게 규명하고자 한 문명 체계라면, 동양의 불교는 인생 간의 인과 법칙을 내세웠다. 연기설-緣起說이 그것이다. 하지만 불교 역시 우주가 인과적 법칙에 의해 질서 지어

---

699) 『세계사상대계(인간의 발견)』, 박종홍·이종우·정석해 감수, 신태양사, 1965, p.164.

져 있다는 사실적인 단면을 통찰한 것일 뿐, 원인·이유·본질에 대해서는 언급이 없다.

그렇다면 다시 원론적인 문제로 돌아가 "자연의 사물은 왜 인과법에 묶여 있는가? 모든 사건들은 원인들에 의해서 그렇게밖에 달리 일어날 수 없는 것인가? 자연적인 사물은 어떻게 해서 인과 고리를 벗어나 자유롭게 움직일 수 없는가? 철저한 필연성을 띠는가?"[700] 현상 간에서 이유를 단정할 수 있는 단 한 가지 가능성은 독립된 개체, 서로 떨어져 있는 너와 나, 이것과 저것들이 본래 하나였다는 것뿐이다. 한 몸, 한 본체 본질 안에서는 서로 연관되고 통하여 일관된 네트워크 체제가 유지된다. 그렇게 정말 독립해 있는 것 같은 개체들이 동일한 체제 가운데 있다면? 그것이 곧 본래 하나인 통체로서 있은 본질이(통극) 생성으로 인해 나누어진 때문이다. 창조에 의해 化되었다는 증거이다. 본래 하나였던 바탕체가 창조로 인해 나뉘었으므로 그것이 분열하는 현상 간에서는 인과라는 연결끈으로 이어졌다. 인과가 다분히 내재적, 본질적인 이유이다. 하나인 바탕성을 생성이 분열로써 시공간상을 늘어뜨렸다면, 그 사이를 메우고 있는 것이 무엇이겠는가? 보이지 않는 인과란 연결끈이 아니겠는가? 하루는 24시간으로 채워져 있다.[701] 아니 수많은 순간들로 엮어져 있지만 그것은 일괄해서 하루이다. 분열하는 사물과 행동하는 인생 역정도 마찬가지다. 부분적으로는 독립된 것 같지만 엄연한 생성 루트를 따른다. 2와 3과는 물론이고 7, 8과

---

700) 『창 나는 어떤 인간인가』, 이영호 저, 한양대학교출판원, 1995, p.68.
701) "한 시간은 하루의 한 부분." -『윤리학의 이론과 역사』, W. S. 사하키안 저, 송휘칠·황경식 역, 박영사, 1992.

도 무관할 수 없다. 단지 늘어뜨려진 바탕성이 본질적이라 드러나지 않을 뿐이다. 본래 하나인 통극 본체는 늘어뜨려진 창조 원인을 가지며, 늘어뜨려졌으므로 늘어뜨려진 목적을 이행한 필연적인 목적과 결과를 지닌다. 그것이 현상 간에서는 달리 탈출구를 찾을 수 없도록 구조화된(有함), 원인이 결과를 낳고 결과가 원인을 낳는 무한한 생성 시스템을 구축했다.

대창조의 바탕인 "통합성의 분열, 이것이 삼라만상을 필연과 인과로 묶어 놓은 근원이다."[702][703] 이것이 우주 내에서 온갖 법칙과 원리성을 결정했다.[704] 세계가 원리로서 지배된 이유이다. 삼라만상 일체와 제 인생의 행위, 행업, 본질이 총망라된다. 오늘 한순간에 노출된 나의 생각 하나, 행동, 행업, 존재가 억겁에 걸친 대우주 파노라마의 단면이다. 삼억간에 걸쳐 이루어진 결과이자 삼억간에 걸쳐 이루어질 원인이다. 거대한 우주적 본체가 운위되고 있는 바탕 위에서 인류는 오늘날도 새로운 인과를 낳기 위해 위대한 깨춤을 추고 있다.

오늘의 결과는 오늘의 선택으로 결정되지 않는다. 일을 이룸에 있어서는 벌써 어제의 세계성이 주효했다. 이 같은 원리성을 직시했기에, 성현들은 인과응보-因果應報와 권선징악-勸善懲惡을 역설했다.[705] 죄를 저지르지 않도록 겁주기 위한 방책이 아니다. 준엄한 인과적 원리가 있다는 것을 직시했기 때문에 인류를 구원

---

702) 『세계창조론』, 제4편 창조증거론, 졸저, 완본, 1998, p.6.
703) 인과성은 무형의 본질이 분열된 바탕성에 근거함.
704) 제 현상이 인과에 의해 연결되었다는 것은 한 통속을 이룬 통합 본질이 분열함으로써 존재할 수 있게 된 창조를 증거함.
705) 『21세기 대사상』, 장화수 대담/집필, 혜화출판사, 1996, p.서.

하기 위한 선도책이었다.706) "佛陀가 말한 惡業因→苦報果, 善業因→樂報果"707)는 인과 법칙에 입각한 결론 공식이다.

그 결과 "善한 일을 행한 자는 생명의 부활로, 惡한 일을 행한 자는 심판의 부활로 나오리라."709) 행하는 자에게는 주어질 것으로 되 심은 대로 거두는 것,710) 이것이 인생과 우주 법칙의 관건이다. 진실하면 진실한 그 무엇을 얻고 거짓되면 거짓된 결과를 얻는다.

"사람이 무엇으로 심든지 그대로 거두리라. 자기의 육체를 위하여 심는 자는 육체로부터 썩어진 것을 거두고 성령을 위하여 심는 자는 성령으로부터 영생을 거두리라. 우리가 善을 행하되 낙심하지 말지니 피곤하지 아니하면 때가 이르매 거두리라."711)

천상극락 - 天上極樂과 지옥이 있다 없다 하는 것이 문제가 아니다. 그만한 행업이 그만한 과보를 낳는다는 철칙이 엄존한다는 사실이 중요하다. "만일 우리가 지옥의 고통을 피하고 영원한 생명에 도달하기를 원한다면 …… 우리에게 영원한 유익을 줄 것을 지금 서둘러서 행해야 한다."712)

---

706) "방편상 善惡을 구분하고 지옥과 극락을 설정하여 惡業을 짓는 자는 三惡道에 떨어지고 善業을 짓는 자는 天上樂을 받는다고 하여, 사람들로 하여금 惡業에서 멀어지도록 하여 善業을 유도(『동양윤리사상』, 김길환 저. 일지사. 1985. p.207)하기 위함이 아님.

707) 『원시불교의 연기사상 연구』, 최봉수 저. 경서원. 1991. p.208.

708) 고린도 후서. 5장 10절.

709) 요한복음. 5장 29절.

710) 무형의 본질 인과성이 분열을 이룬 결과성임.

711) 갈라디아서. 6장 7절 - 9절.

"두려워하는 자들과 믿지 아니하는 자들과 흉악한 자들과 살인자들과 행음
자들과 술객들과 우상숭배자들과 모든 거짓말하는 자들은 불과 유황으로 타는
못에 참예하리니……."[713]

　인류는 하나님의 경고 메시지를 논란 짓기 이전에 그 같은 자들
이 빠짐없이 지옥 형벌을 받도록 결정된 인과적 심판이 결정되어
있다는 사실을 두려워해야 한다. 인과보응 철칙이 神的 처벌이니,
자연적인 처벌이니[714] 하고 따지고 있을 일이 아니다. 하나님을 전
제하지 않은 유교문화권에서도 인과 법칙을 순수한 진리 자체로서
인정한 것은 동일했다.

　어느 날 한 제자가 정이에게 "착한 자에게 복을 주고 악한 자에
게 재앙이 내린다는 것에 대하여 어떻게 생각하십니까?"라고 묻자
정이는 "그것은 자연의 이치이다. 착하면 복이 있을 것이고 악하면
재앙이 있을 것이다."[715]라고 대답하였다.

　인류가 공통적으로 확인하고 있는 인과 법칙에 대해서, 그렇다
면 남은 것은 오직 하나, 하나님과 인과 법칙과의 관계를 밝히는
것인데, 그것이 곧 하나님이 하나인 바탕 본체로부터 천지 만물을
창조하심으로 인한 결정 본질이 인과율이고 인과성이며 인과 법칙
적인 현상이라는 것이다. 이 법칙에 따라 하나님은 반드시 의지적
주관 요소를 개입시킨 종말적 심판을 단행하실 것이니, 그것이 인
류가 적용받게 될, 벗어날 수 없는 인과적 심판 원리이다.

---

712) 『복음주의 입장에서 본 기독교 사상사』, 토니 레인 저, 김응국 역, 나침반사, 1988,
　　　p.168.
713) 요한계시록, 21장 8절.
714) 『기독교 사상사』, 길리안 R. 에반스 외 2인 공저, 서영일 역, 기독교문서선교회, 1994,
　　　p.284.
715) 『천인관계론』, 풍우 저, 김갑수 역, 신지서원, 1993, p.83.

3. 주체적 심판 원리

칸트처럼 정약용도 권선징악이 세상 가운데서 제대로 적용되기 위해서는 도덕적으로 지고무상의 神的 존재가 필요하다고 생각하였다.[716] 先天은 완비되지 못한 부족분이 있어 자체 주어진 조건만으로써는 도무지 창조방정식을 풀 수 없다. 그래서 가상의 신앙 대상이나 神이란 절대 존재체를 내세운 데는 그만한 이유가 있다. 유구한 역사와 세계와 善惡의 본질을 규명하고 심판하기 위해서는 그만한 자격과 권한과 절대 능력이 필요하다. 이것을 先天에서는 단도직입적으로 神의 존재 요청으로서 일괄했다. 세상을 심판하기 위해서는 우주 섭리의 일체를 선별할 수 있어야 하고 함께하며 관여해야 한다.

무엇보다도 심판은 정당한 권한이 문제이다. 군인은 지휘관이 통솔하고 나라는 대통령(왕)이 다스리듯, 만상과 우주를 심판할 권한자는? 천지 만상을 창조하시고 우주를 섭리한 자, 나아가서 주관까지 하신 하나님이다. 천지를 심판할 주체적 권한은 창조권으로부터 발원한다. 부모가 자식에 대해 친권을 가지듯, 심판은 하나님이 천지를 창조하셨기 때문에 가지는 절대 권한이다. 그래서 세상이 종말을 맞이한 지금은 인류를 구원하고 심판할 권한이 집중될 수 있어야 했다. 그리해야 한 말씀, 한 메시지가 생명력을 가진다. 입체적으로 보상, 징벌, 용서, 구원의 문제를 동시에 해결할 수 있는 통합된 권한 메커니즘이 가동되어야 할 때이다.

심판의 주체적인 원리 적용은 선현들이 요청한 것이기도 하지만,

---

716) 『한국철학사상사』, 주홍성 · 이홍순 · 주칠성 저, 김문용 · 이홍용 역, 예문서원, 1993, p.399.

先天에서는 여러 가지 측면에서 실현되기 어려운 미비점이 노출되었다. 즉 "孔子에게 있어 하늘은 도덕적인 자와 의로운 자에게 유리한 판결을 내리는 절대자였다."[717][718]

그러나 끝내 아쉬웠던 것은 하늘이 어떻게 해서 인간에게 화복을 내리는 주체자가 될 수 있는 것인지에 대한 권한의 본질성까지 밝혀준 바는 없다. 그러니까 동양의 天에 대한 신념은 의지화되고 인격화되었어도 관념성을 벗어나지 못했다. 즉 "사람들은 초인적인 의지와 능력을 지닌 존재가 인간의 길흉화복 - 吉凶禍福을 결정한다고 여김으로써 이러한 의지와 역량을 인격화해 上帝 또는 上天이라고 불렀으며, 후세 사람들이 이를 통칭해 神이라고 한 해석 정도이다."[720] 朱子는 선대의 선현들이 가졌던 통념을 깨고 "天이 인간처럼 마음의 작용을 가지고 있다고 생각하는 것은 잘못이며, 天은 善에 상을 주고 惡에 화를 내리는 주재신이라 생각할 수 없다."[721]라고 말했다. 있건 없건 심판의 주체 권한을 추적하지 못한 것은 마찬가지다. 이것은 창조주 하나님을 인격신으로서 신앙한 기독교도 마찬가지다. "天主는 지극히 밝으시고 지극히 능하시고 지

---

717) 『세계사상대계(사상의 여명)』, 박종오 외 2인 감수자, 신태양사, 1968, p.89.

718) "『시경』과 『서경』에 나타나는 天은 모든 백성을 보살피고 보호해 주는 天으로 인간의 기구(祈求)를 받아들이는 天이기도 하며, 인간의 잘못을 벌주는 天이기도 하다." - 『공자의 천관에 관한 연구』, 유승종 저, 동국대학교대학원 철학과 석사학위논문, 1986, p.6.

719) 『명심보감』, 추적 엮음, 백선혜 역, 홍익출판사, 2005, p.23.

720) 『주역 산책』, 주백곤 외 저, 김학권 역, 예문서원, 1999, p.15.

721) 『중국사상사』, 森三樹三郎 저, 임병덕 역, 온누리, 1990, p.216.

극히 어지시고 지극히 엄하시고 지극히 공번되시니, 반드시 사람의 착함을 상주시고 악함을 벌하시느니라."[722]라고 해 天主의 절대 속성만 번다하게 나열하였을 뿐, 심판의 핵심 권한이 창조에 있다는 사실은 회피되었다. 先天의 분열 본질을 벗어나지 못한 한계성으로 인해서이다.

언제나 하나님의 창조 본의가 밝혀진다는 것은 어려운 일이다. 그런데도 불구하고 천지가 창조된 것이 사실인 한에서, 창조 섭리가 완수되었다면 그 본의는 밝혀질 수 있다. 그 경계선이 곧 先天과 後天이다. 마치 빙산의 일각격인 돌부리는 다 드러나야 형체를 가늠할 수 있듯, 본의도 그와 같다. 先天에서는 모든 것이 불명확했지만, 後天은 물 가르듯 하다. 창조 권한이 확립되면 하나님이 인류를 심판할 죄악의 책임 소재가 분명해진다. 창조 시 하나님이 전권을 행사하셨으므로 자칫 인간의 잘잘못에 대해서도 책임이 있는 것이 아닌가[723] 하는 의문을 가질지 모르지만, 이것은 참으로 은혜를 모르는 인간의 배덕 - 背德이다. 朱子는 "氣가 비록 理에 의해서 생겨난 것이지만, 그러나 이미 생겨 나왔으면 理는 그것을 관리하지 못한다."[724]고 했다. 그러나 그것은 관리하지 못하는 것이 아니라 창조된 개체 자체에 대해 주체성이 부여된 때문이다. 하나님은 온갖 지혜와 능력을 동원하시사 이미 삼라만상과 인류를 善하게, 완전하게 창조하셨다. 그리고 그 이후의 관리 권한은 각자

---

722) 『2002년 1월의 문화인물 정약종』, 정두휘·한건 저, 문화관광부, 한국문화예술진흥원, 2002, p.45.

723) 『의지와 표상으로서의 세계 외』, 쇼펜하우어 저, 김중기 역, 집문당, 1994, p.182.

724) 「주자철학에 있어서 공맹 천인관의 승수와 전개」, 최영찬 저, 충남대학교대학원 철학과 동양철학전공 박사학위논문, 1990, p.151.

에게 넘기셨다. 각자에게 生이 있고, 가치로운 인생을 구가할 수 있도록 한 자유 의지의 존재가 그것이다.

그러므로 인간은 이 같은 본의를 깨닫고 부여된 창조 목적을 달성해야 한다. 그렇지 못하다면? 그 책임은 인간에게 있다. 하나님이 책임을 전가시키는 형태는 심판 원리에 맞지 않다. 심판을 위한 책임 소재는 명확하다. 인간에게 선택의 자유와 生이란 기회가 부여됨으로써 하나님은 누구에게든지 그 책임을 직접 추궁할 수 있게 되었다. 언제라도 부여된 존재 상황에 대해 극복이라는 과제가 주어져 있기 때문에 어떤 상황에서도 인생은 결국 자기 책임이다. 당연히 심판받을 채비를 차려야 한다.

에덴동산을 통해서 보듯, 하나님은 인류에게 모든 것을 갖추어 주셨지만 한 가지, 소중한 것을 지키기 위해서는 결코 넘어서는 안 될 한계선을 미리 설정해 주셨다(반드시 예고됨). 넘지 않은 한에서는 용서도 있고 구원도 있지만, 일단 넘어 버리면 심판 의지가 발동된다. 그 한계선이 시대에 따라 달리 적용될 수는 있지만, 예나 지금이나 앞으로에 있어서도 분명한 것은 그 선을 넘어버리면 하나님은 인생이든 역사든 무엇이든 보장 약속을 철회하신다. 보장 시스템이 중단된다. 따라서 先天에서는 타락되어도 하나님의 구원 의지에 의해 건재할 수 있지만 본의가 밝혀진 마당에서는 상황이 틀리다. 더 이상의 타락이 없어야 하거니와, 그렇지 못하면 구원 의지가 심판 의지로 전환된다. 이전에는 인류 구원과 심판이 부분적, 시대적으로 선별적이었지만, 전면적인 종말 국면을 맞이한 지금은 심판과 구원이 동시박자로서 숨 가쁘게 작동한다. 일단 작동하면 그 국면을 벗어날 자는 아무도 없다.

이에 하나님은 천지를 창조한 창조권과 주관된 세계 일체를 선별할 수 있는 통안을 가지심으로써 나와 이웃과 전 우주를 심판하실 것이지만,[725] 타락의 道를 넘은 세상을 어떻게 심판할 것인가 하는 것은 또 다른 이해가 필요하다. 하나님으로부터 창조된 온갖 대상은 절대 객체 세계로서 펼쳐져 있는데, 生滅과 영생과 구원을 주관하는 것은 하나님의 절대적인 주관하에 있게 되므로, 이 같은 작용 실상이 곧 하나님의 심판 원리이다. 심판 권능은 절대 객관성조차 초월할 수 있어야만 일체 심판이 가능하다. 본래 만상은 하나님의 주관적인 의지, 뜻, 사랑, 무형의 본질로부터 창조된 것이다.[726] 그러니까 당연히 세계에서 표면화된 것은 일체가 주관적인 의지 요소로서 세계화되었다. 바탕이 이러하므로, 세계가 미분화된 상태에서는 객관적인 사실 원리, 존재된 구성 이치들이 진리를 이루었지만, 궁극적으로는 내면화된 진리가 인격성과 의지성과 객관성을 두루 갖춘 존재자로서 드러나야 했다. 하지만 못하게 되니까 절대 객관의 사실성만을 타당한 것으로 인정한 과학도, 객관 세계를 섭렵하지 못한 초경험적, 초자연적 의지자인 神도, 존재 바탕이 세계관적으로 확고할 수 없었다. 그런데 後天에서는 고유한 창조권을 발동할 수 있게 된 하나님이 절대 객관의 세계를 장악한 상태에서 심판 의지를 주체적으로 펼칠 수 있게 되었다.

生滅과 구원은 대우주의 생성을 대관한 근원적인 지혜를 요구하는 문제라, 우리가 생각하기로 가장 합리적인 도리와 이치로서 풀 수 있을 것으로 알지만, 알고 보면 또한 지극히 단순하고 주관적

---

725) 하나님은 인류의 생사여탈과 善惡의 본말을 관장하심.
726) 창조로 인해 객관은 주관적인 의지의 결정 요소임.

이기도 하다. 生滅과 영생이 하나님의 뜻 안에 달려 있다니! 뜻에 달렸다는 것, 그것이 주관성이다. 영생과 구원은 하나님이 주관하시는 문제로되, 그렇기 때문에 주관적일 수밖에 없다. 가장 객관적이어야 할 심판 원리가 하나님의 뜻에 의해 주체적으로 적용된다는 사실을 더 이상 의아하게 여겨서는 안 된다.

구약에 의하면 "뱀에게 물린 자마다 놋뱀을 쳐다본즉 살리라."[727] 라고 했다. 主 그리스도의 십자가 구원도 마찬가지다. 어떻게 놋뱀을 쳐다보고 십자가를 바라보면 죽을 자가 살아나고 生滅의 법칙을 초월해서 영생할 것인가? 세상 지식과 이치와 방도로써는 이해할 길이 없다. 하지만 生滅은 하나님이 구속하고 주관하시는 역사이다. 세상과 인간된 존재 차원을 벗어난 문제이다. 해탈만으로써는 生滅의 문제가 해결될 수 없다. 한 가닥 마음의 회랑과 제삼의 의지체인 하나님의 뜻을 믿음으로 바라고 구하는 것이 중요하다. 세인들은 심판 원리에 있어서 합당한 객관성을 바라지만, 세계 자체는 지극히 본질적이고 존재적이라 진리의 요구 조건에 있어서도 차원적인 생명의 세계, 의지의 세계가 펼쳐지고 있다. 그것은 이 세계가 생명 없는 물질만의 존재계가 아니고 살아 계신 하나님의 주관 의지 안에 있다는 사실성의 일대 확인이다. 가장 객관적인 세계가 가장 주관적인 하나님의 뜻과 본질 바탕에 의해서 뒷받침되어 있다. 그래서 生滅하는 것은 일반적인 존재 법칙이지만 그 가운데서도 초월적인 구원 의지가 선택적으로 적용될 수 있다.

심판 원리의 적용이 그것이다. 심판과 구원이 주관적인 것은 그대로 창조된 세계의 특성이다. 물질은 아무리 파고들어도 물질밖에

---

727) 민수기, 21장 9절.

없고, 道는 道(본질)로서 차원을 벗어날 수 없는데, 주관되는 세계
는 이를 초월한 그 이상이다.[728] 존재하는 현상 세계에서는 生하
고 滅하는 것 외 더 이상 있을 것이 없지만, 구원과 심판은 그 生
滅을 있게 한 권한자에 의해 주관된다. 이 같은 심판 원리의 차원
성을 이해해야 우리는 오늘날 처한 종말 상황에서 하나님이 밝히
신 주체적인 심판 원리 적용을 마음으로 받들 수 있다.

하나님은 인류를 사랑하신 근본이요 인간을 인도하신 근본이며
인간을 구원하실 근본이다. 그럼에도 불구하고 하나님이 인류를 심
판하기로 한 이상은 그 섭리 의지를 이미 先在시켰다고 할 수 있
다. 창조와 동시에 종말은 예견되었고, 구원과 심판 섭리가 동시에
발동되었다. 인간 역사가 남긴 발자취는 타락뿐이지만, 한편으로는
하나님을 경외하려는 믿음된 자녀들을 지키고자 한 거룩한 구속사
이기도 하다. 아무리 사랑이 많으신 하나님이시라도 善이 위협받
을 때는 더 이상 심판 역사를 미룰 수 없다.

> "긍휼을 행하지 아니하는 자에게는 긍휼 없는 심판이 있으리라."[729] "너희
> 가 사람의 과실을 용서하면 너희 천부께서도 너희 과실을 용서하시려니와, 너
> 희가 사람의 과실을 용서하지 않으면 너희 아버지께서도 과실을 용서하지 아
> 니하시리라."[730]

심판은 주관적이되, 그것이 전부 하나님 뜻대로인 것은 아니다.

---

728) 하나님의 창조 본의가 드러나기 이전인 先天에서의 진리 인식 형태는 하나님의 숨결과
　　생명 의지를 道의 형태로 체득했다. 그러니까 道는 우주 본질의 숨결이자 근원적인 생명
　　성인데도 당시의 인식 체계로서는 크나큰 논리의 비약이었다. 그러나 세계 본질의 존재성
　　이 밝혀진 마당에서는 하나님의 의식적 숨결이자 살아 있는 생명력으로서 이해된다.
729) 야고보서, 2장 13절.
730) 마태복음, 6장 14절-15절.

오히려 심판의 결정 요건은 인간이 가진다. 행위함에 따라 심판 조건이 달라진다. 사람이 惡한 일을 행하는 것은 부지기수이다. 그러나 하나님이 오래 참으시는 동안 한 가지 善한 일을 한 마음의 동함은 만 가지 惡한 행업을 씻는 청량제 역할을 한다. 그것이 하나님의 주체적 심판 원리의 본질이다. 전권을 발휘하시는 하나님이 아무리 惡에 대해서는 단호하실지라도 義를 쌓은 자를 심판하실 수는 없다. 믿음을 가짐은 심판의 제일 방호막이다.

그러므로 모든 본말이 드러난 세계관적 바탕 위에서 인류는 지금도 살아 계셔서 말씀하시는 하나님의 심판 원리에 대한 주체적 메시지를 귀담아 들어야 한다. 더 이상 "기독교의 본질이 윤리적인 측면에서만 인정된다든지(르낭, 하르낙)",731) "그리스도의 죽음은 인간의 죄악을 위한 하나님의 형벌을 해소한다고 말할 수 없다."732)고 부정해서는 안 된다.

> "나는 죽은 자들에게 생명을 주는 사람이니, 누구든지 나를 믿는 자는 죽어도 살 것이다."733) "예수 그리스도를 믿는 자는 영생을 얻었고 심판에 이르지 아니하나니 사망에서 생명으로 옮겼느니라."734)

심판은 그만한 능력을 가진 분이 단행하는 것이다. "내 말대로 사는 사람은 영원히 죽지 않을 것이다."735) "그리스도 예수 안에 있는 자에게는 결코 정죄함이 없나니",736) 만약 하나님이 창조권을

---

731) 『기독교와 문화』, 조인서 저, 한올출판사, 1996, p.33.
732) 『기독교 사상사』, 앞의 책, p.283.
733) 요한복음, 11장 25절.
734) 요한복음, 5장 24절.
735) 요한복음, 8장 51절.

가지시지 않았다면 일체 메시지가 무익하리라. 하지만 하나님이 창조주이신 한에 있어서는 심판 권능이 충분하고도 넘치리라. 주체적인 심판 원리는 원리이기 이전에 하나님의 의지이고 뜻이시다. 뜻을 담은 구원의 푯대는 무엇을 통해 세워지건 그것이 중요한 것이 아니다. 그를 통해 하나님을 바라볼 수 있어야 하고 그리해야 막다른 심판에까지 이르지 아니할 것이니, 그것이 가장 확실한 결과를 초래할 주체적인 심판 원리이다.

4. 공의적 심판 원리

공의 – 公義는 "善惡의 제재를 공평하게 하는 하나님의 적극적 품성의 한 가지"[737]로 풀이된다. 善惡의 제재란 무엇인가? 善因 善果이고 惡因 惡果가 분명한 것이다. 인생은 자유이나 인륜의 도리를 저버린 말로는 누가 보더라도 비참해야 한다. 마테오리치는 『천주실의』에서 "영혼의 善行과 惡行의 결과에 대한 공정한 심판 때문에 천당과 지옥이 반드시 있어야 한다."[738]고 주장했다. 현생만으로써는 공정한 제재가 미진한 때문이 아닌가? 그래서 정약종은 "무릇 이 세상에서 착한 사람이 어찌 빈천과 고난을 받으며, 몹쓸 놈이 어찌 부귀와 복락을 누리는고?"[739]라고 지적했다. 현생

---

736) 로마서, 8장 1절.

737) 『새우리말 큰사전』, 앞의 사전, p.299.

738) 『동서철학의 교섭과 동서양 사유방식의 차이』, 송영배 저, 논형, 2004, p.26.

739) 『2002년 1월의 문화인물 정약종』, 앞의 책, p.46.

에서 복락의 공정성이 이루어지지 못하는 이유에 대한 철저한 따지기식 의구심이다. "천하에 善한 사람은 적고 惡한 사람은 많은가? 善한 사람은 道를 따르고 惡한 사람은 하늘을 어긴다. 그렇다고 惡한 사람의 수명이 반드시 짧지도 않고 善한 사람의 수명이 꼭 길지도 않다. 하늘은 善한 사람이라 하여 백세의 장수를 누리도록 하거나, 惡한 사람이라 하여 일찍 죽거나 횡사하게 하지 않는다."[740] 여기에 대한 해명은 반드시 있어야 한다. 그리해야 제재의 공정성이 확보된다. 누가 보더라도 납득할 만한 이유, 그런데도 이해하지 못한 것은 다름 아닌 인간이 세상에서 통용되는 가치 기준으로서 하나님의 공의적인 심판 의지를 의심한 때문이다. 그것은 삼세간에 걸쳐 모든 것을 판가름하는 하나님의 살아 계심을 믿지 않은 한계 의식이다. 단연코 현생 가운데서 수명이 길고 짧은 것은 영생에 비길 바 아니다. 영생이 보장된 자에게 있어서 수명이 짧은 것은 아무런 대수가 아니다. "저를 믿는 자는 심판을 하지 않는다."[741]라고 했으므로 심판을 받지 않은 한 滅할 리 없다. 오직 무엇을 위해, 어떻게 살았는가 하는 것이 중요할 뿐이다. 하나님의 가치와 세상 가치는 차원이 다른 것인데, 믿음이 없는 자는 없는 그대로 심판의 공과가 적용될 뿐이다.

심판의 공정성 원리가 일차적으로는 믿음 여부가 관건이다. 그리고 더 나아가서는 善人이 善果를 이루고 惡因이 惡果를 이룬다는 작동 원리성이 확실하게 입증되는 것이다. 사람이 善을 행하고 惡을 행하면 그것이 물리적으로 복을 받고 피해를 보는 것 이상이

---

740) 『유교의 이해』, 정진일 저, 형설출판사, 1997, p.54.
741) 요한복음, 3장 18절.

다. 내면의 바탕 본질 위에 기억, 저장, 보존된다. 존재 본질에 직접적인 변화를 일으킨다. 볼 수 없는 가운데서도 어느덧 善因은 善果를 이루게 하고 惡因은 惡果를 낳게 한다. 거짓은 우주의 본질적 구조에 어긋나기 때문에 생명력을 부여받지 못한다. 正道가 무엇보다도 제일의 심판 원리로서 적용되기 위해서는 남에게 피해를 주고 박해한 것들이 고스란히 자신에게로 돌아가고, 인간의 제행업이 영향을 끼친다는 사실을 확증하는 것이다. 그리해야 잘못을 저지른 자 참회하고 용서를 구함으로써 새사람으로 거듭날 수 있다. 도덕적인 수행으로 善業을 쌓으면 본질적으로 순수해져서 죽음 이후의 삶이 영성화된다. 설사 죄악 가운데 있더라도 한순간 마음의 작용을 역전시키면 본질 바탕 역시 죄악을 씻어내는 시스템으로 전환된다. 참으로 인간의 죄업은 벗어날 수 없는 수인－囚人으로서의 고통을 감내하는 것이다. 그 행업에 대한 결과가 해소될 때까지 영혼은 하늘에서나 땅에서나 결코 자유로울 수 없다. 죄를 의식하고 죄사함을 구하는 삶과 인생은 그런 것이다. 저질러진 죄도 깨끗해질 수 있고 상처 입은 영혼이 회복될 수 있는 것일진대, 죄악을 곧이곧대로 징벌하는 것은 아주 쉬운 일이다. 그런 강제적 의지 단행이 있기 이전에 각자의 行因이 그대로인 행업 결과를 낳는다는 것을 밝히는 것, 이것이 공의적인 심판의 기본 원리이다. 하늘의 심판이든 땅에서의 심판이든 강제성은 공의를 침해한다. 그래서 하나님은 종말 심판이 있기 이전에 세상을 공의적으로 심판할 수 있는 사전 섭리 역사를 이루셨다.

아무리 하나님이 만주의 主이시라도 "神에게 드리는 기도나 제사에 의해 인간의 길흉화복을 결정하는 것이라면(인도교의 신본주의적 신앙)"742) 그것은 공의적일 수 없다. 공의적 심판 원리는 하나님의 노력에 의해 만세 전부터 이미 마련된 것이다. 오늘날 하나님이 강림하심과 더불어 진리의 전모가 밝혀진 사실이 그것이다. 진리의 본체 전모, 그것이 세상의 義와 불신을 판가름할 심판의 능력이요 지혜이며 권능인, 만인의 정수를 혼신으로 찌를 심판 원리이다. 어둠 속에서는 무엇이 희고 검은 것인지를 구분할 수 없지만, 하나님의 창조 본의가 우주의 근본 위에 서면 善惡에 대한 본질의 규명은 자연적으로 이루어진다. 만인은 누가 참되고 의롭게 살기를 호소하지 않아도 자연히 하나님의 근본된 본질 위에서 양심을 다하게 되리라. 인생의 의미를 밝히고, 가치의 부활을 이룰 것이며, 정의에 대한 실상 규명으로 그릇된 의지의 실체들이 정죄되며, 발붙일 곳을 잃을 것이다. 누가 뭐라 하지 않아도 거짓은 스스로 밝혀지고, 지금까지 옳음을 위해 희생된 수많은 선현들의 정신혼과 존재 의미가 회복되리라. 진리의 전모가 드러나므로 믿지 않은 자가 불신으로 인해 심판받는다. 참과 거짓의 실체가 확연하게 스스로를 판가름한다. 지금까지는 거짓이 대다수의 정의를 모르는 무리들에 휩싸여 불분명했지만, 참을 확실하게 밝힌 공의적인 심판 원리가 확립되면 거짓이 거할 거처를 잃을 것이다. 善惡은 한통속이므로 따로 심판할 수 없다. 따로 되면 공의성이 손상된다. 그래서 참을 세우면 저절로 거짓이 선별되는 방식을 통해서 심판의 공의적인 원리성을 확립하셨다. 본래 惡은 바탕이 없고 善이 세워짐으로 인한 그림자와 같은 것이라, 심판의 공의성 확립에 있어서도 관건은 善의 확립이 우선된 초점이다. 방도는 많더라도 적

---

742) 『인도철학사상』, 원의범 저, 집문당, 1988, p.368.

용될 수 있는 원리는 하나인 길밖에 없는데, 참이 밝혀짐으로 거짓이 저절로 판가름 나는 원리성이 그것이다.

하지만 공의적인 심판 원리도 확립되었고, 진리의 전모가 밝혀졌는데도 불구하고 세상에 아직도 善惡이 공존하고 있다면? 그것은 인류의 善惡에 대한 하나님의 결정적 심판 역사가 아직도 단행되지 않아서이다. 세계는 속단할 수 없다. 모든 행업에 대한 근거는 고스란히 보존되어 있다. 전쟁에서 선전포고는 자체 정당성을 찾기 위한 근거이듯, 만약 하나님이 종말 심판에 대한 플랜도 공개하지 않은 상태에서 독단으로 심판을 단행한다면 그 자체가 공의적이지 못하다. 이를 위하여 하나님은 지금까지도 수많은 惡의 세력을 물리치면서 선별된 구원 역사를 펼치셨거니와, 이 순간도 공의성을 확립하기 위해 역사하고 계시다. 최종 결과가 있기까지, 최후 심판이 있기까지, 하나님은 나쁜 씨앗이 나쁜 열매를 맺고 좋은 씨앗이 아름다운 열매를 맺을 때를 동등하게 기다리신다. 만약 나쁜 씨앗이라고 하여 움도 트기 전에 짓밟아 버린다면 그것보다 더한 불공정은 없다. 공의를 위해 모든 면에서 결실의 때가 이를 때까지 善惡은 함께 공존할 운명이다. 하지만 나쁜 열매도 열매는 맺게 하되 영글고 나면 그 결과를 보고 불에 던져 버린다.[743]

그러므로 무엇보다도 철저하게 대비할 것은 심판의 당위적 근거를 밝히는 것이다. 무고한 자에게 벌이 주어진다면 그것보다 불공평한 일이 없듯, 심판도 마찬가지다. 무엇보다도 惡은 惡으로써 심판되는 것이 공의적인 심판이다. 그런데 죄악의 근거도 밝히지 않고 심판한다면 누가 제대로 납득하겠는가? 만인이 심판의 칼날을

---

743) 『세계창조론』, 제2편 창조성론, 졸저, 완본, p.147.

피할 수 없는 확실한 근거, 그것이 인류가 지난날 저지른 역사 위에 수북이 쌓여 있다. 하나님은 "사람의 마음이 계획하는 바가 어려서부터 악함이라."744) 하셨고, 장 캘빈(Jean Calvin)은 "인간은 완전히 타락하였다."745)라고 보았다. 하지만 인류가 이것을 시인하지 않으면 어떻게 되는가? 그래서 하나님은 심판 이전에 심판 의지를 발동할 근거를 밝히는 것이 공의적 심판을 위한 당연한 절차였다. 그것이 무엇인가? 인류의 완전한 죄악이 바로 완전한 심판을 피할 수 없게 한 것이다.

"사람아, 主께서 善한 것이 무엇인지 네게 보이셨으니 여호와께서 네게 구하시는 것은 오직 정의를 행하며, 자비를 사랑하며, 겸손히 네 하나님과 함께 행하는 것이 아니냐."746)

善을 보이고 惡을 드러내지 않고 어떻게 하나님이 인류를 심판하실 수 있겠는가? 이전에도 세상에는 "홍수 전에(심판) 인간의 惡이 땅에 가득하고 모든 사람이 그 道를 문란케 하고 땅은 강포로 가득 찼다고 기록되었다."747) 그렇다면 지금은? 세상에 惡이 존재하지 않는다면 하나님이 세상을 심판할 아무 근거가 없다. 악인이 없다면 심판도 없다. 하지만 살펴보면 역시 인간의 惡이 땅에 강포748)로 가득 차 버렸기 때문에 부득불 하나님은 善惡을 선별해야 하는 심판 의지를 발동하지 않을 수 없다.

---

744) 창세기, 8장 21절.
745) 『종교와 인간』, 서광선 저, 이화여자대학교출판부, 1995, p.136.
746) 미가, 6장 8절.
747) 창세기, 6장 5절, 11절, 12절.
748) 강포(强暴): 사납고 포악함. 우악스럽고 사나움.

　이 같은 형국에 당면하여 인간은 왜 善하고 의로워야 하는가? 그것은 바로 하나님이 온갖 죄악으로부터 善한 자를 구원하기 위한 선별 조건이다. 善惡의 존재 이유는 하나님이 마지막 심판 시 인류를 구원하기 위한 표식 기준이다. 善惡이 없다면 하나님은 누구를 심판하고 구원할 것인가? 그래서 善惡은 이미 창조로부터 명백하게 갈래 지어졌다. 善惡은 하나님이 뭇 인류를 판별하시기 위한 바로미터이고 善惡을 선별하는 것은 하나님의 고유한 소관업무이시다. 분별력과 혜량을 모두 갖추셨다. 이 같은 역량을 기반으로 하여 "善人은 여호와께 은총을 받으려니와 惡을 꾀하는 자는 정죄하심을 받으리라."749) "대저 의인의 길은 여호와께서 인정하시나 악인의 길은 망하리로다."750) 심판 의지를 명백하게 밝히셨다. 나아가서는 인류의 타락과 죄악성을 실인하기 위해 직접 역사적인 시험 과정까지 거치신 것이다. 창조물 중 가장 순수한 본질체인 그리스도를 이 땅에 보내시어 세상의 죄악을 판정하셨다. 가장 신성한 본체를 세상 위에 내놓으셨는데 결과적으로 십자가에 못 박히고 말았다는 것은 인류가 얼마나 씻지 못할 죄악 가운데 있다는 것을 증명한 척도이다. 예수의 십자가 죽음은 인간 죄악의 표징이다. 인류의 죄악이 십자가 죽음으로 명백해졌다. 그래도 하나님은 십자가의 희생 의미를 헛되이 하지 않기 위해 한 번 더 십자가 죽음이 인류의 죄악을 씻어내는 청량제 역할을 하게 했고, 온 인류에게 죄인으로서 회개할 긍휼히 여길 기회를 부여하셨다. 그런데 이천 년이 지난 오늘날 그 회심의 본 뿌리는 온데간데 없고, 無神

---

749) 잠언, 12장 2절.
750) 시편, 1편 6절.

論만 팽배해 더 이상 역사성을 지탱할 근거가 소실되었다.

오늘날 인류는 무엇을 믿는가? 도대체 믿음의 뿌리가 남아 있는 것인가? 무엇도 기대할 것이 없다. 확실히 惡이 땅에 가득하고 땅은 강포로 가득 찼다. 종말은 왔고 심판 국면은 또 한 걸음 다가서 버렸다. 인류를 심판할 죄악의 근거가 명백하다.[751] 남은 것은 자체의 판단과 선택뿐이다.

5. 보장적 심판 원리

심판은 "사건을 心理하여 판결하거나, 하나님이 세상의 옳고 그름을 가리는 것이거나, 운동 경기에서 우열·승패나 반칙 행위 따위를 판정"[752]하는 것이다. 일단 심판이 있다는 것은 그렇게 할 만한 근거가 발생했다는 것이다. 한편 심판은 어떤 잘못을 확정짓기 위한 절차이고 결과로서 징벌을 내리기 위한 것으로 아는데, 하나님의 경우는 세상의 옳고 그름을 가리는 것이라고 했다. 그 결과 惡人은 영원한 무저갱에 가두어 버리거니와, 善人으로 판정이 난 자녀들에 대해서는 그만한 보상 체제가 밝혀져야 했다. 하나님의 창조 본의, 본체가 드러남과 그렇지 못함과의 차이 혹은 先天과 後天과의 차이가 여기에 있다. 先天에서는 보상에 대한 약속은 있었어도 보상 원리가 밝혀지지 않아 믿음 가운데 있었는데, 後天에

---

751) 善惡과 그 실체를 구분하고 죄악의 근거를 명백히 하는 것은 인류를 심판하기 위한 사전 단계 절차임.

752) 『새우리말 큰사전』, 앞의 사전, p.2128.

서는 그 미비점에 대한 일체 체제가 완비된다. 강림 이전에는 인류가 쌓은 행업들이 믿음에 머물렀지만, 이후로는 실질화된다. 우리가 정의를 정당화할 수 있는 것은 오직 하나 神이 존재함 뿐인데, 神조차 믿음 가운데 머물렀다. 하나님은 인류의 어떤 행위 양식 가운데서도 신실한 기도 위에는 반드시 응답이 있으리란 약속이 있다. 기도 위에는 응답과 보장과 거룩한 실존이 함께하신다. 하지만 어떻게 해서 응답하시는 것인지, 어떻게 해서 함께하실 수 있는 것인지에 대해서는(원리성) 언급된 바 없다. 善을 행하고 義를 지킴에 있어서는 보장이 있다고 하는 것이 하나님이 살아 계신 세계에서의 대원칙일진대, 이 철칙이 준행되기 위해서는 어떻게 되어야 하는가? "기독교는 죽음을 실재하지 않는 것으로 보고 사후 생활을 약속함으로써 불행한 개인을 위로해 주려고 했다."[753]

그렇지만 문제는 사후 생활이 어떻게 해서 보장되는가이다. 물론 "기독교인들은 지상에서 善한 삶을 마치면 그것에 대한 보상으로 사후 세계에서 영생을 얻을 수 있다고 믿지만",[754] 문제는 어떻게 영생이 가능한가 하는 것이다. 동일한 한계 구조로서 "유교의 인생관은 올바른 인간이 반드시 행복을 누린다고 하는 보증이 어디에도 없다. 그러니까 善人이 불행한 생활을 마치는 일들에 대해 한탄만 할 뿐이다(사마천)."[755] "칸트는 이 억울함을 해소하기 위한 방도로서 神을 요청하지 않을 수 없다고 생각했다. 神에 의하여 미래적인 삶에 있어서 오늘의 선행에 대한 보상이 있으리란 보장이 이루어지지 않는다

---

753) 『자유에서의 도피』, 에리히 프롬 저, 이상두 역, 범우사, 1986, pp.220 - 221.
754) 『마르크스와 마르크스주의』, 피터 워슬리 저, 진덕규 역, 학문과지성사, 1984, p.21.
755) 『중국사상사』, 앞의 책, pp.154 - 155.

면, 우리는 도덕의 근거를 확보하는 데 실패할 수밖에 없다."[756] 보상 체제의 미흡함에 대한 분명한 문제 제기이다. 불교가 밝힌 윤회설도 보장을 위한 요청 구조는 마찬가지다. 현생만으로써는 인간의 행·불행이 설명될 수 없고, 결과도 납득할 수 없다. 그래서 삼세간에 걸친 보응 체제를 초월적인 인과 관계를 통해 해결하고자 했다.

자업자득이라고는 하나 보상과 징벌을 판가름할 심판은 사실상 본인이 아닌 제3의 의지체에 의한 판단 작용이다. 즉 인간으로서는 관여될 수 없는 초월적인 의지 작용이다. 그런데 先天에서는 이 같은 의지적 본체가 드러났는가? 못 하다 보니까 한계가 있었다. 하나님만 세상에 대해서, 진리에 대해서, 인간의 뭇 행위에 대해서 확실한 심판과 보상을 약속하실 수 있다. 덕행의 보장 체제가 이루어짐은 하나님이 살아 계심이고, 살아 계시는 한 사후 보장 체제가 유효하다는 것을 기정사실화한 관점에서 출발할 수밖에 없다. 그런데 창조의 본의 밝힘으로 主는 삼세를 관장하시어 영원을 보장할 수 있는 분으로서 판명났다. 하나님은 알파와 오메가를 관장하시는 분이다. 온전히 책임지실 수 있다. 끝까지 보장하신다는 말이 맞다.

"그 후손이 땅에서 강성함이여, 정직자의 후대가 복이 있으리로다. 부요와 재물이 그 집에 있음이여, 그 義가 영원히 있으리로다."[757]

義가 영원할진대 영원한 실체는 반드시 있으며, 그 영원함이(세계적 바탕성) 곧 후대까지의 복을 보장한다. 영원은 다름 아닌 삼세간에 걸쳐 영존한 것이다. 알파와 오메가를 관장할 수 있다면

---

756) 『금강경 강해』, 김용옥 저, 통나무, 2003, p.297.
757) 시편, 112편 2절-3절.

그 안에서 보장하지 못할 것은 없다. 그래서 主는 영원성 전체를 보장하실 수 있는 분이시다. 삼세간에 걸쳐 계시기 때문에 "하나님은 산 자와 죽은 자를 심판하시며, 지금 이후로 이 세상에서 죽은 자들을 무덤에서 불러내어 백보좌 앞에서 심판하신다."[758]

　善하게 살고 하나님의 義를 위해 헌신한 자에게는 천국이 보장되리니, 천국은 비할 바 없는 영원한 보배이다. 천국은 있다. 천국은 영존하신 하나님이 보장하시는 인류가 거할 가장 온전한 차원 세계이다. 이것을 세상 가치로 저울질해서는 안 된다. 천국에 대한 확인은 인류에게 주는 최대의 희망 메시지이다. 천국을 보장받는 이가 세상에서 구할 이익은 더 이상 없다. 그런데도 그 천국이 우리의 마음 하나, 믿음 하나의 결단에 의해 주어졌다 사라졌다 한다. 분명한 사실 하나는 최고의 절대 존재자인 하나님이 존재하지 않는다면 그분에 의한 최고의 절대 보장 체제는 구축될 수 없다. 죽으면 그것으로 끝이다.

　우리가 손님으로 갔는데 아무도 맞이해 주는 이가 없다면 어떻게 되겠는가? 쓸쓸한 풍상만 감돌리라. 죽어도 어디로 가는지 모르고 죽고, 보내는 이도 어디에 가서 머물 것인지 모른 채 기약 없이 떠나보낸다. 3일장, 5일장……. 산 자로서의 세속 예가 끝나고 시간이 지나면 잊어버린다. 그러나 최고로 존엄하신 하나님을 경외하면 우리가 최고로 적막한 순간에 최고로 존엄한 호위를 받아 하나님과 함께할 영원한 천국궁에 당도하리라. 이것이 하나님의 본체가 강림한 차원에서 주어질 사후 보장 체제에 대한 가슴 벅찬 프로젝트이다.

　어떤 경우도 義를 쌓고 믿음을 가짐에는 그만한 본질적 보장이

758) 요한계시록, 20장 11절 - 15절.

있다. 아울러 일체 행업의 결말에 대해서는 심판이 따른다. 삼세간에 걸친 보장과 심판이다. 그것이 어떻게 해서 이루어지는가? 어떻게 가능한가? 하나님이 삼세간에 걸쳐 건재하시고 살아 계시고 영존하시기 때문이다. 삼세간은 하나님이 관할하시는 심판대 영역이다. 모든 은혜는 하나님으로부터 왔나니, 하나님의 은혜는 가장 확실하시다. Made in God! 하나님이 창조하셨기 때문에 하나님의 보장과 심판이 확실하다. 어떻게 해서 主를 위해 순교한 영혼들이 부활의 생명을 얻었는가? 모든 것을 혜량하시고 모든 것을 초월하시고 모든 것을 손수 지으신 하나님께서 영생을 가능하게 한 보장 시스템을 가동 중이여서이다.[759) 그런데 모든 것을 보장하고 약속하고 심판할 대원리를 밝혔는데도 인류가 죄악 가운데 머물고 있다면, 이것이 바로 하나님이 인류를 심판하지 않을 수 없는 결정적 근거이다. 이 같은 상황에서 하나님이 인류에게 적용하실 최선의 은혜는 구원이고 최종 심판은 버림이다. 버림은 버려짐이고 버려진다는 것은 온갖 보장 체제가 단절되는 상태이다. 그렇게 되면 남는 것은 창조의 생명력이 더 이상 공급되지 않는 파멸이 있을 뿐이다.

그러므로 하나님이 이 땅에 강림하신 성업 메시지는 모든 때가 당도하기 전에 믿음을 준비하고 심판을 대비하라 하심이다. 이것은 하나님이 사랑을 다하신 권고이시기 이전에 만세 전부터 이미 결정된 원리 법칙이다. 길은 끝이 없으되 때는 당도하고 말았나니, 심판이 있어야 구원이 있고 구원이 있어야 하나님과 함께할 영원한 지상천국 세계가 펼쳐질 수 있다. 반드시 그렇게 이루어지리라. 그렇게 되어지리라.

---

759) 『세계수행론』, 졸저, 완본, 2006, p.812.

▌약력

1957년 경남 진주 출생. 진주고(47회), 경상대학교 사범대학 체육교육과, R. O. T. C.(19기),
서남대학교 교육대학원(졸), 1984년 교직에 첫발을 내디딤(현 교사).
자아와 세계에 대해 눈떴을 때부터 세상의 분파된 진리에 대해 의문을 품고 "길은 어디
에 있는가"란 명제 하나로 탐구의 길에 나서 현재까지(53세) 다수의 책을 저술함.

▌주요논문 및 저서

길을 위하여(Ⅰ)(아가페, 523면), 길을 위하여(Ⅱ)(인쇄본, 125면), 길을 위하여(Ⅲ)(인쇄본,
335면), 세계통합론(다짐, 603면), 세계본질론(청학사, 407면), 세계창조론(인쇄요약본, 739
면 중), 세계유신론(인쇄요약본, 436면 중), 세계섭리론(인쇄요약본, 854면 중), 세계수행론
(인쇄요약본, 825면 중), 가르침(인쇄본, 188면), 세계도덕론(534면), 통합가치론(한국학술
정보, 384면), 인간의 본성 탐구(현재)

인간의 본성 탐구

초판인쇄 | 2009년 4월 20일
초판발행 | 2009년 4월 20일

지은이 | 염기식
펴낸이 | 채종준
펴낸곳 | 한국학술정보㈜
주　소 | 경기도 파주시 교하읍 문발리 513-5 파주출판문화정보산업단지
전　화 | 031) 908-3181(대표)
팩　스 | 031) 908-3189
홈페이지 | http://www.kstudy.com
E-mail | 출판사업부　publish@kstudy.com

등　록 | 제일산-115호(2000. 6. 19)
가　격 | 32,000원

ISBN　978-89-534-2101-1 93190 (Paper Book)
　　　　978-89-534-2112-7 98190 (e-Book)

내일을여는지식 은 시대와 시대의 지식을 이어 갑니다.